MANUEL

DU

PRÉSIDENT D'ASSISES

PAR

L. MARIAGE

CONSEILLER A LA COUR D'APPEL DE PARIS

PARIS

IMPRIMERIE ET LIBRAIRIE GÉNÉRALE DE JURISPRUDENCE

MARCHAL, BILLARD ET Cie, IMPRIMEURS-ÉDITEURS

LIBRAIRES DE LA COUR DE CASSATION

Place Dauphine, 27.

1884

MANUEL

DU

PRÉSIDENT D'ASSISES

PARIS. — IMPRIMERIE L. BAUDOIN ET C°, RUE CHRISTINE, 2.

MANUEL

DU

PRÉSIDENT D'ASSISES

PAR

L. MARIAGE

CONSEILLER A LA COUR D'APPEL DE PARIS

PARIS

IMPRIMERIE ET LIBRAIRIE GÉNÉRALE DE JURISPRUDENCE

MARCHAL, BILLARD ET Cie, IMPRIMEURS-ÉDITEURS

LIBRAIRES DE LA COUR DE CASSATION

Place Dauphine, 27.

1884

PRÉFACE

Appelé à présider les assises, je me suis préoccupé des devoirs de cette charge et j'ai voulu en connaître les éléments et les règles.

Avec la loi, guide dont les indications s'imposent, j'ai étudié la jurisprudence; je me suis aidé de quelques notes de pratique, gracieusement communiquées par des collègues, et j'ai consulté des ouvrages de doctrine, principalement l'œuvre magistrale de Ch. Nouguier « La Cour d'assises ».

J'ai écrit, en les résumant et en les appuyant sur des textes, les résultats de cette étude.

Il m'a été dit et je me suis laissé persuader, trop facilement peut-être, que d'autres que moi pourraient se servir utilement de ce travail; je le publie.

Œuvre de coordination, il aurait pu rester anonyme. En acceptant la responsabilité, je le signe.

L. Mariage.

Janvier 1884.

MANUEL

DU

PRÉSIDENT D'ASSISES

I

ORGANISATION DE LA COUR D'ASSISES

1. Tous les trois mois il y a, dans chaque département, une session d'assises. Il peut, exceptionnellement, y en avoir davantage. [Art. 251 et 259, C. inst. crim.] (1). — A Paris, la Cour d'assises est divisée, pour chaque trimestre, en deux sections, siégeant alternativement et tenant chacune une session par mois. [Ord. du 30 juill. 1828] (2).

2. Deux éléments distincts concourent à la formation de la Cour d'assises : — la Cour (ou Cour d'assises proprement dite), composée de magistrats assistés d'un greffier ; — le jury, composé de citoyens désignés par le sort.

3. La Cour comprend :

Un président, nommé, pour chaque trimestre, par le Ministre de la

---

(1) *Art.* 251, *C. inst. crim.* — Il sera tenu des assises dans chaque département pour juger les individus que la Cour d'appel y aura renvoyés.

Art. 259, *C. inst. crim.* — La tenue des assises aura lieu tous les trois mois.

Elles pourront se tenir plus souvent si le besoin l'exige.

(2) *Ordonnance du* 30 *juill.* 1828, *art.* 1er. — A partir du 1er oct. prochain, et jusqu'à ce qu'il en soit autrement ordonné, la Cour d'assises du département de la Seine sera divisée, pour chaque trimestre, en deux sections, qui siégeront alternativement. — Chacune d'elles tiendra une session par mois.

Art. 2. — Il sera nommé un président pour chaque section, de la manière établie par la loi du 20 avril 1810 et le décret du 6 juill. de la même année. — Les conseillers, qui devront assister le président aux assises, seront nommés de la même manière et en nombre suffisant pour faire le service des deux sections.

justice ou par le premier président de la Cour d'appel ; — (celui-ci a le droit de présider, quand il le juge convenable, les assises de son ressort.)

Cour. Deux assesseurs, nommés par le premier président ; — (pour les assises qui se tiennent au siège de la Cour d'appel, le Ministre de la justice peut désigner les assesseurs.)

Un membre du ministère public ;

Un greffier.

[Art. 252 et 253, C. inst. crim. ; — 16, L. du 20 avril 1810 ; — 79 et 80, décret du 6 juill. 1810] (1).

---

(1) *Art.* 252, *C. inst. crim.* — Dans les départements où siègent les Cours d'appel, les assises seront tenues par trois membres de la Cour, dont l'un sera président.

Les fonctions de ministère public seront remplies, soit par le procureur général, soit par un des avocats généraux, soit par un des substituts du procureur général.

Le greffier de la Cour y exercera ses fonctions par lui-même ou par l'un de ses commis assermentés.

Art. 253, *C. inst. crim.* — Dans les autres départements, la Cour d'assises sera composée : — 1° d'un conseiller de la Cour d'appel, délégué à cet effet, et qui sera président de la Cour d'assises ; — 2° de deux juges pris soit parmi les conseillers de la Cour d'appel, lorsque celle-ci jugera convenable de les déléguer à cet effet, soit parmi les présidents ou juges du tribunal de première instance du lieu de la tenue des assises ; — 3° du procureur de la République près le tribunal ou de l'un de ses substituts, sans préjudice des dispositions contenues dans les art. 265, 271 et 284 ; — 4° du greffier du tribunal ou de l'un de ses commis assermentés.

Les présidents ou juges du tribunal de première instance du lieu de la tenue des assises, appelés à faire partie de la Cour, seront désignés par le premier président, q u prendra préalablement l'avis du procureur général.

Ces désignations seront faites et publiées selon la forme et dans les délais déterminés par les art. 79 et 80 du décret du 6 juill. 1810.

A partir du jour de l'ouverture de la session, le président des assises pourvoira au remplacement des assesseurs régulièrement empêchés, et désignera, s'il y a lieu, les assesseurs supplémentaires.

Loi du 20 *avril* 1810, *art.* 16. — Le premier président de la Cour d'appel nommera, pour chaque tenue des assises, un membre de ladite Cour pour les présider. Il pourra les présider lui-même quand il le jugera convenable.

Le premier président nommera aussi les conseillers qui devront assister le président aux assises dans les lieux où siège la Cour d'appel.

Il nommera pareillement les conseillers de la Cour qui devront avec le président tenir les assises dans les départements, lorsque la Cour jugera convenable d'en envoyer.

Le Ministre de la justice pourra néanmoins, dans tous les cas, nommer les présidents et les conseillers de la Cour qui devront tenir les assises.

L'époque de ces nominations sera déterminée par des règlements d'administration publique.

Décret du 6 *juill.* 1810, *art.* 79. — Lorsque les nominations des présidents de Cours

Jury.

4. Le jury, désigné pour chaque session, est composé de trente-six jurés titulaires et de quatre jurés supplémentaires, dont les noms ont été tirés au sort, ceux des premiers sur une liste générale annuelle, ceux des seconds sur une liste spéciale de suppléants. [Art. 18 de la loi du 21 novembre 1871 (1); — art. 6 à 17 de la même loi.] — La liste de ces trente-six jurés titulaires et de ces quatre jurés supplémentaires est la liste de session.

Des absences, des incapacités, des excuses ou d'autres causes peuvent motiver des suppressions de noms sur cette liste. Si, par suite des éliminations opérées, elle se trouve réduite de telle façon que, en y comprenant les jurés supplémentaires non éliminés, elle ne renferme plus qu'un nombre de noms inférieur à trente, il faut, pour établir la liste de service, laquelle doit être composée de trente jurés idoines au moins, recourir à l'appel par la voie du sort de jurés complémentaires. [Art 19 de la loi du 21 novembre 1872] (2).

C'est à la Cour qu'il appartient de procéder à ces modifications de la liste primitive et d'arrêter la liste de service pour la session.

Sur cette liste de service s'opère, pour chaque affaire, le tirage du jury de jugement, lequel comprend douze jurés. [Art. 394, C. inst. crim., § 1er] (3).

Durée des pouvoirs de la Cour d'assises.

5. La Cour d'assises n'est réellement constituée et ses pouvoirs ne

---

d'assises, qui doivent être tenues tous les trois mois, conformément à l'art. 259, C. inst. crim., n'auront pas été faites par notre grand juge pendant la durée d'une assise pour le trimestre suivant, le premier président de la Cour d'appel fera ladite nomination dans la huitaine du jour de la clôture de l'assise.

Art. 80 (même décret). — La nomination du grand juge, ou, à son défaut, la nomination faite par le premier président, sera déclarée par une ordonnance du premier président, qui contiendra toujours l'époque fixe de l'ouverture de l'assise; cette ordonnance sera publiée au plus tard le dixième jour qui suivra la clôture de l'assise.

(1) *Loi du 21 nov. 1872, art. 18, § 1er.* — Dix jours au moins avant l'ouverture des assises, le premier président de la Cour d'appel ou le président du tribunal chef-lieu d'assises, dans les villes où il n'y a pas de Cour d'appel, tire au sort, en audience publique, sur la liste annuelle, les noms des trente-six jurés qui forment la liste de session. Il tire, en outre, quatre jurés suppléants sur la liste spéciale.

(2) *Art. 19, § 1er* (même loi). — Si, au jour indiqué pour le jugement, le nombre des jurés est réduit à moins de trente par suite d'absences ou pour toute autre cause, ce nombre est complété par les jurés suppléants, suivant l'ordre de leur inscription; en cas d'insuffisance, par des jurés tirés au sort, en audience publique, parmi les jurés inscrits sur la liste spéciale; subsidiairement, parmi les jurés de la ville inscrits sur la liste annuelle.

(3) *Art. 394, C. inst. crim., § 1er.* — Le nombre de douze jurés est nécessaire pour former un jury.

commencent qu'au jour de l'ouverture de la session, jour fixé par ordonnance du premier président [art. 20, L. du 20 avril 1810 (1); art. 80, décret du 6 juill. 1810. V. *supra*, p. 3, note)]. — Ces pouvoirs expirent à la clôture de la session (2).

Durée des pouvoirs du président des assises.

Les pouvoirs du président des assises commencent, au contraire, avec le trimestre pour la session des assises duquel il est désigné. Le président peut même exercer ces pouvoirs à partir de sa nomination avant le commencement de ce trimestre. Il les conserve pendant toute sa durée (3)-(4).

II

POUVOIRS DU PRÉSIDENT DES D'ASSISES.

6. Les pouvoirs du président des assises ont une place considérable dans les procès criminels, leur procédure et leurs débats. Ils sont indiqués par les art. 266, 267, 268, 269 et 270 du C. d'inst. crim. (5).

---

(1) *Loi du* 10 *avril* 1810, *art.* 20. — Le premier président de la Cour d'appel désignera le jour où devra s'ouvrir la séance de la Cour d'assises, quand elle tiendra dans le lieu où elle siège habituellement.

(Cet article modifie le premier paragraphe de l'art. 260, C. inst. crim., d'après lequel « le jour où les assises doivent s'ouvrir sera fixé par le président de la Cour d'assises. »)

V. Nouguier, Cour d'assises, n. 962 et 966.

(2) V. Nouguier, n. 968, 975 et suivants.

(3) Il a été notamment décidé que le président de la session d'assises dans laquelle un accusé doit être jugé est compétent pour procéder à l'interrogatoire de celui-ci, même dans le cours de la session précédente, encore ouverte lors de cet interrogatoire, et que, d'un autre côté, le président de la session alors ouverte peut aussi procéder à cet interrogatoire ou y faire procéder par un juge qu'il déléguerait.

V, notamment : C. de cass., 13 nov. 1856, Sirey 57.1.390. — C. 13 nov. 1858, S. 59.1.190. — C. 21 janv. 1864, S. 64.1.262.

Nouguier, n. 230 et 231.

(4) On peut voir une application légale de ce principe dans l'*art.* 81 *du décret du* 6 *juillet* 1810, lequel dispose que « dans les cas prévus par l'art. 259, C. inst. crim. (V. *suprà*, p. 1, note 1), d'une tenue extaordinaire d'assises, les présidents de la dernière assise sont nommés de *droit* pour *présider l'assise extraordinaire* ».

(5) *Art.* 266, *C. inst. crim.* — Le président est chargé :

1° D'entendre l'accusé lors de son arrivée dans la maison de justice;

2° De convoquer les jurés et de les tirer au sort.

Il pourra déléguer ces fonctions à l'un des juges.

Art. 267, *C. inst. crim.* — Il sera de plus chargé personnellement de diriger les jurés

7. Le président a un *pouvoir d'administration* (par exemple, il procède au tirage au sort du jury de jugement, à la formation du rôle).

8. Il accomplit des *actes d'instruction* (interrogatoire de l'accusé avant les débats, instruction supplémentaire, etc.). Après l'ouverture des débats, la Cour, pour les mesures d'instruction, lui apporte souvent son concours (1).

9. Il peut procéder, jusqu'à l'ouverture des débats, à de véritables *actes de juridiction*, tels que les jonctions ou disjonctions de procédures, les renvois d'affaires. Mais dès que les débats sont ouverts, tout acte de juridiction et toute mesure d'instruction revêtant un caractère juridictionnel ne peuvent être accomplis que par la Cour (2).

10. Le président a la *direction souveraine des débats* (3).

11. Il est chargé de la *police de l'audience* (4).

C'est exclusivement à lui qu'il appartient d'exercer ce pouvoir, comme celui de la direction des débats ; mais il peut en déléguer exceptionnellement l'exercice à l'un de ses assesseurs et même appeler la Cour à prendre part avec lui à cet exercice (5).

12. Il a, en outre, un *pouvoir discrétionnaire.* Ce pouvoir illimité est ainsi défini par M. Nouguier : « un pouvoir extraordinaire et indé-

---

dans l'exercice de leurs fonctions, de leur exposer l'affaire sur laquelle ils auront à délibérer, même de leur rappeler leur devoir, de présider à toute l'instruction, et de déterminer l'ordre entre ceux qui demanderont à parler.

Il aura la police de l'audience.

Art. 268, *C. inst. crim.* — Le président est investi d'un pouvoir discrétionnaire, en vertu duquel il pourra prendre sur lui tout ce qu'il croira utile pour découvrir la vérité ; et la loi charge son honneur et sa conscience d'employer tous ses efforts pour en favoriser la manifestation.

Art. 269, *C. inst. crim.* — Il pourra, dans le cours des débats, appeler, même par mandat d'amener, et entendre toutes personnes, ou se faire apporter toutes nouvelles pièces qui lui paraîtraient, d'après les nouveaux développements donnés à l'audience, soit par les accusés, soit par les témoins, pouvoir répandre un jour utile sur le fait contesté.

Les témoins ainsi appelés ne prêteront pas serment, et leurs déclarations ne seront considérées que comme renseignements.

Art. 270, *C. inst. crim.* — Le président devra rejeter tout ce qui tendrait à prolonger les débats, sans donner lieu d'espérer plus de certitude dans les résultats.

(1) V. Nouguier, n. 2310.

(2) V. Nouguier, n. 2310.

(3) V. Nouguier, n. 2312 et l'énumération qui s'y trouve, et n. 2361.

(4) V. Nouguier, n. 2311, 2360, 1486 à 1489, et les énumérations qui s'y trouvent.

(5) V. Nouguier, n. 2362.

fini, en vertu duquel le président peut, pour compléter l'instruction orale, suppléer à l'insuffisance des pouvoirs ordinaires et définis dont il est investi, ainsi que la Cour d'assises, en prenant sur lui tout ce qu'il croira utile pour découvrir la vérité » (1).

Ce pouvoir n'a d'autre limite que le respect des prescriptions de la loi (2).

Il ne peut pas être exercé avant que les débats soient ouverts. Il expire quand l'affaire est terminée (3).

C'est au président seul, sans contrôle possible, qu'il appartient. Il ne peut être ni partagé, ni délégué, ni usurpé (4).

13. Les applications de ces divers pouvoirs et leur exercice ont lieu, suivant leur nature et celle des différents actes à accomplir, avant et pendant les débats, jusqu'à l'arrêt définitif.

III.

INTERROGATOIRE DE L'ACCUSÉ AVANT SA COMPARUTION DEVANT LA COUR D'ASSISES. — COMMUNICATION AVEC LE CONSEIL. — COMMUNICATION ET REMISE DES PIÈCES.

§ 1er. — Interrogatoire.

14. L'un des premiers actes et des premiers devoirs du président des assises est l'interrogatoire de chacun des accusés qui doivent être jugés pendant la session. [Art. 266 (V. *suprà*, p. 4, note 5), et art. 293, C. inst. crim.] (5).

---

(1) V. Nouguier, n. 2322.
(2) V. Nouguier, n. 2331 et suiv.
(3) V. not. C. 27 fév. 1834, S.34.1.441. — V. Nouguier, n. 2363-2369.
(4) V. Nouguier, n. 2334 et suiv., 2339, 2362.
(5) *Art.* 293, *C. inst. crim.* — Vingt-quatre heures au plus tard après la remise des

Cet interrogatoire est une formalité *substantielle*, dont l'absence entraîne la nullité des débats et de la condamnation (1).

Par qui est fait l'interrogatoire.

15. Le président n'est pas tenu de procéder lui-même à l'interrogatoire. Il peut, où que se tiennent les assises, déléguer à cet effet un conseiller ou un juge, et, si les assises qu'il préside ne sont pas celles du chef-lieu du ressort de la Cour, laisser le président du tribunal du siège de ces assises procéder à l'interrogatoire par lui-même ou par un juge de lui commis. [Art. 293, C. inst. crim.; — art. 91, du décret du 6 juill. 1810 (2); — art. 266, C. inst., crim. (V. *suprà*, p. 4, note 5)].

Moment de l'interrogatoire.

16. L'interrogatoire doit avoir lieu « à l'arrivée de l'accusé dans la maison de justice » [art. 266, C. inst. crim.], « dans les vingt-quatre heures au plus tard de cette arrivée » [art. 293, C. inst. crim.], c'est-à-dire le lendemain. Il peut avoir lieu avant l'expiration de ce délai, lequel n'est point prescrit à peine de nullité et n'a rien de substantiel; il peut aussi, sans inconvénient pour la procédure mais non sans irrégularité, avoir lieu plus tard (3).

Objet de l'interrogatoire.

17. L'interrogatoire a un triple objet (4) :

1° Mettre l'accusé à même de faire, avant l'ouverture des débats, les changements qu'il croirait utile d'apporter aux déclarations émanées de lui pendant l'information [art. 293];

2° D'assurer à l'accusé l'assistance d'un conseil, soit par la constatation du choix qu'il aurait fait, soit par une désignation faite d'office par le président [art. 294 et 295, C. inst. crim.](5);

3° D'avertir l'accusé du droit qu'il a de se pourvoir en nullité contre

---

pièces au greffe et l'arrivée de l'accusé dans la maison de justice, celui-ci sera interrogé par le président de la Cour d'assises ou par le juge qu'il aura délégué.

(1) V. Nouguier, n. 232-239.

(2) *Décret du 6 juill. 1810, art.* 91. — Si, vingt-quatre heures après l'arrivée d'un accusé dans la maison de justice, le président des assises n'est pas sur les lieux, et qu'il n'y ait point de juge par lui délégué, conformément à l'art. 293, C. inst. crim., pour interroger les accusés, il sera procédé à l'interrogatoire par le président du tribunal de première instance ou par un juge qu'il aura commis à cet effet.

V. conf. Cass. 16 déc. 1852, S.53.1.456.

(3) *Sic.* C. 21 sept. 1837, S.38.1.132. — C. 10 oct. 1839, S.39.1.955. — C. 2 janv. 1851, S.51.1.640. — C. 16 janv. 1852, S.52.1.468.

Nouguier, n. 221, 222, 223.

(4) C. 1er avril 1853. — Nouguier, n. 256.

(5) *Art. 294, C. inst. crim.* — L'accusé sera interpellé de déclarer le choix qu'il aura fait d'un conseil pour l'aider dans sa défense; sinon, le juge lui en désignera un sur-le-

l'arrêt de mise en accusation et du délai dans lequel l'exercice de ce droit est circonscrit [art. 296, § 1er] (1).

Interrogatoire proprement dit.

18. *Interrogatoire proprement dit.* — Cet interrogatoire peut être très sommaire. Si l'accusé ne change rien à ses déclarations antérieures, il peut consister simplement en cette question : — « Persistez-vous dans les réponses par vous faites dans vos précédents interrogatoires? » et dans une réponse affirmative de l'accusé.

Mais il faut que cet interrogatoire, si sommaire qu'il soit, ait lieu, à peine de nullité (2).

Avant de questionner l'accusé sur le maintien ou les modifications de son système de défense, il est nécessaire de constater son individualité.

Il est utile aussi de s'assurer que l'arrêt de renvoi et l'acte d'accusation lui ont été signifiés et qu'il en a reçu copie.

Choix ou désignation d'un conseil.

19. *Constatation du choix d'un conseil fait par l'accusé pour l'assister, ou désignation de ce conseil.* — Si l'accusé a fait choix d'un conseil, ce choix est constaté dans l'interrogatoire. Si l'accusé n'a pas choisi de défenseur, le président lui en doit désigner un, à peine de nullité [art. 294, C. inst. crim. (V. *suprà*, p. 5, note 7)].

L'omission dans l'interrogatoire de cette désignation peut toutefois être réparée; il n'y a pas de nullité si, en fait, l'accusé a été assisté d'un conseil devant la Cour d'assises (3).

Avertissement relatif au droit et au délai de pourvoi.

20. *Avertissement relatif au droit et au délai de pourvoi.* — D'après l'art. 296, § 1er, C. inst. crim., un délai de cinq jours à partir de l'interrogatoire est accordé à l'accusé pour former une demande en nullité contre l'arrêt de la chambre des mises en accusation qui le renvoie en Cour d'assises.

---

champ, à peine de nullité de tout ce qui suivra. — Cette désignation sera comme non avenue et la nullité ne sera pas prononcée, si l'accusé choisit un conseil.

Art. 295, *C. inst. crim.* — Le conseil de l'accusé ne pourra être choisi par lui ou désigné par le juge que parmi les avocats ou avoués de la Cour d'appel ou de son ressort, à moins que l'accusé n'obtienne du président de la Cour d'assises la permission de prendre pour conseil un de ses parents ou amis.

(1) *Art.* 296, *C. inst. crim.*, § 1er. — Le juge avertira de plus l'accusé que, dans le cas où il se croirait fondé à former une demande en nullité, il doit faire sa déclaration dans les cinq jours suivants, et qu'après l'expiration de ce délai il n'y sera plus recevable.

(2) V. not. C. 6 janv. 1872, S.72.1.249. — C. 4 juill. 1874, S.75.1.435. — C. 16 juill. 1875, S.76.1.332. — C. 4 janv. 1877, S.77.1.96. — C. 6 juin 1878, S.79.1.392.

(3) *Sic.* C. 23 déc. 1875, S.76.1.143. — Nouguier, n. 282-287.

Ce délai doit aussi servir à la préparation des moyens de défense (1).

Il est substantiel aux droits de la défense (2).

Ce n'est pas un délai franc. Il se compose des cinq jours qui suivent son point de départ (art. 296) (3).

21. Si, par une irrégularité regrettable, laquelle cependant n'engendre pas nécessairement nullité (4), l'interrogatoire précède la signification à l'accusé de l'arrêt de renvoi et de l'acte d'accusation ou de l'un de ces documents, il va de soi que le délai de cinq jours ne commence à courir que de la dernière signification (5).

Il est à remarquer toutefois que, au cas où l'acte d'accusation aurait été signifié à l'accusé postérieurement à la signification de l'arrêt de renvoi, le délai d'un pourvoi contre cet arrêt conserverait son point de départ soit à l'interrogatoire, soit à la signification de l'arrêt, si celle-ci n'avait eu lieu qu'après l'interrogatoire. Mais l'accusé, pour préparer sa défense, pourrait user encore d'un délai de cinq jours à partir de la signification de l'acte d'accusation (6).

22. L'accusé peut renoncer au bénéfice du délai de cinq jours et, en conséquence, au droit de se pourvoir contre l'arrêt de renvoi. Mais cette renonciation doit être *expresse et formelle;* pour qu'elle vaille, il faut qu'elle soit postérieure aux significations de l'arrêt de renvoi et de l'acte d'accusation (7).

Cette renonciation expresse et formelle, régulièrement faite soit dans l'interrogatoire, si l'arrêt de renvoi et l'acte d'accusation étaient alors notifiés, soit après, soit même pendant les débats (8), est *irrévocable* (9). Quand

Renonciation au délai.

---

(1) V. not. C. cass. 31 juill. 1845, S.45.1.622.

(2) V. not. C. 11 nov. 1858, S.59.1.182. — C. 11 juill. 1872, S.73.1.94. — Nouguier, n. 227.

(3) V. not. C. 12 juin 1828, 21 juin 1849, 1er avril 1852. — Nouguier, n. 294.

(4) V. not. C. 31 juill. 1845, S.45.1.622 (cité plus haut). — C. 24 déc. 1857, S.58.1.494. — C. 23 sept. 1858, S.58.1.848. — C. 19 fév. 1863, S.63.1.324. — C. 21 janv. 1864, S.64.1.242.

(5) V. les arrêts ci-dessus (note 8) et C. 21 juill. 1859, S.60.1.84. — C. 27 juill. 1876, S.76.1.185. — C. 15 déc. 1881, S.83.1.91. — V. Nouguier, n. 75 à 81.

(6) V. not. C. 21 juill. 1859, S.60.1.84 (cité plus haut).

(7) V. not. C. 15 mars 1828, S.28.1.301. — C. 7 janv. 1835, S.36.1.570. — C. 14 mars 1846, S.46.1.428. — C. 16 avril 1868, S.69.1.336.

(8) V. not. C. 25 avril 1839, *Journal du Palais,* 40.1.183. Nouguier, n. 460 et 461.

(9) V. not. C. 13 sept. 1855, S.55.1.845. — C. 12 déc. 1874, S.75.1.48. — Nouguier, n. 462 et 463.

elle a eu lieu, la demande que ferait l'accusé de jouir de l'intégralité du délai doit être rejetée; un pourvoi serait non recevable.

23. Les mêmes règles sont applicables dans le cas de l'art. 261, C. inst. crim. (1), avec cette différence que la renonciation de l'accusé au bénéfice du délai de cinq jours et au droit de pourvoi n'a pas alors besoin d'être exprimée formellement; elle résulte du consentement de celui-ci à être jugé dans la session alors ouverte. Afin que l'accusé puisse donner ce consentement avec toute liberté d'appréciation, le mieux est de l'avertir de sa situation légale (2).

Omission de l'avertissement.

24. L'omission de l'avertissement prescrit par l'art. 296, § 1er, C. inst. crim., est grave. Elle entache l'interrogatoire de nullité, en ce sens que l'accusé conserve le droit d'attaquer l'arrêt de renvoi et qu'il peut exercer ce droit après l'arrêt de condamnation, dans le délai imparti par l'art. 373, C. inst. crim., § 1er (3), [art. 297. C. inst. crim.] (4).

25. Il est inutile de spécifier à l'accusé les causes de nullité énumérées dans l'art. 299, C. inst. crim. (5). Il y a même péril à le faire. En effet, en se prévalant de l'art. 373 du C. inst. crim., l'accusé peut, pour toutes autres causes de nullité, se pourvoir contre l'arrêt de renvoi pendant un délai de trois jours francs, après la signification à lui faite de cet arrêt. Si ce délai n'est pas expiré lors de l'interrogatoire, le président, en cantonnant son avertissement dans les termes de l'art. 299, s'exposerait à restreindre l'exercice des droits de la défense (6).

Procès-verbal de l'interrogatoire.

26. Il doit être dressé un procès-verbal de l'interrogatoire [art. 296, C. inst. crim., § 2] (7).

(1) *Art.* 261, *C. inst. crim.* — Les accusés qui ne seront arrivés dans la maison de justice qu'après l'ouverture des assises, ne pourront y être jugés que lorsque le procureur général l'aura requis, lorsque les accusés y auront consenti, et lorsque le président l'aura ordonné. — En ce cas, le procureur général et les accusés seront considérés comme ayant renoncé à la faculté de se pourvoir en nullité contre l'arrêt portant renvoi à la Cour d'assises.

(2) V. Nouguier, n. 465-477.

(3) *Art.* 297, *C. inst. crim.* — Si l'accusé n'a point été averti, conformément au précédent article (296, § 1er), la nullité ne sera pas couverte par son silence; ses droits seront conservés, sauf à les faire valoir après l'arrêt définitif.

(4) *Art.* 373, *C. inst. crim.*, § 1er. — Le condamné aura trois jours francs, après celui où son arrêt lui aura été prononcé, pour déclarer au greffe qu'il se pourvoit en cassation.

(5) *Art.* 299, *C. inst. crim.* — La demande en nullité (art. 296 et 298, C. inst. crim.) ne peut être formée que contre l'arrêt de renvoi, et dans les quatre cas suivants : — 1° pour cause d'incompétence; — 2° si le fait n'est pas qualifié crime par la loi; — 3° si le ministère public n'a pas été entendu; — 4° si l'arrêt n'a pas été rendu par le nombre de juges fixé par la loi.

(6) V. C. 4 fév. 1864, S.64.1.300. — C. 4 fév. 1865, S.65.1.195.

(7) *Art.* 296, *C. inst. crim.*, § 2. — L'exécution du présent article et des deux précé-

Ce procès-verbal doit contenir : — L'indication de la date à laquelle il est procédé à l'interrogatoire; la connaissance de cette date est nécessaire pour déterminer le point de départ du délai de cinq jours;

L'indication des personnes concourant à l'interrogatoire; le président (ou son remplaçant), le greffier, l'accusé, ainsi que l'interprète dont l'office aurait été nécessaire (1);

La constatation de l'individualité de l'accusé;

La mention de la notification à lui faite de l'arrêt de renvoi et de l'acte d'accusation;

L'interpellation relative au choix d'un conseil, et, si l'accusé n'en a pas choisi, la désignation d'un défenseur d'office;

L'avertissement prescrit par l'art. 296, § 1er.

27. Le procès-verbal doit être signé par le président, ou par le magistrat qui a procédé à l'interrogatoire, et par le greffier qui l'a assisté; cela à peine de nullité (2).

Il doit aussi être signé par l'accusé, ou contenir la mention du motif pour lequel celui-ci ne signe pas. Mais, si grave et si regrettable que soit l'omission de cette signature ou de cette mention, elle n'entraîne pas nullité (3).

Enfin, le procès-verbal doit être signé par l'interprète qui aurait assisté l'accusé (4).

Importance du procès-verbal d'interrogatoire.

28. Toutes les formalités non mentionnées au procès-verbal sont présumées ne pas avoir été accomplies. A défaut de mention de celles de ces formalités qui sont prescrites à peine de nullité ou qui sont substan-

---

dents sera constatée par un procès-verbal, que signeront l'accusé, le juge et le greffier; si l'accusé ne sait ou ne veut pas signer, le procès-verbal en fera mention.

(1) La présence d'un interprète pour l'interrogatoire n'est obligatoire que si le magistrat qui procède à cet interrogatoire ne peut absolument pas se faire comprendre de l'accusé, ni le comprendre. — C. 17 et 18 avril 1832, S.33.1.159. — C. 13 oct. 1865, S.66.1.33. — C. 10 oct. 1872, S.72.1.396. — C. 12 août 1880, S.81.1.391. — V. Nouguier, n. 246-250.

(2) *Sic.* C. 11 sept. 1845, S.46.1.110. — C. 29 mars 1860, S.60.1.759. — C. 3 sept. 1868, S.69.1.336. — C. 30 mai 1872, S.72.1.396. — Nouguier, n. 243 et suiv.; n. 215, 216, 217.

[*En cas de nullité du procès-verbal et, par conséquent, de l'interrogatoire ainsi que de tout ce qui a suivi, le greffier est responsable. Il doit supporter les frais de la procédure à recommencer.* — V. not. l'arrêt du 30 mai 1872, précité.]

(3) *Sic.* C. 8 janv. 1849 et 27 juill. 1854 (Bulletin criminel). — Nouguier, n. 318.

(4) Nouguier, n. 319.

tielles, l'interrogatoire est considéré comme nul, et tout ce qui suit est frappé de nullité (1).

Le greffier est responsable de ces irrégularités (2).

Rien ne peut suppléer au procès-verbal d'interrogatoire, même des certificats du président et du greffier attestant que l'interrogatoire a eu lieu, que procès-verbal en a été régulièrement dressé et que ce procès-verbal a été égaré (3).

Forme de l'interrogatoire.

29. *Exemple de formule du procès-verbal d'interrogatoire* (4).

L'an le

Nous [nom et qualité du magistrat qui procède à l'interrogatoire], assisté de greffier,

Avons fait extraire de la maison de justice et amener par-devant nous, au palais de justice, en notre cabinet, le nommé que nous avons interrogé ainsi qu'il suit :

[*Si l'office d'un interprète est nécessaire, ajouter :* par l'intermédiaire de M. , âgé de , demeurant à , qui a, préalablement, prêté entre nos mains le serment prescrit par l'art. 332, C. inst. crim. (*de traduire fidèlement les discours à transmettre entre ceux qui parlent des langages différents*)].

D. Quels sont vos nom, prénoms, âge, profession, demeure et lieu de naissance?

R.

D. Par la signification à vous faite le , vous avez dû recevoir copie de l'arrêt du , qui vous renvoie devant la Cour d'assises, et de l'acte d'accusation dressé en conséquence?

R. Oui, monsieur.

D. Par ces arrêt et acte d'accusation, vous avez eu connaissance des faits qui vous sont imputés et qui ont donné lieu à votre renvoi. — Persistez-vous dans les réponses consignées dans vos précédents interrogatoires?

R. Oui, monsieur.

[*Si l'accusé modifie ses réponses antérieures,* il faut ici relater sommairement les modifications utiles.]

D. Avez-vous fait choix d'un conseil pour vous aider dans votre défense?

R. Oui, monsieur; j'ai choisi Me , ou : Non, monsieur; — et alors : — Nous vous nommons Me....

Nous avons averti l'accusé que, dans le cas où il se croirait fondé à former une demande en nullité contre l'arrêt qui le met en accusation, il aurait à en faire la déclaration dans les cinq jours à partir de celui-ci (*ou* à partir de la signification de cet arrêt), et que, passé ce délai, il n'y serait plus recevable.

---

(1) V. not. C. 6 janv. 1872, S.72.1.249. — C. 10 oct. 1872, S.72.1.396. — C. 6 juin 1878, S.79.1.392.

(2 V. *suprà*, C. 30 mai 1872; S.72.1.396!

(3) V. not. C. 3 janv. 1850, S.50.1.631. — C. 29 mars 1860, S.60.1.770. — C. 3 sept. 1868, S 69.1.336. — C. 6 janv. 1872, S.72.1.249.

(4) *Ce modèle est celui que M. Nouguier recommande comme assurant le mieux une forme irréprochable à l'interrogatoire.*

[*Si l'accusé veut renoncer au droit de pourvoi et au délai, il y a lieu d'ajouter :*]

D. Consentez-vous à être jugé avant l'expiration de ce délai, et renoncez-vous à la demande en nullité que vous avez le droit de former ?

R....

[*Si l'accusé n'est arrivé dans la maison de justice qu'après l'ouverture des assises, il y a lieu d'ajouter :*]

D. Consentez-vous à être jugé dans le cours de la session déjà commencée ?

R....

D. Vous consentez, en conséquence, à être jugé avant l'expiration de ce délai, et vous renoncez à la demande en nullité que vous avez le droit de former ?

R....

Lecture faite par le greffier du présent interrogatoire, l'accusé a déclaré qu'il contenait vérité et a signé (*ou* : mais ne savoir signer ; *ou* : ne vouloir signer).

En foi de quoi le présent procès-verbal a été signé par nous et le greffier. (*Ajouter :* et par l'interprète, s'il y en a un).

§ 2. — Communications.

Communication de l'accusé avec son conseil.

30. Après l'interrogatoire, l'accusé a le droit de communiquer avec le conseil qu'il a choisi ou qui lui a été désigné [art. 302, C. inst. crim., § 1er] (1). Si l'accusé en est empêché, la nullité des débats et de l'arrêt de condamnation peut s'ensuivre (2).

Communication des pièces.

31. Le conseil de l'accusé a le droit de prendre, sans déplacement et sans retarder l'instruction, communication de toutes les pièces [art. 302, C. inst. crim., § 2] (1).

32. Il peut aussi prendre ou faire prendre, à ses frais, copies de telles pièces qu'il jugera utiles à la défense [art. 305, C. inst. crim., § 1er] (3).

Délivrance de la copie des pièces à l'accusé.

33. L'accusé doit recevoir gratuitement la copie des procès-verbaux constatant le délit et des déclarations écrites des témoins [art. 305, C. inst. crim., § 2] (3).

---

(1) *Art.* 302, *C. inst. crim.* — Le conseil pourra communiquer avec l'accusé après son interrogatoire. — Il pourra aussi prendre communication de toutes les pièces, sans déplacement et sans retarder l'instruction.

(2) V. Nougnier, n. 332-335, 382-388.

(3) V. Nouguier, n. 336-376, 377-380.

Art. 305, *C. inst. crim.* — Les conseils des accusés pourront prendre ou faire prendre, à leurs frais, copie de telles pièces du procès qu'ils jugeront utiles à leur défense.

Il ne sera délivré gratuitement aux accusés, en quelque nombre qu'ils puissent être, et dans tous les cas, qu'une seule copie des procès-verbaux constatant le délit et des déclarations écrites des témoins.

Les président, les juges et le procureur général sont tenus de veiller à l'exécution du présent article.

34. La remise de la copie des pièces doit avoir lieu avant l'ouverture des débats, la veille à la grande rigueur (1). Elle n'est point prescrite à peine de nullité. Mais l'accusé auquel elle n'aurait pas été faite peut la réclamer. En ce cas, s'il n'est pas fait droit à sa réclamation, il peut s'ensuivre la nullité des débats et de la condamnation (2).

Le refus au conseil de prendre ou de faire prendre à ses frais des copies de pièces aurait la même conséquence (3).

IV

ROLE DES ASSISES

Utilité du rôle.

35. Le rôle, c'est-à-dire la liste des affaires qui doivent être jugées pendant la session d'assises, avec l'indication des jours attribués à chacune d'elles, la désignation de l'officier du ministère public et celle des défenseurs qui doivent y porter la parole, n'est pas obligatoire; aucun texte de loi n'en exige la confection. Mais il est utile à la bonne administration de la justice.

Par qui il est fait.

36. C'est au président des assises de faire le rôle. Le mieux est qu'il se concerte avec le ministère public du siège où se tiennent les assises (4).

Son contenu.

37. Ce rôle doit contenir toutes les affaires qui étaient en état lors de l'ouverture des assises [art. 260, C. inst. crim., § 2] (5). Il peut y avoir lieu d'y ajouter les affaires concernant des accusés arrivés dans la maison de justice depuis l'ouverture des assises et pouvant être mises en état avant leur clôture [art. 261, C. inst. crim.] (V. *suprà*, note 1, p. 10) (6).

Modifications du rôle.

38. Le rôle n'est pas définitif. Dressé avant l'ouverture des assises, il peut subir des modifications nécessaires. Des affaires de-

(1) V. not. C. 23 sept. 1852, S.53.1.315. — C. 29 juin 1865, S.66.1.38.

(2) V. not. C. 15 juin 1827 et 6 juill. 1827 (Coll. nouv. de Sirey, à leurs dates). — C. 20 juill. 1837, S.39.1.395. — C. 13 fév. 1873, S.73.1.232. — C. 8 août 1873, S.79.1.285. — C. 3 oct. 1878, S.79.1.286. — V. Nouguier, n° 341. — *Sic*, Faustin Helie, *Inst. crim.*, t. 7, n. 3343.

(3) V. not. C. 15 avril 1824, S.24.1.325, et Coll. nouv. à sa date.

(4) V. Nouguier, n. 390-406.

(5) *Art.* 260, *C. inst. crim.* § 2. — Les assises ne seront closes qu'après que toutes les affaires criminelles qui étaient en état lors de leur ouverture y auront été portées.

(6) V. Nouguier, n. 466-477

vront ou pourront y être ajoutées [art. 260 et 261) ; d'autres peuvent en disparaître, soit avant l'ouverture des assises, soit dans le temps intermédiaire entre cette ouverture et le jour des débats; pour certaines l'indication de jour peut être changée.

Règlement de juges. — Renvoi à une autre Cour.

39. Il peut se produire, après la mise en accusation et même après l'interrogatoire, un conflit de juridiction [art. 525 et suiv., C. inst. crim.], une demande en renvoi d'une Cour à une autre [art. 542 et suiv., C. inst. crim.]. L'affaire ne peut pas être jugée tant que ces incidents ne sont pas réglés.

Pourvoi en cassation.

40. S'il survient un pourvoi en cassation contre l'arrêt de renvoi de la part d'un accusé qui n'a pas renoncé à sa faculté de recours, l'instruction peut être continuée jusqu'aux débats exclusivement. Mais il ne peut pas être, à peine de nullité, procédé à ces débats ; à moins que le pourvoi ne soit formé après l'expiration du délai légal ou, pendant ce délai, après le tirage du jury [art. 301, C. inst. crim.] (1).

41. A l'examen du dossier de chaque affaire, examen que le président des assises a le devoir de faire aussitôt que possible, il peut se révéler des irrégularités de nature à vicier les débats, ou des lacunes devant les laisser incomplets.

Instruction supplémentaire.

42. Pour combler les lacunes de l'instruction écrite, le président des assises peut et doit recourir à une instruction supplémentaire [art. 303, C. inst. crim.] (2). — Seul il a le droit d'y procéder ou d'y faire procéder. Le ministère public ne le peut pas ; mais il a la faculté de recueillir des renseignements, afin d'éclairer la justice ou d'empêcher le dépérissement des preuves sur lesquelles est fondée son action (3).

Irrégularités de procédure.

43. D'un autre côté, que, par exemple, l'arrêt de renvoi et l'acte

---

(1) *Art.* 301, *C. inst. crim.* — Nonobstant la demande en nullité, l'instruction est continuée jusqu'aux débats exclusivement.

Mais, si la demande est faite après l'accomplissement des formalités et l'expiration des délais qui sont prescrits par l'art. 296, il est procédé à l'ouverture des débats et au jugement. La demande en nullité et les moyens sur lesquels elle est fondée ne sont soumis à la Cour de cassation qu'après l'arrêt définitif de la Cour d'assises.

Il en est de même à l'égard de tout pourvoi formé, soit après l'expiration du délai légal, soit pendant le cours du délai après le tirage du jury, pour quelque cause que ce soit.

(2) *Art.* 303, *C. inst. crim.* — S'il y a de nouveaux témoins à entendre et qu'ils résident hors du lieu où se tient la Cour d'assises, le président, ou le juge qui le remplace, pourra commettre, pour recevoir leurs dépositions, le juge d'instruction de l'arrondissement où ils résident, ou même d'un autre arrondissement; celui-ci, après les avoir reçues, les enverra closes et cachetées au greffier qui doit exercer ses fonctions à la Cour d'assises.

V. Nouguier, n. 803-861.

(3) V. not. C. 2 sep. 1847, S.48.1.439. — C. 4 août 1854, S.55.1.545. — C. 29 juin

d'accusation, tous deux substantiels et d'ordre public, ou seulement l'un de ces documents, manquent au dossier; que l'acte d'accusation ne soit pas signé [art. 241, C. inst. crim.] (1); que l'arrêt de mise en accusation, ou l'ordonnance de prise de corps qui y est insérée, ne contienne pas, si sommaires qu'elles soient, l'énonciation et la spécification des faits sur lesquels se base l'accusation [art. 232, 233, C. inst. crim.] (2), il y aurait nullité des débats et de la condamnation qui suivraient (3).

Défaut de notification de de l'arrêt de renvoi et de l'acte d'accusation.

44. Il en serait de même au cas d'absence de notification de l'arrêt de renvoi et de l'acte d'accusation, ou de l'une de ces deux pièces [art. 242, C. inst. crim.] (4). La formalité des notifications est substantielle aux droits de la défense; elle est d'ordre public (5). Son existence doit être justifiée par la représentation, en original ou en copie, d'exploits d'huissier dressés et signifiés. Il ne peut y être suppléé par rien, si ce n'est par une déclaration de l'accusé, dans l'interrogatoire que le président lui fait subir en vertu de l'art. 293, C. inst. crim. (6), ou pendant les débats et avant leur clôture, qu'il a reçu ces notifications (7).

C'est à la personne de l'accusé, s'il est détenu, que ces notifications doivent être faites (8).

1865, S.65.1.38. — C. 17 août 1878, S.79.1.41. — C. 30 mai 1879, S.80.1.288. — C. 26 juin 1879, S.80.1.481. — C. 12 fév. 1880, S.81.1.140.

(1) V. not., C. 27 déc. 1877, S.78.1.240.

(2) *Art.* 232, *C. inst. crim.* — Lorsque la Cour prononcera une mise en accusation, elle décernera contre l'accusé une ordonnance de prise de corps.

Cette ordonnance contiendra les nom, prénoms, âge, lieu de naissance, domicile et profession de l'accusé; elle contiendra en outre, à peine de nullité, l'exposé sommaire et la qualification légale du fait objet de l'accusation.

Art. 233, *C. inst. crim.* — L'ordonnance de prise de corps sera insérée dans l'arrêt de mise en accusation, lequel contiendra l'ordre de conduire l'accusé dans la maison de justice établie près la Cour où il sera renvoyé.

(3) V. not. C. 12 sept. 1856, S.56.1.948. — C. 8 janv. 1859, S.59.1.526. — C. 1er déc. 1859, S 60.1.581. — C. 23 fév. 1860, S.60.1.581. — C. 15 fév. 1861, S.62.1.105. — C. 23 mars 1861, S.61.1.559. — C. 24 déc. 1870, S.71.1.172. — C. 4 mai 1871, S.71.1.172. — C. 4 janv. 1877, S.77.1.333.

(4) *Art.* 242, *C. inst. crim.* — L'arrêt de renvoi et l'acte d'accusation seront signifiés à l'accusé et il lui sera laissé copie du tout.

(5) V. not. C. 10 déc. 1857, S.58.1.493, et les quatre arrêts cités en note de celui-ci. — C. 7 oct. 1869, S.70.1.184. — C. 15 avril 1875, S.75.1.284. — C. 11 janv. 1877, S.78.1.92.

(6) V. not. C. 27 déc. 1873, S.74.1.332, et les arrêts des 10 déc. 1857 et 11 janv. 1877, cités ci-dessus. — *Sic*, Faustin Helie, inst. crim., t. 5, n° 2259.

(7) V. Nouguier, n. 192.

(8) V. C. 7 juin 1855, S.55.1.845.

45. En l'absence de toute disposition spéciale du Code d'instruction criminelle, il y a lieu de suivre pour les exploits de signification en ces matières les règles tracées par le Code de procédure civile (1). — Il faut remarquer toutefois que ces significations, comme tous les actes de la procédure criminelle, peuvent se faire les dimanches et jours fériés (2).

Au cas d'irrégularités dans les exploits, l'huissier doit supporter les frais de la procédure à recommencer (3).

Omission et irrégularités de la notification de la liste du jury.

46. La notification à l'accusé de la liste du jury de session la veille du jour indiqué pour la formation du tableau du jury qui doit le juger [art. 395, C. inst. crim.] (4) est également substantielle. L'omission de cette formalité emporterait la nullité des débats et de tout ce qui aurait suivi (5).

Il y a nullité de cette notification lorsqu'elle est irrégulière et qu'elle contient des incorrections ou des erreurs de nature à empêcher l'accusé d'exercer son droit de récusation avec pleine connaissance (6) : par exemple, lorsqu'elle n'a eu lieu que le jour de la formation du tableau (7); lorsqu'elle ne comprend qu'un nombre de jurés inférieur à trente (8).

Omission et irrégularités de la notification de la liste des témoins.

47. Les irrégularités relatives à la notification de la liste des témoins sont graves. Elles peuvent cependant n'avoir aucun effet sur la procédure, si les parties, ministère public et accusés, ne s'opposent pas à l'audition des témoins non notifiés ou irrégulièrement notifiés (9). S'il se produit une opposition, le président peut encore, jugeant utile l'audition de ces témoins, les faire entendre en vertu de son pouvoir discrétionnaire.

48. Le président des assises doit pouvoir examiner, avant le juge-

---

(1) V. not., C. 18 juin 1846. *Journal du Palais*, 1849.2.516. — C. 15 juin 1860, Nouguier, note, 2e vol. pages 348 et 349. — C. 7 oct. 1869, S.70.1.184. — C. 15 avril 1875, S.75.1.284.

(2) V. not., C. 25 nov. 1875, S.76.1.385.

(3) V. not., C. 10 janv. 1878, S.78.1.390. — C. 12 août 1881, S.83.1.336.

(4) *Art.* 395, *C. inst. crim.* — La liste des jurés sera notifiée à chaque accusé la veille du jour déterminé pour la formation du tableau; cette notification sera nulle, ainsi que tout ce qui aura suivi, si elle est faite plus tôt ou plus tard.

(5) V. not., C. 8 déc. 1881, S.82.1.237.

(6) V. not., C. 10 janv. 1878, S.78.1.390.

(7) V. not., C. 9 juin 1881, S.82.1.237.

(8) V. not., C. 12 avril 1822 (*Bulletin criminel*), anal. C. 31 mai 1878, S.79.1.96.

(9) V. not., C. 5 déc. 1857, S.58.1.246. — C. 24 janv. 1878, S.78.1.333. — C. 19 août 1880, S.82.1.391. — C. 2 juin 1881, S.82.1.335.

ment de chaque affaire, les divers exploits de significations qui y sont relatifs, si récents que soient quelques-uns d'entre eux. Autrement les débats et l'arrêt pourraient être frappés de nullité pour des vices que le président a ignorés et auxquels il était, en conséquence, dans l'impuissance de remédier; vices contre la production desquels la menace pour l'huissier de supporter les frais de la procédure à recommencer n'est pas, ainsi que le fait observer M. Nouguier (t. 2, p. 348 et 349, note), une garantie suffisante.

Ordonnances de renvoi à un autre jour ou à une autre session.

49. La faculté d'ordonner l'ajournement ou le renvoi des affaires, accordée, jusqu'aux débats, d'une façon absolue, au président des assises [art. 306, C. inst. crim.] (1), est pour lui le moyen, non d'effacer les vices de la procédure, mais d'en rendre la réparation possible.

L'usage de cette faculté est abandonné à l'appréciation souveraine du président. Il n'a d'autres limites que celles qu'imposent à ce magistrat sa conscience et le sentiment de son devoir (2).

Le président n'est pas tenu d'avoir égard aux demandes de prorogation du ministère public ou des accusés, ni à leurs observations (2 et 3).

Ordonnances de jonction et de disjonction.

50. Le même pouvoir absolu est accordé au président des assises pour ordonner la jonction d'affaires instruites distinctement [art. 307, C. inst. crim.] (3) ou la disjonction d'affaires non connexes réunies dans une même procédure [art. 308, C. inst. crim.] (4).

51. Le pouvoir pour le président d'ordonner le renvoi, la jonction ou la disjonction des affaires étant absolu, il ne serait pas rigoureusement nécessaire que les ordonnances rendues pour ces objets fussent motivées. Il est mieux cependant qu'elles le soient, surtout lorsque se sont produites des réquisitions du ministère public ou des demandes des accusés.

---

(1) *Art.* 306, *C. inst. crim.* — Si le procureur général ou l'accusé ont des motifs pour demander que l'affaire ne soit pas portée à la première assemblée du jury, ils présenteront au Président de la Cour d'assises une requête en prorogation de délai.

Le Président décidera si cette prorogation doit être accordée ; il pourra aussi, d'office, proroger le délai.

(2) V. not., C. 27 avril 1850, S.50.1.811. — V. Nouguier, n°s 941 et 942.

(3) *Art.* 307, *C. inst. crim.* — Lorsqu'il aura été formé, à raison du même délit, plusieurs actes d'accusation contre différents accusés, le procureur général pourra en requérir la jonction, et le président pourra l'ordonner, même d'office.

(4) *Art.* 308, *C. inst. crim.* — Lorsque l'acte d'accusation contiendra plusieurs délits non connexes, le procureur général pourra requérir que les accusés ne soient mis en jugement, quant à présent, que sur l'un ou quelques-uns de ces délits, et le président pourra l'ordonner d'office.

53. Les formes à donner à ces ordonnances sont habituellement les suivantes :

Exemples de formules pour les arrêts de renvoi, de jonction et de disjonction.

Formules.

54. Ordonnance de renvoi.

Ordonnance de renvoi.

Nous Président,

Vu la procédure instruite contre le nommé , accusé de

Considérant qu'il est établi que ledit accusé, qui devait comparaître le (*ou* aujourd'hui) devant la Cour d'assises pour y être jugé, est atteint d'une maladie qui le met dans l'impossibilité d'assister aux débats (*ou tout autre motif*) ;

Vu l'art. 306, C. inst. crim.,

Renvoyons l'affaire du nommé à une prochaine session.

Fait en notre cabinet, au palais de justice, le

55. Ordonnance de jonction.

Ordonnance de jonction.

Nous Président,

Vu les deux actes d'accusation dressés par M. le procureur général contre le nommé , en date, le premier, du , le second, du

Vu les art. 307 et 365, § 2 du C. inst. crim. (1) ;

Considérant qu'il importe, pour la bonne et prompte administration de la justice, que lesdits actes d'accusation soient joints ;

> [Si la connexité résulte de l'une des trois circonstances indiquées dans l'art. 227, C. inst. crim. (2) il est nécessaire de viser cet art. 227 au lieu de l'art. 365. Il faut, de plus, avant le motif général ci-dessus, lequel doit subsister, indiquer le motif spécial de jonction ; ainsi, par exemple : « Considérant que les faits imputés à par les deux actes d'accusation ci-dessus visés, paraissent avoir été commis en même temps par plusieurs personnes réunies...... »]

Ordonnons la jonction des deux actes d'accusation susdatés et susénoncés, pour être soumis à un seul débat et sur le tout être statué par un seul arrêt.

Fait en notre cabinet, au palais de justice, le

56. Ordonnance de disjonction.

Ordonnance de disjonction.

Nous Président,

Vu l'arrêt, en date du , par lequel la Cour d'appel de

---

(1) *Art.* 365, *C. inst. crim.*, § 2. — En cas de conviction de plusieurs crimes ou délits, la peine la plus forte sera seule prononcée. — Art. 307, V. *suprà*, p. 18, note 3.

(2) *Art.* 227, *C. inst. crim.* — Les délits sont connexes, soit lorsqu'ils ont été commis en même temps par plusieurs personnes réunies, soit lorsqu'ils ont été commis par différentes personnes, même en différents temps et en divers lieux, mais par suite d'un concert formé à l'avance entre elles, soit lorsque les coupables ont commis les uns pour se procurer les moyens de commettre les autres, pour en faciliter, pour en couronner l'exécution, ou pour en assurer l'impunité.

chambre des mises en accusation, renvoie et devant la Cour d'assises de sous l'accusation de

Vu les art. 306 et 308, C. inst. crim.;

Considérant qu'il est établi que est dans un état de maladie qui peut se prolonger; qu'il est, par suite, dans l'impossibilité de se présenter aux débats qui doivent s'ouvrir le (*ou* aujourd'hui), et qu'il est impossible de prévoir exactement le moment où il sera rétabli,

Disjoignons la procédure qui le concerne de celle qui concerne son coaccusé.

Fait en notre cabinet, au palais de justice, le

Significations facultatives.

57. Les ordonnances de cette nature, dont la rédaction n'est d'ailleurs soumise à aucune forme sacramentelle, peuvent être rendues sans publicité, hors la présence des accusés. Il n'est pas nécessaire de les signifier à ceux-ci, ni même de leur en donner connaissance (1). Mais il vaut mieux, pour rendre la procédure parfaite, en faire faire la signification aux accusés et en faire ensuite donner lecture à l'audience, surtout pour les jonctions et disjonctions (2).

En cas de jonction de plusieurs affaires, il n'est pas nécessaire de signifier à chacun des accusés la copie des arrêts de renvoi et des actes d'accusation dont ses coaccusés ont été l'objet (3).

V

OUVERTURE DE LA SESSION. — CONSTITUTION DE LA COUR. FORMATION DE LA LISTE DE SERVICE DU JURY POUR LA SESSION.

Constitution définitive de la Cour d'assises.

58. Au jour fixé pour l'ouverture de la session, la Cour d'assises se réunit. Elle se constitue définitivement.

Cour.

60. La composition de la Cour d'assises proprement dite n'a pas à être contrôlée par elle-même ni par le président.

Cependant, si celui-ci, en examinant les dossiers, a constaté que des causes d'incompatibilité [art. 257, C. inst. crim.] (4), empêchent

(1) V. not. C. 26 janv. 1855, S.55.1.224.

(2) V. Nouguier, n. 923 et 926.

(3) V. not. C. 7 fév. 1834, S.34.1.360. — C. 16 déc. 1869, S.71.1.85.

(4) *Art.* 257, *C. inst. crim.* — Les membres de la Cour d'appel qui auront voté sur la mise en accusation, ne pourront, dans la même affaire, ni présider les assises, ni assister le président, à peine de nullité. Il en sera de même à l'égard du juge d'instruction.

ou lui-même ou ses assesseurs de siéger dans certaines affaires, il doit, suivant les cas, soit aviser le Garde des sceaux, soit prévenir le premier président. Des désignations spéciales seront faites, ou les remplacements s'opéreront par voie de délégation légale [art. 263, 264, C. inst. crim.] (1). Si la session est ouverte et qu'elle se tienne dans un siège autre que celui de la Cour d'appel, le président des assises doit pourvoir lui-même au remplacement de ses assesseurs empêchés [art. 253, C. inst. crim. (V. *suprà*, note 1, p. 2)] (2).

61. La composition du jury est de la part de la Cour l'objet d'un examen et d'un contrôle. Jury.

62. La confection de la liste annuelle du jury, sur laquelle s'est opéré le tirage du jury de session, est, il est vrai, un acte d'administration, dont la Cour a d'autant moins à connaître que les irrégularités de forme qui entacheraient cet acte ne peuvent pas devenir une cause de nullité (3).

De même le tirage du jury de session constitue un acte d'administration judiciaire, contre lequel il n'appartient pas aux accusés de se pourvoir (4), et qui ne pourrait être invalidé que s'il n'avait pas eu lieu avec une publicité suffisante (5).

Mais cette liste de session peut contenir les noms de personnes qui, pour un motif quelconque, ne peuvent pas ou ne doivent pas remplir les fonctions de jurés. C'est à la Cour de les éliminer et, au cas d'insuffisance du nombre des jurés maintenus sur la liste, de compléter celle-ci [art. 19, loi du 21 nov. 1872 (V. *suprà*, p. 3, note 2), —

---

(1) *Art. 263, C. inst. crim.* — Si depuis la notification faite aux jurés en exécution de l'art. 389 dudit code, le président de la Cour d'assises se trouve dans l'impossibilité de remplir ses fonctions, il sera remplacé par le plus ancien des autres juges de la Cour d'appel, nommés ou délégués pour l'assister; et, s'il n'a pour assesseur aucun juge de la Cour d'appel, par le président du tribunal de première instance.

Art. 264, C. inst. crim. — Les juges de la Cour d'appel seront, en cas d'absence ou de tout autre empêchement, remplacés par d'autres juges de la même Cour, et, à leur défaut, par des juges de première instance; ceux de première instance le seront par des suppléants.

(2) V. not. C. 25 mars 1869, S.70.1.143. — C. 25 août 1876, S.77.1.288. — Nouguier, n. 1137, 1143, 1145, 1146 et suiv.

Faustin Helie, *Inst. crim.*, t. 4, n. 3104 et suiv.

(3) V. not. C. 22 mars 1873 (*Bulletin criminel*). — C. 12 août 1880, S.81.1.291. — *Sic.* Nouguier, n. 492. — Faustin Helie, *Inst. crim.*, t. 7, n. 3169.

(4) V. not. C. 28 déc. 1877, S.78.1.185.

(5) *Sic.* Nouguier, n. 601 et 603.

396 (1), C. inst. crim., — 20, loi du 21 nov. 1872 (2), — art. 397, C. inst. crim. (3), art. 1 à 5, 6 et 18, loi du 21 nov. 1872].

63. A l'ouverture de la session, l'usage général est, bien que la loi n'ait ordonné la publicité que pour le tirage de jurés *complémentaires* [art. 19, loi du 21 nov. 1872], de réunir les jurés, de les entendre, s'ils présentent des excuses ou des observations sur leur convocation, de statuer sur ces excuses et observations, ainsi que sur les absences et les éliminations ou radiations de noms, *en audience publique* (4). Mais les accusés ne doivent pas être appelés (5).

64. Voici comment il est procédé :

§ 1er. — Revision de la liste de session.

Revision de la liste de session.

Les jurés titulaires et supplémentaires de la liste de session sont réunis dans la salle d'audience ; la Cour prend séance avec le ministère public et le greffier ; les portes ouvertes.

Le Président se couvre et dit :

« La session est ouverte.

« Il va être procédé à l'appel général de MM. les jurés appelés « à faire partie du jury de la présente session. — Chacun de vous, « MM. les jurés, voudra bien, à l'appel de son nom, répondre « simplement *présent,* sans rien ajouter. — Ceux d'entre vous « qui ont des motifs d'excuse à faire valoir ou des observations

---

(1) *Art.* 396, *C. inst. crim.* — Tout juré qui ne se sera pas rendu à son poste sur la citation qui lui aura été notifiée, sera condamné par la Cour d'assises à une amende, laquelle sera :

Pour la première fois, de cinq cents francs ; — pour la seconde, de mille francs ; — et pour la troisième, de quinze cents francs. — Cette dernière fois, il sera de plus déclaré incapable d'exercer à l'avenir les fonctions de juré. L'arrêt sera imprimé et affiché à ses frais.

(2) *L.* 21 *nov.* 1872, *art.* 20. — L'amende de cinq cents francs prononcée par le 2e paragraphe de l'art. 396 du C. inst. crim. peut être réduite par la Cour à deux cents francs, sans préjudice des autres dispositions de cet article.

(3) *Art.* 397, *C. inst. crim.* — Seront exceptés ceux qui justifieront qu'ils étaient dans l'impossibilité de se rendre au jour indiqué.

La Cour prononcera sur la validité de l'excuse.

(4) V. Nouguier, n. 1259 et 1260.

(5) V. not. C. 14 déc. 1865, S.66.1.268 ; — 11 mai 1877, S.77.1.284. — V. Nouguier, n. 1261.

« à présenter les exposeront après l'appel. La Cour statuera « ensuite.

« Greffier, faites l'appel de MM. les jurés. »

L'appel terminé, les absences constatées, les observations et excuses présentées, le président donne la parole au ministère public.

« La parole est à M. l'avocat général. »

Après les réquisitions du ministère public relativement aux radiations à opérer sur la liste, aux excuses à admettre ou à rejeter, aux condamnations à prononcer en vertu des art. 396, C. inst. crim., et 20, L. 21 nov. 1872, la Cour statue par arrêt.

[*L'exemple de formule d'arrêt qui suit prévoit à peu près tous, sinon tous les cas qui peuvent se présenter. Il contient notamment l'énumération de tous ceux qui ont été indiqués par la loi du* 21 *nov.* 1872, *dont le texte y est suivi aussi scrupuleusement que possible*].

65. Arrêt.

Formule d'arrêt.

La Cour : — Sur les réquisitions de M. le procureur général (ou de tout autre membre du parquet... pour le procureur général), tendant à ce qu'il plaise à la Cour statuer sur les motifs de radiation, d'exemption, de dispense, d'excuse, relatifs aux ci-après nommés, tous cités à l'effet de remplir les fonctions de jurés devant la Cour d'assises du département de pendant la session de

Après en avoir délibéré, faisant droit;

Vu les originaux de citations, ensemble les pièces produites;

(Décès). — En ce qui concerne le sieur A. : — Considérant qu'il est établi que ledit sieur A. est décédé; que, dès lors, il n'y a pas lieu de maintenir son nom sur la liste;

(Inaptitude) (Art. 381, C. inst. crim.; 1er, L. 21 nov. 1872). — En ce qui concerne le sieur B. : — Considérant que ledit sieur B. est âgé de moins de trente ans, ainsi qu'il en est justifié; — *ou* : n'est pas citoyen français; — *ou*.: ne jouit pas de ses droits politiques, civils et de famille; — que, en conséquence, il n'est pas apte à remplir les fonctions de juré;

(Incapacité) (Art. 2, L. 21 nov. 1872). — En ce qui concerne le sieur C. : — Considérant qu'il est constant que ledit sieur C. a été condamné à une *peine afflictive et infamante* (*ou infamante*) (§ 1er de l'art. 2);

ou : à une *peine correctionnelle pour crime* (§ 2); —

ou : (étant *militaire*), au boulet ou aux travaux publics (§ 3);

ou : à un *emprisonnement de trois mois* (*ou de plus de trois mois*) (§ 4);

ou : à *l'amende*, *ou* à *l'emprisonnement* (*quelle qu'en soit d'ailleurs la durée*) pour vol, *ou* escroquerie, — abus de confiance, — soustraction par dépositaire public, — attentats aux mœurs prévus par les art. 330 et 334, C. p., — usure (§ 5);

ou : à *l'emprisonnement* (*quelle qu'en soit la durée*) pour :

outrage à la morale publique et religieuse, *ou* attaque contre le principe de la propriété et des droits de famille;

délits contre les mœurs commis par l'un des moyens énoncés en l'art. 1er de la loi du 17 mai 1819 (L. 21 juill. 1881, art. 23; L. 2 août 1882);

vagabondage ou mendicité ;
infraction à la loi sur le recrutement (art. 60, 63, 65, L. 27 juill. 1872) ;
tromperie (art. 1er, L. 27 mars 1851; L. 5 mai 1855, art. 423, C. p.) ;
coloration de monnaies (art. 134, C. p.);
fabrication et usage de faux timbres (art. 142, 143, C. p.) ;
concussion (art. 174, C. p.);
bris de scellés (art. 251, C. p.);
menaces (art. 305, C. p.);
enlèvement, recel ou suppression d'enfant (art. 345, C. p.) ;
faux témoignage correctionnel ou civil (art. 362, 363, 364, § 3, C. p.);
subornation de témoins (art. 365, C. p.);
faux serment civil (art. 366, C. p.);
altération de marchandises par les voituriers (art. 387, C. p.);
enlèvement de bornes (art. 389, C. p.);
contrefaçon de clefs par un serrurier (art. 399, § 2);
menaces (dites chantage) (art. 400, § 2);
violation de secrets de fabrique (art. 418, C. p. 2, même art.) — (§ 5).

Ou bien : est en état d'accusation (ou de contumace) (§ 6);

ou : est notaire, greffier ou officier ministériel destitué (§ 7);

ou : est failli non réhabilité (§ 8);

ou : a été interdit des fonctions de juré par application de l'art. 396, C. inst. crim. (*ou* de l'art. 42, C. p.) — (§ 9);

ou : est en état de mandat d'arrêt (*ou* de dépôt) (§ 10);

ou : est interdit (*ou* pourvu d'un conseil judiciaire, *ou* placé dans un établissement public d'aliénés) (§ 12);

Considérant, dès lors, que ledit sieur C. est incapable d'être juré;

(Incapacité temporaire) (Art. 2, L. 21 nov. 1872, § 2, *in fine* et § 11). — En ce qui concerne le sieur D. : — Considérant que ledit sieur D. a été le frappé d'une condamnation à une *peine de moins de trois mois d'emprisonnement* (*ou* à l'*emprisonnement pour délits politique ou de presse*) ; — Considérant que cinq années ne sont pas écoulées depuis l'expiration de la peine ; — que, dès lors, le sieur D. ne doit pas être maintenu sur la liste des jurés;

(Incompatibilité) (Art. 3, L. 21 nov. 1872). — En ce qui concerne le sieur E. : — Considérant que ledit sieur E. est député (ou sénateur), — ministre, — membre du Conseil d'État, — membre de la Cour des comptes, — sous-secrétaire d'État, — *ou* secrétaire général du ministère de , — préfet, — sous-préfet, — secrétaire général de préfecture, — conseiller de préfecture, — membre de la Cour de cassation, — de la Cour d'appel de , — juge titulaire (*ou* juge suppléant) du tribunal civil de (ou du tribunal de commerce de), — officier du ministère public près le tribunal de première instance de , — juge de paix à , — commissaire de police à , — ministre d'un culte reconnu par l'État, — militaire de l'armée de terre (*ou* de mer) en activité d'emploi, — fonctionnaire (*ou* préposé) du service actif des douanes, — des contributions indirectes, — des forêts de l'État, — de l'Administration des télégraphes (et postes), — instituteur primaire communal;

Considérant que les fonctions exercées par ledit sieur E. sont incompatibles avec celles de juré;

Considérant, d'ailleurs, que le maintien sur la liste des jurés pour le service de la session du sieur B., du sieur C., du sieur D., du sieur E., serait de nature à devenir cause de nullités;

(Inhabilité) (Art. 4, L. 21 nov. 1872). — En ce qui concerne le sieur F. : — Considérant qu'il est justifié que ledit sieur F. est domestique, — *ou* : serviteur à gages, — *ou bien* : ne sait pas lire et écrire en français; que, en conséquence, il ne peut être juré.

(Dispense) (Art. 5, L. 21 nov. 1872). — En ce qui concerne le sieur G. : — Considérant que, ainsi qu'il en est justifié, ledit sieur G. est septuagénaire, — *ou :* a besoin pour vivre de son travail manuel et journalier, — *ou :* a rempli les fonctions de juré pendant l'année courante (*ou* l'année précédente); — que dès lors il doit, sur sa demande, être dispensé des fonctions de juré;

(Inaptitude relative) (*Domicile,* — Art. 6, L. 21 nov. 1872). — En ce qui concerne le sieur H. : — Considérant que, n'ayant pas son domicile dans le département, ledit sieur H. ne doit pas être compris dans la liste du jury;

Dit que les noms du sieur A., du sieur B., du sieur C., du sieur D., du sieur E., du sieur F., du sieur G., du sieur H., seront radiés de la liste de service de la présente session;

Ordonne qu'extraits du présent arrêt, en ce qui les concerne, seront transmis à M. le préfet du département, ainsi qu'à M. le premier président (*ou* à M. le président du tribunal de).

(Excuses) (Art. 397, C. inst. crim.). — En ce qui concerne le sieur I. : — Considérant qu'il résulte de certificats de médecins, dûment affirmés, que ledit sieur I. est dans un état de maladie qui le met dans l'impossibilité de remplir en ce moment les fonctions de juré; — *ou bien :* que ledit sieur I. justifie qu'il est dans l'impossibilité de se rendre à la convocation qu'il a reçue et de siéger comme juré;

Déclare ledit sieur I. excusé pour la présente session.

Ordonne que son nom sera transmis à M. le premier président (*ou* à M. le président du tribunal de) pour être remis dans l'urne et soumis aux tirages ultérieurs.

(Exemptions temporaires. — Sursis). — En ce qui concerne le sieur J. : — Considérant qu'il résulte d'un certificat de médecin que ledit sieur J. a reçu une contusion; mais que cette contusion ne paraît pas, quant à présent, devoir empêcher le sieur J. de remplir ses fonctions de juré pendant plus de jours; — (*ou tout autre motif ;* par exemple, justification incomplète de maladie et attente de certificats réguliers);

Surseoit à statuer définitivement à l'égard du sieur J.; dit que, provisoirement et jusqu'à décision définitive, son nom ne sera pas soumis aux tirages des jurys de jugement.

(Notification a un homonyme). — En ce qui concerne le sieur K. : — Considérant que des documents produits il résulte que ledit sieur K., qui se présente, a pour prénoms qu'il est (*profession*) et qu'il est né en ; que le juré appelé par la voie du sort, lequel a le même nom patronymique, a pour prénoms, est (*profession*) et est né en ; que ce dernier n'a pas été touché par la citation :

Dit que son nom ne sera pas compris dans la liste du jury de la présente session; — Dit que le sieur K. (le premier), non désigné sur la liste du jury, n'est pas juré pour la présente session.

Ordonne qu'extrait du présent arrêt, en ce qui concerne lesdits sieurs K. (*prénoms*) et K. (*prénoms*) sera transmis à M. le premier président (*ou* à M. le président du tribunal de), pour leurs noms être remis dans l'urne et soumis aux tirages ultérieurs.

(Inexactitude dans les désignations). — En ce qui concerne le sieur L. : — Considérant que ce juré fait remarquer que son nom a été mal orthographié; que, désigné et appelé du nom de L. ainsi écrit : (*indication*), il s'appelle réellement L. (*indication*);

Ordonne la rectification du nom de L. sur la liste du jury à notifier aux accusés;

Dit que le nom de ce juré ne sera pas compris dans le tirage de ce jour.

(Absence non excusée) (Art. 396, C. inst. crim., 20, L. 21 nov. 1872).

En ce qui concerne le sieur M.;— Ouï le ministère public en ses réquisitions. — Considérant que l'extrait de la liste des jurés de la présente session le concernant a été régulièrement notifié audit sieur M.; que ce juré ne comparait pas; qu'il n'a fait parvenir aucune excuse ni fait connaître aucun fait de nature à justifier sa non-comparution;

Vu les art. 396, C. inst. crim., 20, L. 21 nov. 1872, dont lecture a été donnée par le président;

Condamme le sieur M. à..... d'amende.

(RETRAITE SANS EXCUSE, *ou* REFUS DE REMPLIR LES FONCTIONS DE JURÉ) (Art. 398, C. inst. crim.). — En ce qui concerne le sieur N. — Considérant que le sieur N., appelé pour faire partie du jury de la présente session, s'est rendu à la convocation qu'il a reçue; que depuis il s'est absenté sans excuse valable et qu'il ne se représente pas; — *ou bien*, qu'il déclare se refuser à remplir ses fonctions de juré telles qu'elles sont déterminées par la loi, [par exemple — : qu'il a déclaré ne pas vouloir (*ou* qu'il refuse de) prêter le serment exigé par la loi à peine de nullité];

Ouï le ministère public en ses réquisitions et (si le juré est présent) le sieur N. en ses observations;

Vu les art. 396 et 398, C. inst. crim., 20, L. 21 nov. 1872, dont lecture a été donnée par le président;

Condamne le sieur N. à..... d'amende.

La Cour ordonne que le présent arrêt sera exécuté à la diligence de M. le procureur général.

Ainsi fait et prononcé au palais de justice, à...., le...., en l'audience publique de la Cour d'assises, où siégeaient M...., président, MM...., assesseurs, lesquels ont, ainsi que Me...., greffier, signé le présent arrêt.

§ 2. — Tirage des jurés complémentaires.

66. Les absences, les éliminations et radiations de jurés peuvent réduire la liste des jurés titulaires de la session à moins de trente noms. Si les jurés supplémentaires, présents et non excusés, qui sont portés sur cette liste, ne suffisent pas pour la compléter, il faut procéder, en audience publique, au tirage de *jurés complémentaires*, sur la liste spéciale des jurés suppléants [art. 15, loi du 21 nov. 1872], subsidiairement parmi les jurés de la ville qui sont inscrits sur la liste annuelle [art. 19, § 1er, loi du 21 nov. 1872. — V. *suprà*, p. 3, note 2]. C'est un arrêt de la Cour qui doit ordonner cette mesure.

67. Un exemple de formule d'arrêt et de procès-verbal, relatifs à ce tirage de jurés complémentaires, en fera suffisamment connaître les formalités et la marche.

Exemple d'arrêt et de procès-verbal pour l'adjonction de jurés complémentaires.

Arrêt. La COUR,

Ouï M.... (ministère public), en ses réquisitions;

Après en avoir délibéré conformément à la loi;

Considérant que par suite des retranchements opérés et des excuses admises par la Cour, les jurés titulaires et supplémentaires réunis ne se trouvent plus présents qu'au nombre de.... (moins de trente);

Ordonne que par le président de la Cour il soit immédiatement procédé, en audience publique et conformément aux dispositions de la loi, à un tirage supplémentaire et par la voie du sort, pour compléter le nombre de trente indispensable pour la formation des divers jurys de jugement.

Fait et prononcé..... le...., par MM...., lesquels ont signé le présent arrêt.

Procès-verbal.

Et, séance tenante, l'audience étant toujours publique, M. le président a fait apporter l'urne des jurés supplémentaires, laquelle avait été scellée lors du dernier tirage, contenant des noms appartenant exclusivement à des habitants de la ville de...., siège de la Cour d'assises. Il a été reconnu que la bande de papier scellée était saine et entière, ainsi que les sceau et signatures dont elle était revêtue et qui y avaient été apposés lors du dernier tirage.

Après avoir agité l'urne pour mêler les bulletins qui y étaient contenus, M. le président a rompu le scellé et a extrait de ladite urne noms. Ces noms ont été par lui proclamés au fur et à mesure de leur sortie de l'urne.

Le greffier a immédiatement dressé la liste de ces noms, en suivant l'ordre du tirage. Cette liste a été composée comme suit : 1° M. , 2° , 3° M. , etc.

L'opération du tirage étant terminée, M. le président a remis dans l'urne les bulletins portant les noms susdits (1). Il a clos l'urne avec une bande de papier blanc, sur laquelle il a apposé le sceau de la Cour d'assises avec de la cire ardente et qu'il a signée, ainsi que le greffier, *ne varietur*.

M. le président a donné l'ordre aux huissiers de service de citer à comparaître, à l'heure même, à l'audience de la Cour d'assises : 1° le sieur , 2° le sieur et ainsi de suite, en suivant l'ordre du tirage, jusqu'à ce que les jurés nécessaires pour compléter le nombre de trente soient trouvés et régulièrement cités.

Les sieurs s'étant présentés les premiers devant la Cour, leurs noms ont été immédiatement placés sur la liste du jury de la présente session et ont ainsi complété le nombre de trente jurés, exigé par la loi pour la formation des divers jurys de jugement.

De tout ce que dessus il a été dressé le présent procès-verbal, qui a été signé par M. le président et par le greffier.

68. S'il fallait recourir à la liste annuelle [art. 19, § 1er, loi du 21 nov. 1872, *in fine*), la manière matérielle de procéder serait différente. C'est de l'urne de la liste générale annuelle qu'il faudrait tirer les noms et il n'y aurait à appeler et inscrire, suivant leur ordre de sortie, que les jurés habitant la ville où se tiennent les assises. On pourrait prendre les noms de tous ces jurés et les placer dans une urne spéciale, pour en opérer le tirage.

C'est ce dernier mode qui paraît devoir être pratiqué dans le cas où, les assises se tenant hors de leur siège habituel, le nombre

---

(1) *Art.* 393, *C. inst. crim.*, § 4 (non abrogé en cette disposition). — Les dispositions de l'art. 391 (art. 5, L. 21 nov. 1872; 18, même loi), ne s'appliquent pas aux remplacements opérés en vertu du présent article.

Sic, Nouguier, n. 1285 et 1286. (L'art. 18 de la loi du 4 juin 1853, qui laissait subsister le dernier paragraphe de l'art. 393, C. inst. crim., ne paraît pas avoir été modifié, sur ce point, par la loi du 21 nov. 1872.)

des jurés titulaires est réduit à moins de trente [art. 90, décret du 6 juillet 1810, — loi du 21 nov. 1872, art. 19, § 2] (1).

69. L'insuffisance des jurés titulaires et, pour compléter le nombre de trente, celle des supplémentaires de la liste de session peuvent se manifester, au cours de la session, pour une ou quelques-unes des affaires à juger, par suite de nouvelles absences ou d'incompatibilités [art. 392, C. inst. crim.] (2 et 3). Il est alors procédé comme ci-dessus. L'arrêt et le procès-verbal doivent, bien entendu, se formuler en des termes qui s'appliquent à la situation particulière motivant le tirage de jurés complémentaires.

70. Le tirage des jurés complémentaires doit toujours, à peine de nullité, avoir lieu par la voie du sort, en audience publique. Le procès-verbal doit aussi, à peine de nullité, mentionner le tirage au sort et la publicité (4).

71. Les accusés ne doivent pas assister à cette opération. Il n'y a pas nécessité de leur signifier les noms des jurés complémentaires (5).

72. Les jurés complémentaires, dont les noms sont sortis de l'urne, doivent être inscrits sur la liste, non d'après l'ordre du tirage au sort, mais d'après l'ordre de leurs arrivées successives à la Cour d'assises (6).

73. Une fois la liste de service de trente jurés complétée par l'adjonction des jurés complémentaires qui se sont présentés, la mission des autres jurés

---

(1) *Décret du 6 juill.* 1810, *art.* 90. — Les assises ne pourront être convoquées pour un lieu autre que celui où elles doivent se tenir habituellement, qu'en vertu d'un arrêt rendu dans l'assemblée des chambres de la Cour, sur la requête du procureur général. — Cet arrêt sera lu, publié, affiché, etc.

Loi du 21 nov. 1872, *art.* 19, § 2. — Dans le cas prévu par l'art. 90, du décret du 6 juill. 1810, le nombre des jurés titulaires est complété par un tirage au sort, fait en audience publique, parmi les jurés de la ville, inscrits sur la liste annuelle.

(2) *Art.* 392, *C. inst. crim.* — Nul ne peut être juré dans la même affaire où il aura été officier de police judiciaire, témoin, interprète, expert ou partie, à peine de nullité.

(3) L'incompatibilité prononcée par l'art. 392, C. inst. crim., est de droit étroit. Par exemple, on ne peut considérer comme *partie* un créancier de l'accusé qui ne s'est point porté partie civile, qui n'est ni plaignant, ni dénonciateur et qui ne figure dans le procès à aucun titre.

V. not., C. 28 déc. 1877, S.78.1.186.

(4) Art. 19, L. 21 nov. 1872. — V. Nouguier, n. 1306-1312.

(5) V. Nouguier, n. 1315-1318.

(6) V. not. : C. 22 sept. 1881, S.82.1.332. — Nouguier, n. 1291.

complémentaires dont les noms sont sortis de l'urne, s'anéantit. — S'il se produit une nouvelle vacance dans la liste de trente, on ne peut pas appeler l'un de ces jurés complémentaires non inscrits sur la liste ; il faut procéder à un tirage nouveau. Il en est de même si, une cause de remplacement vient à cesser, il s'en produit ensuite une autre ; à moins qu'il n'y ait coïncidence entre la cessation de la cause primitive du remplacement (la rentrée d'un juré titulaire remplacé, par exemple) et la production d'une nouvelle cause (1).

§ 4. — Adjonction de suppléants.

74. L'art. 394, C. inst. crim. (2), prévoyant dans ses paragraphes 2 et suiv., le cas de longs débats, indique que la Cour pourra alors ordonner, avant le tirage du jury de jugement, qu'il sera tiré au sort, en sus des noms des douze jurés, celui ou ceux d'un ou de deux *jurés suppléants*. Adjonction de jurés et d'assesseurs suppléants.

La loi du 25 brumaire an VIII, toujours en vigueur (3), permet à la Cour, par son art. 4 (4), de s'adjoindre, dans le même cas, un ou deux *assesseurs suppléants*.

Ces adjonctions de jurés et d'assesseurs sont ordonnées par la Cour.

75. On a pu considérer que l'arrêt de la Cour en cette matière est un acte de pure administration ; que, en conséquence, il peut être rendu sans publicité et sans être motivé. Mais un arrêt de cassation du 3 avril 1873 décide que l'adjonction d'un juré suppléant au jury de jugement n'est pas un simple acte d'administration ; qu'elle a pour effet, non seulement de diminuer dans une certaine mesure le droit de récusation ac-

---

(1) V. not. : C. 13 fév. 1873, S.73.1.231. — 11 sept. 1873, S.74.1.334. — Nouguier, n. 1296-1302.

(2) *Art. 394, C. inst. crim.* — Le nombre de douze jurés est nécessaire pour former un jury.

Lorsqu'un procès criminel paraîtra de nature à entraîner de longs débats, la Cour d'assises pourra ordonner, avant le tirage de la liste des jurés, qu'indépendamment de douze jurés il en sera tiré au sort un ou deux autres qui assisteront aux débats.

Dans le cas où l'un ou deux des douze jurés seraient empêchés de suivre les débats jusqu'à la déclaration définitive du jury, ils seront remplacés par les jurés suppléants.

Le remplacement se fera suivant l'ordre dans lequel les jurés suppléants auront été appelés par le sort.

(3) V. not. C. 21 août 1835, S.35.1.601.

(4) *Loi du 25 brumaire an* VIII, *art.* 4. — Dans les procès criminels de l'étendue de ceux mentionnés en l'art. 1er (permettant l'adjonction de jurés suppléants), le tribunal criminel s'adjoindra deux juges du tribunal civil pour assister aux débats.

cordé par la loi à l'accusé, mais aussi d'appeler ce juré suppléant à prendre part au débat et, éventuellement, à la délibération; de lui permettre de communiquer avec les autres jurés pendant la séance et de lui attribuer ainsi une part d'influence sur le jugement définitif de l'accusation (1).

Le mieux paraît donc être d'observer, pour l'arrêt ordonnant des adjonctions de jurés suppléants, les règles ordinaires. Mais il ne paraît pas indispensable que cet arrêt soit signé par d'autres personnes que le président et le greffier.

76. L'arrêt ordonnant l'adjonction de jurés et assesseurs suppléants peut être, ainsi que le procès-verbal, formulé de la façon suivante :

Formule de procès-verbal et d'arrêt.

L'an...., M...., président, MM...., assesseurs, M...., ministère public, et M...., greffier, se sont rendus dans la salle d'audience de la Cour d'assises. Les portes de l'audience étant ouvertes et l'audience étant publique, M. le président a annoncé que l'audience était ouverte et il a été procédé ainsi qu'il suit :

M..... (ministère public) s'est levé et a exposé que, les débats de l'affaire..... étant de nature à occuper plusieurs audiences, il requérait qu'il plût à la Cour ordonner qu'il fût adjoint deux jurés suppléants aux douze jurés qui devaient composer le jury de jugement et un conseiller (ou juge) à ceux de Messieurs qui composent la Cour d'assises; et a signé.....

La Cour a de suite délibéré et M. le président a prononcé l'arrêt suivant :

Vu les art. 4, de la loi du 25 brumaire an VIII, et 394, du Code d'inst. crim., lesquels sont ainsi conçus :.....

Considérant que le procès actuel est de nature à entraîner de longs débats;

La Cour ordonne qu'il sera, outre les noms des douze jurés composant le jury de jugement, tiré au sort les noms de deux jurés suppléants, qui assisteront à tous les débats et qui, le cas échéant, remplaceront celui ou ceux des douze jurés titulaires qui, avant la déclaration définitive du jury, se trouveraient empêchés ;

Ordonne en outre qu'un conseiller de cette Cour (ou un juge du tribunal de ce siège), désigné par M. le président, assistera pareillement aux débats pour remplacer celui de Messieurs de la Cour qui, pendant le cours du procès actuel, se trouverait légitimement empêché (2).

Et ont signé le président et le greffier.

L'ordonnance du président pour la désignation de l'assesseur suppléant peut être rendue et constatée en ces termes :

Formule d'ordonnance du président.

Le président a ensuite rendu l'ordonnance suivante :

Vu l'arrêt en date de ce jour, par lequel la Cour d'assises de.... a ordonné qu'un troisième assesseur assisterait aux débats de l'affaire concernant le *ou* les accusés N...., afin, le

(1) S.73.1.484.

(2) C'est la Cour qui ordonne l'adjonction d'un ou de deux assesseurs. Elle peut aussi en faire la désignation nominale. Mais il est plus conforme aux règles générales (V. not., art. 253, C. inst. crim.), que cette désignation soit faite par le président des assises.

Sic, not., C. 19 juill. 1832, S.32.496. — C. 18 déc. 1840, S.40.1.948.

cas échéant, de remplacer celui de Messieurs de la Cour qui, au cours des débats, se trouverait légitimement empêché;

Nous, président.....

Désignons à cet effet M...., et l'invitons à venir prendre siège à la Cour d'assises de..... pour l'audience du..... et les suivantes, jusqu'au jugement de l'affaire sus-indiquée.

V

FORMATION DU TABLEAU DU JURY DE JUGEMENT.

77. Pour chaque affaire, il faut former un jury de jugement, composé de douze jurés, par voie de tirage au sort opéré sur les noms des jurés de la liste de service de la session [art. 399, C. inst. crim.] (1). Tirage du jury du jugement.

Cette opération a lieu, pour chaque affaire, au jour indiqué pour les débats de cette affaire.

La publicité n'en est pas prescrite et paraît même être exclue par ces mots de l'art. 399: « avant l'ouverture de l'audience ». Aussi, d'après un usage à peu près général, a-t-elle lieu dans la chambre du conseil de la Cour d'assises. Non-publicité.

78. La formation du tableau du jury de jugement doit nécessairement se faire, à peine de nullité (2), en présence : de l'*accusé* (ou des accusés) [art. 399]; des *jurés*, d'après la loi et la force même des choses (même article); — du *président des assises*, chargé de tirer les jurés au sort [art. 266, C. inst. crim. — V. *suprà*, p. 4, note 5]; — du Présences nécessaires.

---

(1) *Art. 399, C. inst. crim.* — Au jour indiqué, et pour chaque affaire, l'appel des jurés non excusés et non dispensés sera fait avant l'ouverture de l'audience, en leur présence et en présence de l'accusé et du procureur général.

Le nom de chaque juré répondant à l'appel sera déposé dans une urne.

L'accusé premièrement ou son conseil, et le procureur général, récuseront tels jurés qu'ils jugeront à propos, à mesure que leurs noms sortiront de l'urne, sous la limitation exprimée ci-après.

L'accusé, son conseil, ni le procureur général, ne pourront exposer leurs motifs de récusation.

Le jury de jugement sera formé à l'instant où il sera sorti de l'urne douze noms de jurés non récusés.

(2) V. Nouguier n. 1403 et suivants, ainsi que les arrêts cités. — *Sic*, C. 21 fév. 1878, S.78.1.391. — (Ce dernier arrêt déclare nul le tirage du jury de jugement, si l'accusé n'était pas présent lorsque les noms des jurés ont été mis dans l'urne.)

procureur général ou du membre du parquet qui le remplace [art. 399, C. inst. crim.], et d'un *greffier*, chargé de constater successivement les divers actes opérés et d'en dresser procès-verbal (1).

Les *assesseurs* et les *conseils des accusés* ne sont pas obligés d'assister au tirage du jury de jugement. Leur présence est néanmoins utile : celle des assesseurs, pour, s'il s'élève une difficulté contentieuse, constituer la Cour et statuer ; — celle des *conseils*, pour assister les accusés et les aider dans l'exercice de leur droit de récusation (V. art. 399).

Si l'assistance d'un *interprète* est nécessaire, cet interprète doit être présent et prêter serment (2). — Cette nécessité de l'assistance d'un interprète existe lorsque l'accusé n'entend pas le français (3). Pour le tirage du jury, pas plus que pour les débats, le président ne peut servir lui-même d'interprète (4).

Nombre de noms sur lequel s'opère le tirage.

79. Le tirage au sort se fait sur un nombre de noms de jurés de trente-six au maximum (nombre des titulaires fixé pour la liste de session dressée en vertu de l'art. 18 de la loi du 21 novembre 1872) et au minimum de trente (art. 19 de la même loi).

Présence de jurés non-idoines. — Nullités.

80. Il faut que tous les jurés dont les noms sont mis dans l'urne soient *idoines*, c'est-à-dire qu'aucun d'eux ne soit frappé d'incapacité, ni d'incompatibilité relativement à l'affaire à juger [art. 392, C. inst. crim. — V. *suprà*, p. 28, note 2].

Au cas où, la liste des jurés contenant plus de trente noms, le nom d'un juré non idoine sort et où ce juré fait partie du jury de jugement, il y a nullité (5).

Cette nullité est absolue, quel que soit le résultat du tirage, si la

(1) V. Nouguier, n. 1404 à 1432.

(2) V. Nouguier, n. 1411 et suiv.

(3) V. not. C. 10 oct. 1872, S.72.1.396. — 13 mars 1873, S.73.1.240. — 19 juin 1879 S.81.1.237.

(4) V. not. C. 17 et 18 août 1832, S.33.1.159. — 4 mars 1870, S.70.1.180.

(5) V. not. C. 21 déc. 1876, S.77.1.236.

Dans l'espèce de cet arrêt, un juré supplémentaire avait pris part au tirage, bien qu'il y eût trente jurés titulaires présents, ou plus, et qu'il n'eût pas en conséquence dû être appelé; ce juré supplémentaire n'avait été désigné par le sort et n'avait fait partie du tableau du jury de jugement que comme juré suppléant ; il n'avait pas pris part à la délibération. C. 21 mai 1878, S.79.1.96.

Dans cette espèce, le juré, dont la présence au tableau était critiquée, était un juré supplémentaire de la liste originaire de session (et non, un juré complémentaire).

V. encore C. 12 juillet 1877, S.78.1.96. — 20 mars 1879, S.81.1.91.

liste de service, réduite à trente noms, comprend ceux de jurés non idoines, voire un seul (1).

Il y a là une nullité d'ordre public; elle ne peut pas être couverte par le silence de l'accusé ni par la récusation du juré non idoine, émanât-elle du ministère public (2).

Nombre des jurés du jury de jugement.

81. Le nombre des jurés de jugement doit être rigoureusement de douze. Il ne peut pas, sous peine de nullité, être inférieur à ce chiffre (3) ni lui être supérieur (4) (à moins d'adjonction de jurés suppléants).

Récusations.

82. Le droit de *récuser* les jurés appartient à l'accusé et au ministère public. Son mode d'exercice est déterminé par les paragraphes 3 et 4 de l'art. 399, C. inst. crim. (V. *suprà*, p. 31, note 1), et par les art. 400, 401, 402, 403 et 404 du même code (5).

83. Les prescriptions de la loi relatives à l'exercice et à l'étendue du *droit de récusation* constituent des formalités substantielles. Leur inobservation entraînerait la nullité des débats et de l'arrêt de condamnation (6). On estime cependant que l'accusé, si les irrégularités commises n'ont pas nui à l'exercice de son droit de récusation (si, par exemple, il a récusé plus de la moitié ou de la moitié plus un des

---

(1) V. not. C. 12 janv. 1871, S.72.1.196. — 13, 20 sept., 11 oct. 1877, S.78.1.284. — 7 nov. 1878, S.79.1.240.

(2) V. not. arrêt du 12 janv. 1871 cité ci-dessus.

(3) V. not. C. 2 juin 1842, S.42.1. 869. — 7 fév. 1878, S.78.1.390.

(4) V. not. C. 27 avril 1815. — 17 juillet 1828 (*Bulletin criminel*). — Nouguier, n. 1330 et 1331. — Faustin Helie, t. VII, n. 3231.

(5) *Art.* 400, *C. inst. crim.* — Les récusations que pourront faire l'accusé et le procureur général s'arrêteront lorsqu'il ne restera que douze jurés.

Art. 401, *C. inst. crim.* — L'accusé et le procureur général pourront exercer un égal nombre de récusations; et cependant, si les jurés sont en nombre impair, les accusés pourront exercer une récusation de plus que le procureur général.

Art. 402, *C. inst. crim.* — S'il y a plusieurs accusés, ils pourront se concerter pour exercer leurs récusations; ils pourront les exercer séparément.

Dans l'un et l'autre cas, ils ne pourront excéder le nombre de récusations déterminé pour un seul accusé par les articles précédents.

Art. 403, *C. inst. crim.* — Si les accusés ne se concertent pas pour récuser, le sort réglera entre eux le rang dans lequel ils feront leurs récusations.

Dans ce cas, les jurés récusés par un seul, et dans cet ordre, le seront pour tous, jusqu'à ce que le nombre des récusations soit épuisé.

Art. 404, *C. inst. crim.* — Les accusés pourront se concerter pour exercer une partie des récusations, sauf à exercer le surplus suivant le rang fixé par le sort.

(6) V. not. C. 2 janv. 1879, S.80.1.389. — Nouguier, n. 1364. — Faustin Helie, t. VII, n. 3258.

5

jurés dépassant le nombre de douze), n'est pas recevable à se prévaloir de cette nullité (1).

84. Les récusations s'exercent à mesure que les noms des jurés sortent de l'urne [art. 399]. Quand un nom a été tiré et proclamé le droit de récuser le précédent est expiré; mais celui-là peut faire l'objet d'une récusation tant que le nom suivant n'a pas été lu (2).

85. Le droit de récusation n'appartient pas à la partie civile (3).

86. Les récusations ne doivent pas être motivées (art. 399, § 4).

Opération du tirage du jury du jugement.

87. Voici comment l'on procède à la *formation du tableau du jury de jugement :*

Au jour et à l'heure indiqués, le président de la Cour d'assises, l'officier du ministère public, le greffier ou commis greffier, les assesseurs, s'ils le jugent à propos, se rendent dans la chambre du conseil.

Les jurés y sont introduits par l'un des huissiers de service.

L'accusé y est amené par la gendarmerie. Son conseil, s'il est présent, l'assiste. (Cette assistance est d'usage; elle est désirable d'une manière générale; l'art. 399, C. inst. crim. la suppose).

Si l'intervention d'un *interprète* est nécessaire, la personne qui doit remplir cette mission est introduite. Elle prête serment (V. *suprà*, p. 12).

LE PRÉSIDENT constate l'individualité de l'accusé :

« Accusé, vos nom, prénoms, âge, profession lieu de naissance, domicile ?

R...

LE PRÉSIDENT : greffier, faites l'appel de MM. les jurés. »

A l'appel de son nom, chaque juré appelé répond : « Présent. » Le président jette dans l'urne le bulletin portant le nom du juré qui vient de répondre, et ainsi de suite jusqu'à ce que la liste des jurés titulaires soit épuisée.

Si le nombre des titulaires présents est inférieur à trente, on complète ce chiffre en appelant et en mettant dans l'urne, suivant leur ordre d'inscription, les noms des jurés supplémentaires. Le chiffre de trente ne doit pas, en ce cas, être dépassé.

---

(1) V. Nouguier, n. 1365.
(2) V. not. C. 14 janv. 1877. — S.77.1.485.
(3) V. not. C. 8 déc. 1881. — S.82.1.237.

Le président autorise à se retirer les jurés supplémentaires non appelés, en les invitant à se représenter les jours suivants.

Le Président : Accusé, il va être procédé au tirage du jury qui doit connaître de votre affaire.

Vous avez le droit, concurremment avec le ministère public, de récuser ceux de MM. les jurés que vous ne voudrez pas avoir pour juges, et ce, jusqu'à ce qu'il ne reste plus dans l'urne que le nombre de noms nécessaire pour compléter le chiffre de douze jurés qui est celui du jury de jugement. — Ces récusations devant s'exercer par vous et le ministère public en nombre égal, ou avec le bénéfice d'une récusation en plus pour vous, si le nombre des jurés présents est impair, vous avez le droit de récuser,

le nombre des jurés étant de 36 (ou 35), 12 jurés;
— — 34 (ou 33), 11 jurés;
— — 32 (ou 31), 10 jurés;
— — 30 » 9 jurés.

S'il y a plusieurs accusés, le président adresse en même temps à tous cet avertissement. Il leur demande s'ils se sont concertés pour exercer des récusations en commun. Si leur réponse est affirmative, note en est prise par le greffier. Si elle est négative, le président règle entre les accusés, par la voie du sort, l'ordre dans lequel ils exerceront leurs récusations (lesquelles devront être faites par nombre égal entre eux, sauf pour les derniers). Note du tout est également prise par le greffier.

Si, à raison de la longueur présumée des débats, la Cour a ordonné l'adjonction de jurés suppléants, le président l'annonce; il fait connaître le nombre (un ou deux) des jurés qui doivent être adjoints comme suppléants, et la modification que subit de ce fait l'étendue du droit de récusation, c'est-à-dire le chiffre auquel le nombre des récusations est réduit. — Le greffier en prend également note.

Tout cela fait, le président agite l'urne; il en retire successivement, bulletin par bulletin, les noms des jurés, jusqu'à ce que le nombre de douze jurés non récusés (avec celui des suppléants, s'il y a lieu) soit complété.

Le greffier prend note de toute l'opération. Il dresse deux listes:

sur l'une il inscrit les noms des jurés du jury de jugement; sur l'autre, celle des jurés récusés.

Quand plusieurs affaires sont portées au rôle du jour, le tirage du jury pour chacune d'elles peut avoir lieu au commencement de la journée, avant l'audience publique. Il y est successivement procédé, de la même manière pour chacune d'elles.

En ce cas, les tirages terminés, le président annonce dans quel rang les affaires viendront à l'audience, la durée approximative de la ou des premières, de manière à rendre momentanément leur liberté aux jurés faisant partie des jurys autres que le premier.

Le greffier donne lecture de chaque tableau du jury de jugement. A l'appel de leur nom, les jurés qui en font partie répondent : « Présent. »

Le ou les tirages terminés, le président dit aux jurés qui ne sont pas tombés au sort qu'ils sont libres jusqu'au lendemain (ou plus tard, si l'affaire est indiquée pour plus d'un jour, ou si l'on est à la veille d'un jour de fête ou d'un dimanche).

Tirage et formation du jury de jugement. — Procès-verbal.

88. La loi ne prescrit par aucun texte impératif qu'il soit dressé *procès-verbal* de la formation du tableau du jury de jugement; mais ce procès-verbal est *nécessaire*. Sans lui, il serait impossible de savoir si le jury de jugement a été légalement constitué et si l'accusé a exercé ou été appelé à exercer dans toute sa plénitude son droit de récusation (1).

Formes.

Les formes prescrites par l'art. 372, C. inst. crim. (V. *infrà*) pour procès-verbal des débats, doivent être observées pour le procès-verbal de tirage du jury. Il faut notamment que ce procès-verbal soit daté, qu'il soit signé par le président et par le greffier (2). S'il est placé en tête de celui des débats, de façon à faire corps avec celui-ci, la signature du président et celle du greffier apposées au bas de ce dernier procès-verbal suffisent pour tous deux (3).

Toutefois, en l'absence de toute disposition spécialement prohibitive, le procès-verbal de tirage du jury peut être préparé à l'avance pour celles de ses parties qui sont d'une forme et d'un libellé constants; ces parties peuvent même être imprimées (4).

---

(1) V. not. C. 8 fév. 1872 (*Bulletin criminel*), 27 avril 1876 ; S.76.1.484. — Nouguier, n. 1404 et 1432. Faustin-Hélie, t. VII, n. 3251.

(2) V. not. les arrêts des 8 fév. 1872 et 27 av. 1876, précédemment cités. — Nouguier, n. 1464 et 1465.

(3) V. Nouguier, n. 1466.

(4) V. Nouguier, n. 1464.

A ce procès-verbal, comme à tous les actes de la procédure criminelle, s'appliquent les dispositions de l'art. 78, C. inst. crim., interdisant les interlignes, ratures et renvois non approuvés. Cette interdiction s'étend aux surcharges (1).

89. Conformément à la règle applicable à tous les procès-verbaux de la procédure devant la Cour d'assises, les formalités non relatées au procès-verbal du tirage du jury sont réputées ne pas avoir été accomplies (2); celles qui y sont relatées sont réputées avoir été accomplies telles qu'elles sont indiquées. Sauf des cas exceptionnels, pouvant s'appliquer à des espèces également exceptionnelles, les irrégularités provenant des défauts et des inexactitudes des mentions subsistent sans pouvoir être réparées. Si elles entraînent la nullité, rien ne peut couvrir cette nullité. Elle doit être prononcée, à moins qu'il ne soit établi que les droits de l'accusé n'en ont aucunement souffert (3).

Le greffier est responsable des irrégularités du procès-verbal. Il doit supporter les frais de la procédure à recommencer (4).

90. Le modèle suivant de procès-verbal de formation du tableau du jury de jugement, d'un usage habituel à la Cour de Paris, peut être utilement consulté. De l'avis de M. Nouguier, il présente les conditions qui importent à la parfaite régularité de cet acte.

Modèle de procès-verbal de tirage du jury du jugement.

Procès-verbal du tirage des jurés.

L'an

M. , président de la Cour d'assises du département de (si les assesseurs se présentent M. et M. , conseillers (ou juges) assesseurs, M. , avocat général et M. , greffier d'audience, se sont réunis dans la chambre du conseil de ladite Cour, à l'effet de procéder au tirage des jurés appelés à se prononcer dans le procès de

Les jurés de la session ont été introduits dans ladite chambre du Conseil, ainsi que accusé, libre, mais accompagné de gardes pour l'empêcher de s'évader, *et,* (si le défenseur est présent) assisté de M. , son défenseur (5).

M. le président a constaté l'identité dudit accusé.

---

(1) V. not. (pour l'affirmation de ce principe), C. 2 août 1877, S.77.1.485.

(2) V. not. C. 10 janv. 1878, S.78.1.390.

(3) V. not. (espèces diverses où sont appliquées ces règles), C. 2 juin 1842, S.42.1.869. — 14 août 1856 (*Bulletin criminel*). — 20 nov. 1873, S.74.1.96. — 28 mai 1875, S.75.1.487. — 7 fév. 1878, S.78.1.390. — 16 janv. 1879, S.79.1.189.

(4) V. not. C. 5 oct. 1876, S.77.1.282 et C. 30 mai 1872, S.72.1.396, précédemment cité, se rapportant au procès-verbal de l'interrogatoire de l'accusé.

(5) Si la nomination d'un interprète a été nécessaire, il faut mentionner cette nomination, l'individualité de l'interprète et sa prestation de serment.

Le greffier a fait l'appel des jurés de la présente session non excusés et non dispensés. Le nom de chaque juré répondant à l'appel a été mis dans une urne par M. le président, et, *ou* attendu que, les jurés titulaires étaient présents au nombre de (trente ou plus), les jurés supplémentaires n'ont pris aucune part au tirage des jurés ; *ou* attendu que les jurés titulaires, par suite des excuses admises (*et* de l'absence de M. et M. non excusés), n'étaient présents qu'au nombre de (moins de trente), M. le président a mis dans l'urne le nom du premier (*et* du second, du 3e, du 4e) juré supplémentaire, pour former le nombre de trente exigé par la loi.

Ou attendu que, par suite des excuses admises par la Cour (ou d'absences), les jurés titulaires et supplémentaires réunis n'étaient présents qu'au nombre de (moins de trente), M. le Président a mis dans l'urne le nom de M. (et de M. et de M.), jurés complémentaires, appelés par arrêt du , pour former le nombre de trente exigé par la loi.

M. le président a fait connaître à les droits de récusation qui lui étaient conférés, ainsi qu'à M. l'avocat général, par les art. 399, 400, 401, 402, 403, 404, C. inst. crim.

Aucune observation n'ayant été faite de la part des parties, M. le Président a agité dans l'urne les bulletins portant les noms des jurés présents. Il a été tiré au sort les noms des douze jurés devant former le jury de jugement.

Par l'événement du tirage et (*nombre total*) récusations ayant été exercées (au nombre de par l'accusé et de par l'avocat général, le jury a été composé de MM :

1	4	7	10
2	5	8	11
3	6	9	12

(Ajouter, s'il y a lieu, le ou les jurés suppléants.)

[Si un *interprète* a été nommé, ajouter : Pendant le tirage, l'interprète a prêté son ministère toutes les fois qu'il a été utile. — Si l'accusé est sourd-muet, sachant écrire, il faut suivre les prescriptions de l'art. 333, C. instr. crim. et mentionner que les formalités indiquées par cet article, quant aux questions, observations et réponses à écrire, ont été suivies.]

Le tableau du jury de jugement formé, l'examen de l'affaire commence [art. 405, C. inst. crim.] (1); l'accusé est conduit, les jurés sont introduits, la Cour se rend dans la salle d'audience.

VII

AUDIENCE.

FORMALITÉS INITIALES.

Publicité.

91. L'audience est publique. — Cette publicité est un principe qui, posé par le décret du 9 octobre 1789 (art. 21), les art. 14 et 15 du

(1) *Art.* 405, *C. instr. crim.* — L'examen de l'accusé commencera immédiatement après la formation du tableau.

(Nota.) Le mot « *immédiatement* » ne peut pas et ne doit pas être pris dans un sens absolu.

décret organique des 16-24 août 1790, a été depuis reconnu et sanctionné par le Code d'instruction criminelle (V. not. art. 309), la loi du 20 avril 1810 (art. 7), la charte de 1814 (art. 64), celle de 1830 (art. 55) et enfin par la Constitution du 4 novembre 1848 (art. 81).

La publicité est obligatoire depuis le moment où, les jurés, l'accusé, la Cour étant dans la salle d'audience, le président déclare la séance ouverte, jusqu'au moment où, l'affaire étant jugée, il déclare la séance levée (1).

§ 1er. — Huis clos.

92. Exceptionnellement, la publicité cesse, pour les débats proprement dits, si cette publicité peut être dangereuse pour l'ordre ou pour les mœurs [art. 81, § 2, Constitution du 4 novembre 1848] (2). Huis clos.

93. C'est la Cour qui ordonne, par arrêt, la non-publicité des débats, c'est-à-dire le huis clos (3).

La loi abandonne entièrement aux lumières et à la conscience des Cours d'assises le soin d'apprécier, d'après les circonstances, si le respect de l'ordre et des mœurs commande le secret des débats (4).

La Cour peut même d'office ordonner le huis clos, sans l'intervention du ministère public, et sans consulter la défense (5). L'accusé est d'ailleurs sans droit pour critiquer cette mesure (6).

94. L'arrêt par lequel la Cour ordonne le huis clos doit être rendu publiquement (7).

Il doit être motivé, expressément, sur le danger que la publicité des débats offrirait pour l'ordre et les mœurs (8).

---

(1) V. Nouguier, n. 1184 et 1485.

(2) *Const. du 4 nov.* 1848, *art.* 81, § 2. — Les débats sont publics, à moins que la publicité ne soit dangereuse pour l'ordre ou les mœurs, et, dans ce cas, le tribunal le déclare par un jugement.

(3) V. not. C. 12 déc. 1823. Collect. nouv. de Sirey. — C. 4 sept. 1840, S.41.1.668. — V. Nouguier, n. 3485.

(4) V. not. 5 oct. 1821. Collect. nouv. de Sirey. — Anal. C. 2 juin 1881, S.82.1.335. — V. Nouguier, n. 3486.

(5) V. Nouguier, *loc. cit.*

(6) V. not. C. 29 avril 1826. Collect. nouv. de Sirey. — 6 nov. 1840, S.41.1.523. — 19 fév. 1841, S.43.1.184. — 30 juillet 1852, S.53.1.63. — 12 oct. 1876, S.77.1.184.

(7) V. not. Nouguier, n. 3494 et les notes.

(8) V. not. C. 9 sept. 1830, S.31.1.186. — 28 avr. 1837, S.37.1.300. — 11 janv. 1867, S.67.1.267. — 3 janv. 1880, S.80.1.285. — Nouguier, n. 3487.

Mais cet arrêt, étant incident, ne doit pas nécessairement être rédigé sur une feuille particulière, ni signé de tous les membres de la Cour qui y ont pris part. Il suffit que mention de cet arrêt soit faite au procès-verbal des débats, lequel est signé par le président et par le greffier (1).

95. La mesure du huis clos est restreinte aux débats. Elle peut commencer après le serment des jurés ou, plus tard, après la lecture de l'arrêt de renvoi, celle de l'acte d'accusation, l'interrogatoire de l'accusé, l'audition de certains témoins (2). Elle peut être limitée à certaines parties des débats. Elle peut même ne s'appliquer qu'à des catégories d'individus (à des enfants, par exemple) pour lesquels la Cour estimerait l'audition des débats dangereuse (3). — Mais, dans tous les cas, le huis clos doit, *à peine de nullité*, prendre fin lors de la clôture des débats (4). Les portes doivent être rouvertes lorsque, les débats terminés, le président va en ordonner ou vient d'en ordonner la clôture.

[Si les débats sont ouverts à nouveau, et si la Cour estime qu'ils doivent continuer à avoir lieu à huis clos, elle a à rendre un nouvel arrêt] (5).

96. Tous les arrêts incidents, qui sont rendus au cours de débats ayant lieu à huis clos et qui, extrinsèques à ces débats, n'en font pas nécessairement partie, doivent être prononcés publiquement (6). — Il en est autrement des ordonnances du président, lesquelles, faisant partie des débats, peuvent être rendues sans que le huis clos cesse momentanément, comme cela doit avoir lieu pour les arrêts incidents (7).

97. Le huis clos n'est pas un obstacle à ce que le président, en vertu de son droit de police, autorise le maintien ou l'introduction dans la salle d'audience de certaines personnes, même étrangères au barreau (8).

Formule.

98. La formule des arrêts ordonnant le huis clos est habituellement la suivante :

---

(1) V. not. C. 13 nov. 1856, S.57.1.390. — Nouguier, n. 3496.

(2) V. not. C. 29 avril 1826. Collect. nouv. de Sirey. — 17 avr. 1834, S.34.1.556. — 1er oct. 1857, S.57.1.868.

(3) V. not. C. 2 juin 1881, S.82.1.335.

(4) V. not. C. 18 sept. 1823, Collect. nouv. de Sirey. — 29 avril 1826 (cité plus haut). — 30 mars 1837, S.38.1.224.

(5) V. not. Nouguier, n. 3509

(6) V. not. C. 18 oct. 1832, S.33.1.319. — 9 oct. 1879, S.80.1.232. — 13 oct. 1881, S.81.1.487. — V. aussi C. 2 septembre 1880, S.81.1.288. — V. Nouguier, n. 3510.

(7) V. Nouguier, n. 3508.

(8) V. Nouguier, n. 3507.

Exemple de formule d'arrêt ordonnant le huis clos :

La Cour : — Ouï le ministère public en ses réquisitions,
Vu l'art. 81 de la constitution du 4 nov. 1848, lequel est ainsi conçu : .....
Attendu que la publicité des débats relatifs à l'accusation portée contre N..... serait dangereuse pour l'ordre et pour les mœurs;
La Cour ordonne que les débats auront lieu à huis clos.

99. L'arrêt prononcé, LE PRÉSIDENT ajoute :

Huissiers, faites retirer le public.

L'ordre s'exécute. Les portes sont closes.

Les débats (ou le huis clos) terminés, le président dit :

Huissiers, ouvrez les portes.

Les portes ouvertes, le président, si les débats sont terminés, en ordonne la clôture. — Cette ordonnance peut, sans inconvénient pour la procédure, précéder immédiatement la réouverture des portes.

Mesures d'ordre.

100. Les mesures, que le président peut, en vertu de son pouvoir de police, prendre ou ordonner pour la bonne tenue et le bon ordre de l'audience, ne portent pas atteinte au principe de la publicité des débats. Ainsi le président peut, pour empêcher le tumulte et prévenir le désordre, faire fermer momentanément les portes de la salle d'audience, alors que les places attribuées au public sont occupées (1). Mais une mesure de cette nature doit être prise avec une extrême prudence.

§ 2. — Premières formalités.

Ouverture de l'audience.

101. Les douze jurés, ayant pour chef le premier d'entre eux dont le nom est sorti de l'urne [art. 342, C. inst. crim.], s'étant placés, dans l'ordre désigné par le sort, sur des sièges séparés du public, des parties et des témoins, en face de l'accusé; celui-ci étant introduit, avec des gardes pour l'empêcher de s'évader, et la Cour ayant pris séance, le président déclare l'audience ouverte [articles 309 et 310, C. inst. crim.] (2).

(1) V. not. C. 14 juin 1833, S.34.1.717. — 11 av. 1867, S.68.1.189.

(2) *Art.* 309, *C. instr. crim.* — Au jour fixé pour l'ouverture des assises, la Cour ayant

Il se couvre et dit :

L'audience est ouverte.

Le président doit aussitôt constater l'individualité de l'accusé.

Assistance possible d'un interprète.

Si celui-ci ne parle pas le français, ou s'il est sourd-muet et ne sait pas écrire, le président lui nommera d'office un interprète [art. 332, 333, C. inst. crim.] (1).

§ 3. — Assistance d'un interprète.

Interprète.

102. Les art. 332 et 333, C. inst. crim., indiquent les règles et les formes à observer pour la nomination et l'assistance de l'interprète.

C'est le président qui, d'office, nomme l'interprète.

L'individualité de cet interprète doit être bien déterminée, afin que l'on puisse constater qu'il est capable de remplir son office et qu'aucune incompatibilité ne l'en empêche.

Cette nomination est obligatoire, à peine de nullité, lorsque les débats, dans toutes leurs parties, et les actes essentiels qui s'y rattachent ne sont compris par l'accusé (2).

---

pris séance, douze jurés se placeront, dans l'ordre désigné par le sort, sur des sièges séparés du public, des parties et des témoins, en face de celui qui est destiné à l'accusé.

NOTA. — *Dans l'usage, la Cour ne prend séance que lorsque les jurés et l'accusé sont placés.*

Art. 310, *C. instr. crim.* — L'accusé comparaîtra libre et seulement accompagné de gardes pour l'empêcher de s'évader. Le président lui demandera son nom, ses prénoms, son âge, sa profession, sa demeure et le lieu de sa naissance.

(1) *Art.* 332, *C. instr. crim.* — Dans le cas où l'accusé, les témoins, ou l'un d'eux, ne parleraient pas la même langue ou le même idiome, le président nommera d'office, à peine de nullité, un interprète âgé de vingt et un ans au moins, et lui fera, sous la même peine, prêter serment de traduire fidèlement les discours à transmettre entre ceux qui parlent des langages différents.

L'accusé et le procureur général pourront récuser l'interprète, en motivant leur récusation. La Cour prononcera.

L'interprète ne pourra, à peine de nullité, même du consentement de l'accusé ni du procureur général, être pris parmi les témoins, les juges et les jurés.

Art. 333, *C. instr. crim.* — Si l'accusé est sourd-muet et ne sait pas écrire, le président nommera d'office, pour son interprète, la personne qui aura le plus l'habitude de converser avec lui.

Il en sera de même à l'égard du témoin sourd-muet.

Le surplus des dispositions du précédent article sera exécuté.

Dans le cas où le sourd-muet saurait écrire, le greffier écrira les questions et observations qui lui seront faites ; elles seront remises à l'accusé ou au témoin, qui donneront par écrit leurs réponses ou déclarations. Il sera fait lecture du tout par le greffier.

(2) V. not. C. 10 oct. 1872, S.72.1.196. — 13 mars 1873, S.73.1.240. — 19 juin 1879, S.81.1.237. — 12 août 1880, S.81.1.391.

L'interprète, préalablement à toute intervention de sa part, doit prêter serment.

103. Ce serment a lieu dans la forme suivante : Serment de l'interprète.

LE PRÉSIDENT. — Vous jurez de traduire fidèlement les discours à transmettre entre ceux qui parlent des langages différents.

R... (la main droite levée) : Je le jure.

Le serment de l'interprète est de nécessité absolue. Il y a nullité s'il n'est pas prêté et si sa prestation n'est pas régulièrement constatée (1).

Ce serment n'est pas répété à l'audience, si l'interprète, ayant assisté l'accusé pour le tirage du jury, l'a prêté dans la chambre du Conseil (2). Mais pour chaque affaire différente, ce serment est nécessaire, l'interprète fût-il le même.

104. L'interprète doit prêter son ministère toutes les fois que cela est nécessaire pour que l'accusé comprenne et soit compris.

S'il n'en est pas ainsi, il y a nullité (3); — à moins que les omissions de traduction commises n'aient pu porter aucune atteinte aux droits de la défense (4).

105. S'il y a présomption légale que toutes les traductions nécessaires ont été faites, lorsque le procès-verbal constate que l'interprète est intervenu toutes les fois que son ministère a été utile (5), cette présomption tombe devant les doutes que laisseraient apparaître sur ce point la rédaction du procès-verbal (6), des mentions contradictoires de ce procès-verbal ou un arrêt de donné acte qui l'infirment en certaines parties (7).

106. Les règles sont les mêmes s'il s'agit d'un sourd-muet ne sachant pas écrire, avec cette différence cependant que l'interprète, devant alors

---

(1) V. not. C. 6 janv. 1826. Collect. nouv. de Sirey, à sa date.

(2) V. not. C. 15 oct. 1874, S.74.1.504. — 7 mai 1875, S.75.1.240. — V. Nouguier, n. 1841.

(3) V. not. C. 4 juillet 1872, S.72.1.400. — 31 janv. 1878, S.79.1.335.

(4) V. not. C. 12 mars 1874, S.74.1.231. — V. Nouguier, n. 1822-1830 et les indications qui y sont contenues (a).

(a) Il faut remarquer que la traduction des questions résultant de l'arrêt de renvoi, estimée superflue par Nouguier, est considérée comme nécessaire par un arrêt de cassation du 2 mai 1878 (S.78.1.437).

(5) V. not. C. 13 oct. 1865, S.66.1.33. — C. 31 mai 1878, S.78.1.483.

(6) V. not. C. 6 juin 1878, S.79.1.45.

(7) V. not. C. 4 juil. 1872 et 31 janv. 1878 précités.

être, autant que possible, la personne qui a le plus d'habitude de converser avec le sourd-muet, n'est pas atteint par l'incapacité et les incompatibilités indiquées dans l'art. 332 (1).

§ 4. — Constatation de l'identité de l'accusé.

Constatation de l'individualité de l'accusé.

107. L'individualité de l'accusé (art. 310, C. inst. crim.) se constate dans la forme suivante :

LE PRÉSIDENT. — Accusé, levez-vous (2).
D... Quels sont vos noms? R... — Prénoms? R...
Votre âge? R... — Votre profession? R... — Votre demeure? R... — Le lieu de votre naissance? R...
— Asseyez-vous.

[Il importe, le sujet de l'accusation n'étant pas connu encore et les jurés n'ayant pas prêté serment, de circonscrire les questions alors adressées à l'accusé dans les termes de l'article 310, C. inst. crim., afin de les borner à la constatation de l'état civil de celui-ci, sans rien préjuger du procès. Mais le président peut poser à l'accusé des questions différentes de celles indiquées dans l'art. 310, si ces questions et ces réponses, sans portée et sans influence aucune sur le débat qui va s'ouvrir, ne tendent qu'à la constatation complète de l'individualité dudit accusé (3).]

§ 5. — Avertissement au conseil de l'accusé.

Avertissement au défenseur.

108. Le président adresse ensuite au conseil de l'accusé l'avertissement indiqué par l'art. 311, C. inst. crim. (4), lequel n'est d'ailleurs pas prescrit à peine de nullité (5).

---

(1) V. Nouguier, n. 1819.

(2) L'accusé, qui est membre de la Légion d'honneur ou décoré de la médaille militaire, doit, avant de pénétrer dans l'audience, faire disparaître ses insignes. (Art. 5. Constit. du 22 frimaire an VIII. — Art. 54. Ordon. du 26 mars 1816. — Art. 19. Décret du 16 mars 1852. — Décrets du 24 mars 1852, 26 fév. 1858, 25 oct. 1859).

(3) V. n. C. 10 fév. 1881, S.83.1.139.

(4) *Art.* 311, *C. inst. crim.* — Le président avertira le conseil de l'accusé qu'il ne peut rien dire contre sa conscience ou contre le respect dû aux lois, et qu'il doit s'exprimer avec décence et modération.

(5) V. Nouguier, n. 1527 et C. 21 mars 1844, S.44.1.668.

[La présence du conseil de l'accusé dès le début de l'audience et jusques à l'arrêt définitif est de règle; cette règle résulte de la nature même des choses et de diverses dispositions du Code d'instruction criminelle, qui supposent cette présence. Néanmoins l'absence d'un conseil n'entraîne pas nullité, à moins que, l'accusé n'en ayant pas choisi, il ne lui en ait pas été désigné un par le président des assises, ou que ce conseil soit empêché de se présenter par le fait du ministère public ou par celui de la Cour d'assises elle-même. Au reste, il est d'usage que si, pour une cause ou pour une autre, le défenseur de l'accusé n'est pas présent à la barre, le président, ou même la Cour, lui en désigne un.]

Le Président. — Nous rappelons au défenseur les dispositions de l'art. 311 du Code d'instruction criminelle et nous l'invitons à s'y conformer.

§ 6. — **Serment des jurés.**

Importance du serment des jurés.

109. Vient ensuite le serment des jurés [art. 312, C. inst. crim.] (1).

110. C'est une formalité substantielle. La nullité résultant de son omission ne peut pas être couverte par la renonciation formelle à s'en prévaloir donnée par l'accusé pendant le cours des débats. Cette omission ne peut pas être réparée, à moins que les débats ne soient recommencés à partir de ce serment inclusivement (2). Le défaut de serment de la part d'un seul juré entraîne nullité complète des débats et de l'arrêt de condamnation (3).

Serment des jurés.

111. Le Président. — Messieurs les jurés, veuillez vous lever.

La Cour va recevoir votre serment.

Vous jurez et promettez devant Dieu et devant les hommes d'examiner avec l'attention la plus scrupuleuse les charges qui

---

(1) *Art. 312, C. inst. crim.* — Le président adressera aux jurés, debouts et découverts, le discours suivant :

« Vous jurez et promettez, etc. » (Voir la suite de ce discours et du 2e § de l'art. 312 dans l'allocution prononcée par le président.)

Chacun des jurés, appelé individuellement par le président, répondra, en levant la main : « Je le jure », à peine de nullité.

(2) V. not. C. 10 déc. 1831, S. 32.1.36.

(3) V. not. C. 29 sept. 1881, S.82.1.333.

seront portées contre N... ; — de ne trahir ni les intérêts de l'accusé, ni ceux de la société qui l'accuse ; — de ne communiquer avec personne jusqu'après votre déclaration ; — de n'écouter ni la haine ou la méchanceté, ni la crainte ou l'affection ; — de vous décider d'après les charges et les moyens de défense, suivant votre conscience et votre intime conviction, avec l'impartialité et la fermeté qui conviennent à un homme probe et libre.

M. A... (le chef du jury). — R. (la main droite levée, debout, découvert) : Je le jure.

M. B... (2e juré). — R. (la main droite levée, etc.) : Je le jure.

Et ainsi de suite pour les douze jurés et pour les jurés suppléants s'il y en a de désignés.

112. [La teneur du serment, telle qu'elle est formulée par l'art. 312, C. inst. crim., est sacramentelle. Les mots « Je le jure » à prononcer par chacun des jurés pour prêter ce serment, ne le sont pas moins. On admet cependant qu'un juré dont la religion répudierait cette formule, pourrait se servir de celle prescrite par cette religion, à la condition que cette formule constituât un serment (1). — Le refus absolu de tout serment, le serment étant prescrit à peine de nullité, serait en réalité le refus de remplir les fonctions de juré et devrait tomber sous l'application de l'art. 396, C. inst. crim.]

Le serment étant prêté par tous les jurés, le PRÉSIDENT ajoute :

Messieurs les jurés, veuillez vous asseoir.

113. La prestation du serment par les jurés, dans les formes indiquées par l'art. 312, C. inst. crim., doit être constatée au procès-verbal.

§ 7. — Lecture de l'arrêt de renvoi et de l'acte d'accusation.

114. Aussitôt après le serment des jurés, a lieu la lecture de l'arrêt de renvoi et de l'acte d'accusation, lecture de l'importance de laquelle l'accusé est averti par le président [art. 313, C. inst. crim.] (2).

---

(1) V. not. Nouguier, n. 1572. — V. not. (Serment des témoins) Cass., 27 sept. 1883.

(2) *Art.* 313, *C. inst. crim.* — Immédiatement après, le président avertira l'accusé d'être attentif à ce qu'il va entendre.

Le Président. — Accusé, soyez attentif à ce que vous allez entendre.

Premier avertissement à l'accusé.

Monsieur le greffier, veuillez donner lecture de l'arrêt de la Cour d'appel, portant renvoi à la Cour d'assises, et de l'acte d'accusation.

Lecture de l'arrêt de renvoi et de l'acte d'accusation.

115. Cette lecture, bien qu'elle ne soit pas prescrite à peine de nullité et que la jurisprudence ne la considère pas comme substantielle (1), est cependant d'une utilité considérable, et l'on peut dire qu'elle est de règle impérative. Il y aurait d'ailleurs nullité s'il n'y était pas procédé alors que l'accusé aurait demandé qu'elle fût faite (2).

Lecture d'autres pièces.

La lecture de l'arrêt de renvoi et de l'acte d'accusation peut être immédiatement suivie de la lecture d'autres pièces, que le président de la Cour d'assises juge utiles à la manifestation de la vérité (3). Mais le président doit user de cette faculté avec réserve.

[Il est d'une pratique à peu près générale de faire donner lecture des ordonnances de jonction et de disjonction, et, en cas de renvoi par la Cour suprême, après cassation ou pour cause de suspicion légitime, de l'arrêt qui l'a prononcé (4).]

Deuxième avertissement à l'accusé.

116. A cette lecture succède un second avertissement du président à l'accusé (5).

Dans l'usage, cet avertissement, dont le but est de fixer l'attention de l'accusé sur les faits de l'accusation et de l'appeler sur les charges qui vont être produites, se borne, pour la première partie, au résumé même de l'acte d'accusation.

Le Président. — N... Vous êtes accusé de... (le crime avec ses qualifications et ses circonstances).

Vous allez entendre les charges qui seront produites contre vous.

Il ordonnera au greffier de lire l'arrêt de la Cour d'appel portant renvoi à la Cour d'assises, et l'acte d'accusation.

Le greffier fera cette lecture à haute voix.

(1) V. not. C. 10 déc. 1857, S.58.1.164.

(2) V. not. C. 10 nov. 1849 (Nouguier, n. 1600 et 1601).

(3) V. not. C. 20 janv. 1848, S.48.1.524.

(4) V. Nouguier, n. 1615.

(5) V. Nouguier, n. 1611.

§ 8. — Témoins. — Liste de leurs noms. — Appel.

Exposé du procureur général.

117. Cela dit par le président, le procureur général, après avoir exposé l'affaire, s'il le juge à propos, présente la liste des témoins.

La lecture de cette liste est faite par le greffier (1).

118. [L'exposé du procureur général n'est ni substantiel ni prescrit à peine de nullité. Dans l'usage il est considéré comme superflu ; il n'a généralement pas lieu.]

Appel des témoins.

119. Le Président. — Monsieur le greffier, veuillez donner lecture de la liste des témoins.

Contenu de la liste des témoins.

120. La liste des témoins doit contenir tous les noms de ceux qui ont été régulièrement notifiés à l'accusé ou au procureur général dans les termes de l'art. 315, C. inst. crim. (2), et de l'art. 321, C. inst. crim. (V. *infrà*), que ces témoins aient été ou non cités [art. 324, C. inst. crim.] (3).

Il est opportun d'y joindre les noms des témoins qui ont été cités, mais qui n'ont pas été notifiés, ou ne l'ont pas été régulièrement. Sans doute, il pourra être formé opposition à leur audition ; mais, précisément, l'appel de leurs noms attire l'attention sur l'irrégularité dont on peut se prévaloir (4).

§ 9. — Témoins. — Oppositions. — Absences.

Oppositions fondées sur les irrégularités de notifications.

121. Si, lors de la lecture de la liste, des oppositions sont faites à l'audition des témoins mal notifiés, la Cour doit statuer [art. 315].

---

(1) *Art. 314, C. inst. crim.* — Après cette lecture, le président rappellera à l'accusé ce qui est contenu en l'acte d'accusation, et lui dira : « Voilà de quoi vous êtes accusé ; — Vous allez entendre les charges qui seront produites contre vous. »

(2) *Art. 315, C. inst. crim.* — Le procureur général exposera le sujet de l'accusation ; il présentera ensuite la liste des témoins qui devront être entendus, soit à sa requête, soit à la requête de la partie civile, soit à celle de l'accusé.

Cette liste sera lue à haute voix par le greffier.

Elle ne pourra contenir que les témoins dont les noms, profession et résidence auront été notifiés, vingt-quatre heures au moins avant l'examen de ces témoins, à l'accusé, par le procureur général ou la partie civile, et au procureur général par l'accusé ; — sans préjudice de la faculté accordée au président par l'art. 269.

L'accusé et le procureur général pourront, en conséquence, s'opposer à l'audition d'un témoin qui n'aurait pas été clairement désigné dans l'acte de notification.

La Cour statuera de suite sur cette opposition.

(3) *Art. 324, C. inst. crim.* — Les témoins produits par le procureur général ou par l'accusé seront entendus dans le débat, même lorsqu'ils n'auraient pas préalablement déposé par écrit, lorsqu'ils n'auraient reçu aucune assignation, pourvu, dans tous les cas, que ces témoins soient portés sur la liste mentionnée dans l'art. 315.

(4) V. Nouguier, n. 1646.

Elle pourra le faire immédiatement. Elle pourra rayer de la liste les témoins non ou tardivement notifiés. Elle est juge de la gravité des incorrections ou inexactitudes commises dans la désignation des témoins à l'audition desquels on s'oppose.— Au surplus, les radiations que la Cour opèrerait en reconnaissant le bien fondé des oppositions ne seraient pas un obstacle à ce que le président pût, en vertu de son pouvoir discrétionnaire, faire entendre les personnes dont les noms auraient été rayés. Cela résulte de l'art. 269, C. inst. crim. et des termes mêmes de l'art. 315, C. inst. crim.

122. Le droit d'opposition réservé par l'art. 315 n'appartient pas à la partie civile (1).

Absences de témoins.

123. L'absence de témoins régulièrement cités peut avoir une grave conséquence, celle du renvoi de l'affaire à une autre session [art. 354, C. inst. crim.] (2), et entraîner des pénalités pour les absents [art. 355 et 356, C. inst. crim.] (3).

124. C'est à la Cour qu'il appartient de prononcer, et ce souverainement, sur les réquisitions du ministère public [art. 354, C. inst. crim.] ou sur la demande, par conclusions écrites, de l'accusé (4), tendant au renvoi de l'affaire à une autre session. Qu'elle prononce le renvoi de l'affaire ou qu'elle ordonne qu'il sera passé outre aux débats, elle doit rendre un arrêt motivé (5). — Du texte de l'art. 354 il résulte

---

(1) V. Nouguier, n. 1902 et 1903.

(2) *Art. 354, C. inst. crim.* — Lorsqu'un témoin qui aura été cité, ne comparaîtra pas, la Cour pourra, sur la réquisition du procureur général, et avant que les débats soient ouverts par la déposition du premier témoin inscrit sur la liste, renvoyer l'affaire à une prochaine session.

(3) *Art. 355, C. inst. crim.* — Si, à raison de la non-comparution du témoin, l'affaire est renvoyée à la session suivante, tous les frais de citation, actes, voyages de témoins, et autres ayant pour objet de faire juger l'affaire, seront à la charge de ce témoin, et il y sera contraint, même par corps, sur la réquisition du procureur général, par l'arrêt qui renverra les débats à la session suivante.

Le même arrêt ordonnera, de plus, que ce témoin sera amené par la force publique devant la Cour pour y être entendu.

Et néanmoins, dans tous les cas, le témoin qui ne comparaîtra pas, ou qui refusera soit de prêter serment, soit de faire sa déposition, sera condamné à la peine portée en l'art. 80 (amende, qui n'excèdera pas cent francs).

Art. 356, C. inst. crim. — La voie de l'opposition sera ouverte contre ces condamnations, dans les dix jours de la signification qui en aura été faire au témoin condamné ou à son domicile, outre un jour par cinq myriamètres; et l'opposition sera reçue s'il prouve qu'il a été légitimement empêché, ou que l'amende contre lui prononcée doit être modérée.

(4) V. not. C. 23 sept. 1880, S.82.1.390.

(5) V. not. C. 31 mars 1877, S.77.1.336.

qu'il n'y a pas nécessité de consulter l'accusé sur l'opportunité du renvoi, mais celui-ci peut, bien entendu, intervenir.

125. Si, un ou des témoins étant absents, le ministère public et l'accusé ont renoncé à l'audition de ces témoins et ne demandent pas le renvoi, la mesure par laquelle il est passé outre, n'ayant rien de contentieux, ne comporte pas une décision motivée et, tenant à la direction des débats, elle rentre dans les pouvoirs du président (1).

126. Le renvoi n'ayant pas été prononcé, il peut se faire que dans le cours des débats la nécessité d'entendre un témoin absent apparaisse. Les termes de l'art. 354 : « avant que les débats soient ouverts par la déposition du premier témoin », ne font pas obstacle à ce que l'affaire soit alors renvoyée. La Cour en puise le droit dans l'art. 406, C. inst. crim., lequel prévoit d'une manière générale le renvoi pour « quelque événement. »

127. Aussi bien un témoin, non présent au début de l'audience, peut se présenter avant la clôture des débats. Il devra être entendu, alors même que le président, usant de son pouvoir discrétionnaire, aurait déjà donné lecture de la déposition de ce témoin écrite dans l'instruction (2). La Cour commettrait un excès de pouvoir en éliminant ce témoin et en radiant son nom de la liste pour le seul motif de sa non-comparution lors de l'appel (3).

128. Les arrêts de la Cour d'assises ordonnant, en cas d'absence de témoins, le renvoi de l'affaire à une autre session ou le passé outre aux débats, prononçant la condamnation d'un témoin défaillant, l'en déchargeant ou la confirmant, ou statuant sur l'opposition des parties à l'audition d'un témoin, peuvent être formulés de la façon suivante :

Formules d'arrêts.

Exemples de formules d'arrêts en cas d'absences de témoins et d'oppositions à l'audition de témoins.

Renvoi à une autre session. — Condamnation du témoin absent.

129. *Renvoi à une autre session.*

La Cour, — Ouï le ministère public en ses réquisitions, l'accusé et son conseil en leurs observations (*ou bien :* — Vu les conclusions de l'accusé tendant au renvoi de l'affaire qui

(1) V. not. C. 10 oct. 1872, S.73.1.44.

(2) V. not. C. 6 oct. 1864, S.65.1.54; — C. 22 août 1878, S.78.1.392; — C. 19 août 1880, S.82.1.391.

(3) V. not. C. 4 juin 1864, S.65.1.54; — C. 19 août 1880, S.82.1.391.

le concerne à une prochaine session à cause de l'absence du témoin, etc. — Ouï le ministère public en ses réquisitions, l'accusé et son conseil en leurs observations);

Considérant que le sieur N..., régulièrement assigné comme témoin dans l'affaire de l'accusé..., ne comparaît pas;

Considérant que la présence de ce témoin est indispensable aux débats,

Renvoie l'affaire à la prochaine session;

Et (*en cas de condamnation du témoin*) considérant que le témoin N... n'a fait présenter aucune excuse (*ou :* que les excuses alléguées par le témoin N..., ne peuvent être admises par la Cour);

Faisant audit témoin l'application des art. 355, § 3, et 80 du Code d'inst. crim., lesquels sont ainsi conçus...,

Condamne le sieur N..., à... d'amende (100 fr. au maximum, art. 80 C. inst. crim.);

Dit qu'il supportera tous les frais de citation, actes, voyages de témoins et autres ayant pour objet de faire juger l'affaire, et qu'il y sera contraint même par corps. [Cette condamnation aux frais ne doit être prononcée que si le ministère public l'a requise (art. 355].

Ordonne que le présent arrêt sera exécuté à la diligence de M. le procureur général.

130. *Arrêt de passé outre.*

Passé outre aux débats.

LA COUR, — Ouï, ou Vu (même forme que dans la précédente formule);

Considérant que le sieur N..., régulièrement assigné comme témoin dans l'affaire de l'accusé..., ne comparaît pas;

Mais considérant que la présence de ce témoin n'est pas indispensable à la manifestation de la vérité,

Ordonne qu'il sera passé outre aux débats;

Et (*en cas de condamnation du témoin*) considérant que le témoin N.... n'a fait présenter aucune excuse (*ou :* que les excuses alléguées par le témoin N...., ne peuvent être admises par la Cour);

Faisant audit témoin l'application des art. 355, § 3, et 80 du Code d'inst. crim., lesquels sont ainsi conçus...,

Condamne le sieur N... à... d'amende (100 fr. au maximum);

Ordonne que le présent arrêt sera exécuté à la diligence de M. le procureur général.

131. *Condamnation du témoin défaillant au cas de passé outre sans contentieux et sur simple ordonnance du président.*

Condamnation du témoin absent.

LA COUR, — Ouï, M. le procureur général en ses réquisitions;

Considérant que le témoin N..., ne comparaît pas quoique régulièrement cité;

Qu'il n'a fait présenter aucune excuse (*ou :* que les excuses alléguées par lui ne peuvent être admises par la Cour);

Lui faisant application des dispositions des art. 355, § 3, et 80 du Code d'inst. crim., lesquels sont ainsi conçus...,

Condamne le sieur N..., à.... d'amende (100 fr. au maximum);

Ordonne que le présent arrêt sera exécuté à la diligence de M. le procureur général.

132. *Arrêt sur l'opposition des témoins* [art. 356).

Opposition du témoin appelé.

LA COUR, — Vu l'arrêt en date du...., par lequel elle a condamné le sieur N..., lequel, appelé comme témoin dans l'affaire du sieur.... n'a pas comparu;

Vu l'opposition formée audit arrêt, signifié le..., par le sieur N...;

Considérant que ledit sieur N... justifie que...,

Le reçoit opposant audit arrêt; le décharge des condamnations contre lui prononcées (*ou :* réduit l'amende de..., prononcée contre lui, à...

Ou bien : en cas de maintien de la condamnation) :

Considérant que ladite opposition est tardive et qu'elle n'est pas recevable;

Déboute le sieur N... de son opposition ; ordonne que l'arrêt en date du..., le condamnant à..., sera exécuté suivant sa forme et teneur.

Ou encore : Considérant que les excuses invoquées par ledit sieur N..., pour expliquer son absence, ne peuvent pas être accueillies par la Cour,

Déboute ledit sieur N..., etc.

Opposition à l'audition des témoins.

133. *Arrêt sur l'opposition à l'audition de témoins.*

La Cour, — Vu l'opposition de... (accusé ou ministère public), à l'audition du témoin N...;

Vu l'art. 315, C. inst. crim.;

Considérant que le témoin N...; n'a pas été indiqué dans la notification qui devait être faite à...

Dit que le sieur N... ne sera pas entendu comme témoin sous la foi du serment.

Ou bien : Considérant que ledit témoin N... n'est pas clairement désigné dans la notification qui a été faite de son nom; que... a pu être induit en erreur sur son individualité,

Dit que le témoin N... ne sera pas entendu comme témoin, sous la foi du serment.

[L'opposition admise, il est possible que le renvoi de l'affaire soit requis, ou demandé par des conclusions écrites. La Cour doit alors statuer comme il est indiqué ci-dessus. Le plus souvent il sera passé outre aux débats, le président pouvant faire entendre le témoin reproché à titre de renseignement. Le motif de l'arrêt de passé outre devrait alors être celui-ci : « Considérant que l'audition du sieur N..., sous la foi du serment, ne paraît pas indispensable à la manifestation de la vérité. »]

134. *Rejet de l'opposition.*

La Cour, — Vu, etc.

Considérant que le témoin N..., quoique indiqué dans la notification de la façon suivante..., n'en a pas moins été désigné clairement et d'une façon telle que... n'a pas pu être induit en erreur sur son individualité.

Ordonne que ledit sieur N... sera entendu comme témoin sous la foi du serment.

135. [*Ces dernières formes d'arrêts peuvent, avec modifications dans les motifs, s'appliquer à tous les cas d'oppositions à auditions de témoins.*]

Témoins. — Oppositions à leur audition.

136. Il est à remarquer que, s'il faut toujours un arrêt pour rejeter l'opposition à l'audition d'un témoin, faite par voie de réquisitions ou de conclusions écrites (car alors il y a incident contentieux), il n'est pas toujours nécessaire que la Cour intervienne pour prononcer l'élimination d'un témoin. Que l'opposition se produise de la part du ministère public ou de l'accusé, et que l'autre partie y adhère, soit expressément, soit par son silence, il n'y a plus d'incident contentieux; l'élimination peut sans doute encore être ordonnée par la Cour, mais elle peut l'être aussi par le président seul (1).

§ 10. — Inhabilités diverses des témoins.

137. D'autres causes que le défaut ou les irrégularités de notification peuvent faire obstacle à l'audition, comme témoins, sous la foi du serment, de certaines personnes d'ailleurs régulièrement citées et notifiées.

Ces causes sont les suivantes :

138. *L'incapacité légale* résultant d'une condamnation antérieure, devenue définitive, non effacée par une amnistie ou par la réhabilitation (art. 634, C. inst. crim.), à : Incapacités absolues ou relatives.

1° Une peine afflictive perpétuelle (travaux forcés à perpétuité, déportation) [art. 18, C. pén., remplacé par l'art. 2 de la loi du 31 mai 1854, art. 34, § 3, C. pén.] (2);

2° La peine des travaux forcés à temps, de la détention ou de la réclusion ou du bannissement [art. 28 et 34, § 3, C. pén.) (2);

3° Une peine, quelle qu'elle soit, à laquelle a été ajoutée l'interdiction prévue par l'art. 42, C. pén. [§ 8 dudit article] (2).

139. *La minorité de quinze ans...* [art. 79, C. inst. crim.] (3).

140. Par analogie, l'on peut considérer comme incapables d'être témoins les personnes atteintes d'infirmités intellectuelles assez graves pour leur enlever la connaissance de leurs devoirs comme témoins. — L'exclusion

---

(1) V. Nouguier, n. 1907 et 1908.

V. not., C. 23 juin 1876, S.78.1.88.

(2) *Art.* 2, *L.* 31 mai 1854. — Les condamnations à des peines afflictives perpétuelles emporteront la dégradation civique...

Art. 28, *Code pénal.* — La condamnation à la peine des travaux forcés à temps, de la détention, de la réclusion ou du bannissement, emportera la dégradation civique. La dégradation civique sera encourue du jour où la condamnation sera devenue irrévocable, et, en cas de condamnation par contumace, du jour de l'exécution par effigie.

Art. 34, *Code pénal* (§ 3). — La dégradation civique consiste : ... 3° dans l'incapacité d'être juré-expert, d'être employé comme témoin dans des actes, et de déposer en justice autrement que pour y donner de simples renseignements.

Art. 42, *Code pénal* (§ 8). — Les tribunaux jugeant correctionnellement pourront, dans certains cas, interdire en tout ou en partie, l'exercice des droits civiques, civils et de famille suivants : ... 8° de témoignage en justice, autrement que pour y faire de simples déclarations.

(3) *Art.* 79, *C. inst. crim.* — Les enfants de l'un et de l'autre sexe, au-dessous de l'âge de quinze ans, pourront être entendus, par forme de déclaration et sans prestation de serment.

de ces personnes est une exception, qu'il faut le moins possible appliquer. Il ne le faut jamais, lorsqu'il ne s'agit que d'infirmités corporelles, telles que la surdi-mutité ou la cécité, par exemple (1).

141. *La présomption de partialité* [art. 322 et 323, C. inst. crim.] (2) s'attachant aux liens qui unissent l'accusé et le témoin ou à leurs situations respectives (Voir l'énumération contenue dans l'art. 332).

142. Dans cette énumération il faut comprendre, en l'y ajoutant, la personne qui a déclaré se porter *partie civile*, si elle n'a pas rétracté sa déclaration (3). Mais avant cette déclaration, cette personne, quoique lésée, conserve sa qualité de témoin et doit être entendue sous la foi du serment (4). Elle peut déclarer ensuite qu'elle se porte partie civile. En ce cas, le président aura le droit, il sera même de son devoir, d'indiquer que cette partie civile a déjà déposé comme témoin (5).

143. *L'incompatibilité relative* qui peut exister entre les fonctions que remplit une personne dans le jugement d'une affaire et le rôle de témoin dans la même affaire.

Ainsi, ne peuvent pas être témoins :

Les magistrats, président, assesseurs ou ministère public, composant la Cour d'assises; — leur audition comme témoins serait contraire aux règles fondamentales de l'ordre des juridictions (6);

— *le greffier* d'audience, lequel doit assister la Cour et ne déserter à aucun moment sa fonction (7);

---

(1) V. Nouguier, n. 2006-2015.

(2) *Art.* 322, *C. inst. crim.* — Ne pourront être reçues les dépositions :

1° Du père, de la mère, de l'aïeul, de l'aïeule, ou de tout autre ascendant de l'accusé ou de l'un des accusés présents et soumis au même débat;

2° Du fils, fille, petit-fils, petite-fille ou de tout autre descendant;

3° Des frères et sœurs;

4° Des alliés aux mêmes degrés;

5° Du mari et de la femme, même après le divorce prononcé;

6° Des dénonciateurs dont la dénonciation est récompensée pécuniairement par la loi.

Sans néanmoins que l'audition des personnes ci-dessus désignées puisse opérer une nullité, lorsque, soit le procureur général, soit la partie civile, soit les accusés, ne se sont pas opposés à ce qu'elles soient entendues.

Art. 323, *C. inst. crim.* — Les dénonciateurs autres que ceux récompensés pécuniairement par la loi, pourront être entendus en témoignage; mais le jury sera averti de leur qualité de dénonciateurs.

(3) V. not. C. 18 mars 1852, S.52.1.686. — Nouguier, n. 2089-2093.

(4) V. Nouguier, n. 2099.

(5) V. Nouguier, n. 2100 et 2101.

(6) V. Nouguier, n. 2119 et 2126.

(7) V. Nouguier, n. 2130.

— *l'interprète* (art. 392, C. inst. crim. — *in fine*);

— *les jurés* (art. 392, C. inst. crim.).

On s'est demandé si *l'huissier de service* et *le conseil de l'accusé* pouvaient être témoins. Aucune règle absolue ne s'y oppose; mais il vaut mieux que cela ne soit pas. Si l'huissier de service ou le conseil de l'accusé doivent être témoins, le président agira sagement en faisant remplacer le premier par un autre huissier, ou en désignant un défenseur d'office pour assister l'accusé pendant la déposition de son conseil (1).

Dispenses.

144. Dans un ordre d'idées tout différent de celui des incapacités ou incompatibilités empêchant les témoins de déposer, la jurisprudence a admis pour certains témoins, d'ailleurs fort capables de prêter serment et de parler, régulièrement cités et régulièrement notifiés, la faculté de se dispenser de faire leurs dépositions.

Secret professionnel.

Cette cause de dispense est puisée dans le *secret professionnel.*

Peuvent s'en prévaloir : — les prêtres, les avocats, les avoués, les agréés, les notaires, les médecins et ceux qui leur sont assimilés.

Mais pour pouvoir exciper du secret professionnel, il faut : 1° qu'il y ait un secret confié ; — 2° que ce secret ait été confié sous la promesse, explicite ou résultant de la force même des choses, de le garder fidèlement.

Toute autre personne que celles ci-dessus indiquées, lesquelles sont des dépositaires par état et profession, ne pourrait se retrancher derrière le secret professionnel pour refuser soit de déposer, soit de faire une déposition complète (2).

La Cour est juge de l'admissibilité de la cause de dispense. Si le témoin l'invoque à tort, il doit déposer; et, s'il ne le fait pas, la Cour pourra lui appliquer les peines portées en l'art. 80, C. inst. crim. (art. 355, dernier paragraphe). V. *suprà*, p. 49, note 3).

Incapacités.—Conséquences.

145. Les conséquences de l'incapacité, absolue ou relative, ou de l'incompatibilité des témoins, sont les mêmes que celles de la non-notification de ces témoins, en ce sens que, s'il y a opposition de l'une des parties et si la cause d'élimination invoquée contre un témoin est établie, il y a nécessité pour la Cour d'ordonner cette élimination.

146. [Il faut remarquer que, quand il s'agit d'incapacités de témoins, la partie civile peut intervenir; le droit d'opposition, qui

(1) V. Nouguier, n. 2132-2134 et 2136-2138.
(2) V. Nouguier, n. 2144-2172.

lui est dénié pour les défauts de notification par l'art. 315, C. inst. crim., lui est accordé par l'art. 322.]

147. De même, s'il ne s'élève pas de contestation sur l'opposition, le président peut, sans intervention de la Cour, ordonner l'élimination du témoin (1).

148. Le président peut aussi ordonner cette élimination d'office, en l'absence de toute opposition. La Cour a le même droit (2).

149. D'un autre côté, il n'y a pas nullité si, en l'absence de toute opposition, le témoin reprochable a été entendu sous la foi du serment (art. 322), ce témoin fût-il même incapable à cause d'une condamnation criminelle ou correctionnelle. Il en est surtout ainsi lorsque la condamnation antérieure du témoin n'est pas connue. En ce cas, *error communis facit jus* (3).

150. [Le même principe de l'erreur commune peut s'appliquer dans une situation inverse. Si un témoin est reproché et éliminé parce qu'on le croit, à tort, frappé d'une incapacité légale, il n'y a pas nullité. — Mais si l'erreur est redressée avant la fin des débats, il y a lieu de faire déposer ce témoin sous la foi du serment, eût-il été auparavant entendu à titre de simple renseignement (4).]

151. Les oppositions ne se produisent pas toutes au moment de la lecture de la liste des témoins; beaucoup n'ont lieu qu'au cours des débats.

Régulièrement elles doivent être faites avant la prestation du serment du témoin. L'on admet cependant qu'elles peuvent n'avoir lieu qu'après (5). En ce cas, si la déposition n'est pas commencée, la Cour doit annuler le serment. Elle le peut même quand la déposition est commencée; mais le mieux est de considérer alors l'opposition comme tardive, sauf à lui donner toute sa valeur pour une audition nouvelle du même témoin (6).

§ II. — Retraite des témoins dans leur chambre.

152. La liste des témoins lue, les absences et leurs motifs appréciés, les oppositions qui ont pu dès lors se produire jugées, le président

(1) V. not. C. 23 juin 1876, S.78.1.88.
(2) V. Nouguier, n. 1967 et 1987.
(3) V. not. C. 13 oct. 1832, S.32.1.730.
(4) V. Nouguier, n. 1952 et 1953.
(5) V. Nouguier, n. 1979, 1980, 2113.
(6) V. Nouguier, n. 1982 1983, 1985, 2113.

ordonne aux témoins de se retirer dans la chambre qui leur est destinée [art. 316, C. inst. crim.] (1).

Le Président. — Nous ordonnons aux témoins de se retirer dans la chambre qui leur est destinée. Ils n'en sortiront que pour déposer. Ils ne peuvent, avant leur déposition, conférer entre eux ni du délit ni de l'accusé. Retraite des témoins dans leur chambre.

153. Généralement il y a près des Cours d'assises deux chambres distinctes et séparées, l'une pour les témoins cités par l'accusation, l'autre pour les témoins appelés par la défense. — Les autres mesures, que l'art. 316 autorise le président à prendre, lorsqu'il le croit utile, ne sont ordonnées que dans des cas exceptionnels.

154. Les indications de l'art. 316, qu'il est assurément utile de suivre, ne sont pas prescrites à peine de nullité. Leur inobservation de la part des témoins ne vicie pas la procédure. Un témoin qui serait resté dans l'audience devrait déposer sous la foi du serment (2). Mais si ce témoin, non retiré, avait, de la volonté du président, pris, avant d'être entendu, des renseignements ou instructions relatifs à la déposition qu'il aurait à faire, il ne pourrait plus, à peine de nullité, être entendu sous la foi du serment (3).

VIII

AUDIENCE (*Suite*).

INTERROGATOIRES. — DÉPOSITIONS. — DÉCLARATIONS. — EXPERTISES. — VÉRIFICATIONS.

§ Ier. — Interrogatoire des accusés.

155. Les témoins retirés dans leur chambre, le président, s'il y Rang d'examen des accusés.

---

(1) *Art.* 316, *C. inst. crim.* — Le président ordonnera aux témoins de se retirer dans la chambre qui leur est destinée. Ils n'en sortiront que pour déposer. Le président prendra des précautions, s'il en est besoin, pour empêcher les témoins de conférer entre eux du délit et de l'accusé, avant leur déposition.

(2) V. not. C. 9 mars 1878, S.78.1.481; — C. 19 août 1880, S.82.1.191; — *Sic*, Faustin Helie, t. VII, n. 3473; — Nouguier, n. 1672-1680.

(3) V. not. C. 29 janv. 1841 (*Bulletin criminel*).

a plusieurs accusés, détermine le rang dans lequel chacun d'eux sera soumis aux débats [art. 334, C. inst. crim.] (1).

Ce n'est d'ailleurs là qu'une mesure d'ordre, dont l'exécution rigoureuse n'est pas prescrite à peine de nullité. Malgré les termes de l'art. 334, attribuant la priorité d'examen au principal accusé, la façon dont le président applique cette mesure ne peut être l'objet d'aucune critique (2).

Interrogatoire.

156. Cet art. 334, comme les art. 327 et 405, C. inst. crim., indique, d'une manière implicite, que les accusés seront interrogés.

L'interrogatoire à l'audience, bien que non impérativement prescrit par la loi, a une véritable importance et une indéniable utilité. L'accusation et le système de défense s'y accentuent, les points principaux du débat s'y éclaircissent et s'y précisent (3).

157. Normalement, le président procède à l'interrogatoire après la retraite des témoins dans leur chambre et avant l'audition du premier d'entre eux.

158. S'il y a plusieurs accusés, ils sont interrogés successivement, soit en présence les uns des autres, soit, si le président le juge utile, chacun en l'absence de ses coaccusés ou de quelques-uns d'entre eux, momentanément retirés [art. 327, C. inst. crim.] (4).

159. En ce cas, le président est obligé de faire connaître à chacun des accusés ce qui s'est passé pendant leur absence; et ce à peine de nullité, cette formalité étant substantielle (5).

160. Mais il est évident que ce n'est pas dès sa rentrée dans l'audience que l'accusé doit être instruit de ce qui s'est passé hors sa présence. Autrement la mesure prise par le président pourrait être rendue inutile et illusoire (6).

---

(1) *Art.* 334, *C. inst. crim.* — Le président déterminera celui des accusés qui devra être soumis le premier aux débats, en commençant par le principal accusé, s'il y en a un. Il se fera ensuite un débat particulier sur chacun des autres accusés.

(2) V. not. C. 28 sept. 1865 (*Bulletin criminel*); — Nouguier, n. 1681-1690.

(3) V. Nouguier, n. 1691-1708.

(4) *Art.* 327, *C. inst. crim.* — Le président pourra, avant, pendant ou après l'audition d'un témoin, faire retirer un ou plusieurs accusés, et les examiner séparément sur quelques circonstances du procès; mais il aura soin de ne reprendre la suite des débats généraux qu'après avoir instruit chaque accusé de ce qui se sera fait dans son absence et de ce qui en sera résulté.

(5) V. not. C. 16 janv. 1823, Collect. nouv. de Sirey; — Nouguier, n. 1730-1732.

(6) V. not. C. 16 juin 1836, S.36.1.843; — Nouguier, n. 1757 et 1758.

161. Les mêmes règles sont applicables aux auditions des témoins en l'absence des accusés, de l'un ou de plusieurs d'entre eux, ou de l'accusé, s'il n'y en a qu'un seul (1).

162. L'interrogatoire doit être public (à moins que le huis clos n'ait été ordonné).

163. L'accusé se lève sur l'interpellation du PRÉSIDENT :

Accusé, levez-vous.

Il doit rester debout pendant tout l'interrogatoire, à moins que le président ne lui permette de se rasseoir.

Il doit répondre de vive voix, sans notes (sauf en cas de discussions complexes de chiffres, et sur l'autorisation du président). Il ne doit lire aucune pièce. Les lectures n'ont lieu que lors des plaidoiries.

C'est l'accusé qui répond et nul autre. Son conseil ne peut pas intervenir (2).

164. A la fin de l'interrogatoire le PRÉSIDENT dit :

Monsieur le procureur général, Messieurs les jurés, avez-vous quelque question à adresser à l'accusé ?

Lorsque ces questions, s'il en est fait, et celles que voudront formuler les assesseurs, sont épuisées, le PRÉSIDENT dit :

Accusé, asseyez-vous.

§ 2. — Dépositions des témoins.

165. Viennent alors les dépositions des témoins.

166. L'ordre dans lequel elles doivent être faites est indiqué dans les art. 317 et 321, C. inst. crim. (3).

---

(1) V. Nouguier, n. 1765-1767.

(2) V. Nouguier, n. 1731-1741. — V. aussi art. 329, *infrà.*

(3) *Art.* 317, *C. inst. crim.* — Les témoins déposeront séparément l'un de l'autre, dans l'ordre établi par le procureur général. Avant de déposer, ils prêteront, à peine de nullité, le serment de parler sans haine et sans crainte, de dire toute la vérité et rien que la vérité.

Le président leur demandera leurs noms, prénoms, âge, profession, leur domicile ou résidence, s'ils connaissaient l'accusé avant le fait mentionné dans l'acte d'accusation, s'ils sont parents ou alliés, soit de l'accusé, soit de la partie civile, et à quel degré ; il leur demandera encore s'ils ne sont pas attachés au service de l'un ou de l'autre : cela fait, les témoins déposeront oralement.

Art. 321, *C. inst. crim.* — Après l'audition des témoins produits par le procureur gé-

Cet ordre n'est pas obligatoire ; il peut être interverti. Il n'y a pas même nécessité de faire déposer les témoins séparément. La loi indique ici la marche à suivre habituellement, sans attacher aucune sanction à cette indication. L'intérêt qui domine pour déterminer l'ordre d'audition des témoins est celui de la manifestation de la vérité (1).

Serment.

167. Avant de déposer, les témoins prêteront le serment prescrit par l'art. 317, C. inst. crim. (V. *suprà*, p. 59, n. 3), à peine de nullité.

La formule de ce serment est *sacramentelle*. Aucun des termes qui la composent ne peut être changé ou omis sans qu'il s'ensuive la nullité. Il en est ainsi par exemple si le serment a été seulement de dire « toute la vérité » (2) ou seulement « la vérité (3), » au lieu de « toute la vérité et rien que la vérité ».

Cependant il est admis que cette formule cesse d'être obligatoire si les principes du culte religieux du témoin s'opposent à ce qu'il s'y conforme (4). Mais il est nécessaire que le témoin formule un serment ou une promesse ; autrement il y aurait absence de serment et nullité (5).

168. Doivent *prêter serment* tous les témoins, non frappés d'inhabilité, qui ont été régulièrement notifiés (art. 315, 321, 324, C. inst. crim.), qu'ils aient été ou non cités (6).

(Le défaut de citation ou l'irrégularité de la citation n'a d'autre effet que de ne pas rendre la comparution obligatoire pour le témoin et de le soustraire aux conséquences pénales de son absence).

169. Si un témoin capable, en la forme et au fond, ne prête pas serment, la nullité des débats et de la condamnation s'ensuit.

Il n'y a qu'un cas exceptionnel où cette règle absolue fléchisse, c'est celui où la prestation de serment n'aurait pas été demandée ou aurait été refusée au

---

néral et la partie civile, l'accusé fera entendre ceux dont il aura notifié la liste, soit sur les faits mentionnés dans l'acte d'accusation, soit pour attester qu'il est homme d'honneur, de probité et d'une conduite irréprochable.

Les citations faites à la requête des accusés seront à leurs frais, ainsi que les salaires des témoins cités, s'ils en requièrent ; sauf au procureur général à faire citer à sa requête les témoins qui lui seront indiqués par l'accusé, dans le cas où il jugerait que leur déclaration peut être utile pour la découverte de la vérité.

(1) V. not. C. 27 mai 1880, S.82.1.392.
(2) V. not. C. 29 déc. 1877, S.78.1.336.
(3) V. not. C. 15 déc. 1881, S.82.1.440.
(4) V. Nouguier, n. 2214.
(5) V. not. C. 27 sept. 1883.
(6) V. not. C. 17 juin 1876, S.76.1.482.

témoin habile, par suite d'une *erreur commune* sur sa capacité légale (V. *suprà*) ou sur son âge (1) ; à la condition encore que cette erreur n'ait pas pu être vérifiée par la Cour d'assises (2).

170. PEUVENT *prêter serment*, à la condition qu'aucune opposition ne se soit produite contre leur audition, les témoins frappés d'une inhabilité relative, (V. art. 322, C. pén.), et ceux qui, d'ailleurs capables, ont été assignés, mais non notifiés (3), ou même n'ont été ni cités ni notifiés (4).

171. NE DOIVENT PAS *prêter serment* les individus frappés d'une incapacité légale, [art. 34.42, C. pén.], et les mineurs de 15 ans, [art. 79, C. inst. crim.]. Mais leur audition sous la foi du serment, si aucune opposition ne s'est produite, n'est cependant pas de nature à engendrer une nullité (5).

172. Les dénonciateurs autres que ceux récompensés pécuniairement par la loi, s'ils sont appelés comme témoins, doivent prêter serment. Mais le jury devra être averti de leur qualité de dénonciateurs [art. 323, C. inst. crim.] (V. *suprà*). Toutefois cet avertissement n'est pas ordonné sous peine de nullité (6).

173. Le serment des témoins doit être prêté avant leur déposition.

174. Comme toutes les formalités essentielles, cette prestation de serment doit être constatée au procès-verbal des débats.

175. Le PRÉSIDENT. — Huissier, faites approcher le premier témoin.

Le témoin est introduit par l'huissier de service. Il se place, debout, découvert, sans arme, au pied de la Cour.

Le PRÉSIDENT. — Levez la main.

Le témoin doit lever la main droite, nue.

Vous jurez de parler sans haine et sans crainte, de dire toute la vérité, rien que la vérité ? Formule du serment.

Le TÉMOIN. — Je le jure.

---

(1) V. not. C. 2 sept. 1842, S.43.1.657 ; — C. 19 fév. 1857, S.57.1.318 ; — Nouguier, n. 2001 et 2002 ; — Faustin Helie, *inst. crim.*, t. VII, n. 3523.

(2) V. not., C. 15 nov. 1833, S.34.1.188 ; — C. 28 déc. 1876, S.77.1.232 ; — C. 3 fév. 1881, S.82.1.140 ; — Nouguier, n. 2003 et 2004.

(3) V. not. C. 19 août 1880, S.82.1.391 ; — C. 2 juin 1882, S.82.1.335.

(4) V. not. C. 5 déc. 1857, S.58.1.246 ; — C. 24 janv. 1878, S.78.1.333.

(5) V. Nouguier, n. 1963, 1964, 1997, 1998, 1999.

(6) V. not. C. 6 janv. 1870, S.70.1.376.

176. Suivent les demandes indiquées dans l'art. 317, C. inst. crim. (V. *suprà*, p. 59, n. 3).

Le Président. — Quels sont vos nom et prénoms? R... — Votre âge? R... — Votre profession? R... — Votre demeure? R...

Connaissiez-vous l'accusé avant le fait mentionné dans l'acte d'accusation? R...

Êtes-vous parent ou allié de l'accusé, ou de la partie civile? R... — Êtes-vous attaché à leur service ou eux au vôtre? R...

Dites ce que vous savez.

Dépositions.

177. La déposition doit être orale (art. 317, C. inst. crim.); [le témoin ne doit se servir ni de notes, ni de memento, si ce n'est exceptionnellement, en cas de comptes ou d'expertises compliquées, et à la condition encore que ni le ministère public, ni l'accusé ne s'y opposent] (1);

Spontanée [art. 319.326, C. inst. crim.] (2); [il ne doit pas être adressé de question au témoin avant qu'il ait fini sa déposition];

Non interrompue [art. 319, C. inst. crim.] (2). — [Cependant le président peut interrompre un témoin s'il s'égare dans des digressions inutiles ou des divagations, ou s'il se livre à des appréciations ou à des discussions] (art. 270, C. inst. crim., V. *suprà*).

---

(1) V. not. C. 7 mai 1875, S. 75.1.240.

(2) *Art.* 319, *C. inst. crim.* — Après chaque déposition, le président demandera au témoin si c'est de l'accusé présent qu'il a entendu parler; il demandera ensuite à l'accusé s'il veut répondre à ce qui vient d'être dit contre lui.

Le témoin ne pourra être interrompu; l'accusé ou son conseil pourront le questionner par l'organe du président, après sa déposition, et dire, tant contre lui que contre son témoignage, tout ce qui pourra être utile à la défense de l'accusé.

Le président pourra également demander au témoin et à l'accusé tous les éclaircissements qu'il croira nécessaires à la manifestation de la vérité.

Les juges, le procureur général et les jurés auront la même faculté, en demandant la parole au président. La partie civile ne pourra faire de question, soit au témoin, soit à l'accusé, que par l'organe du président.

Art. 326, *C. inst. crim.* — L'accusé pourra demander, après qu'ils auront déposé, que ceux qu'il désignera se retirent de l'auditoire (*a*), et qu'un ou plusieurs d'entre eux soient introduits et entendus à nouveau, soit séparément, soit en présence les uns des autres.

Le procureur général aura la même faculté.

Le président pourra aussi l'ordonner d'office.

(*a*) V. art. 320, C. inst. crim. (*infrà*, p. 65, note 3).

178. La déposition terminée, le Président dit :

Est-ce de l'accusé ici présent que vous avez entendu parler ? R...

[Cette interpellation n'est pas prescrite à peine de nullité et n'a rien de substantiel. Elle peut être omise sans danger pour la procédure] (1).

179. Le Président. — Avez-vous quelque chose à ajouter à votre déposition ? R...

[C'est à ce moment, la déposition terminée, que le président doit, s'il le juge utile pour la manifestation de la vérité, adresser des questions à l'accusé, au témoin qui vient de déposer (art. 319), et, au besoin, aux témoins déjà entendus (art. 326). En ce cas, comme d'ailleurs en tous autres, les témoins ne peuvent pas s'interpeller entre eux [art. 325, C. inst. crim.] (2). Le président doit veiller à ce que cette règle soit observée.]

180. Le Président. — Messieurs les jurés, Monsieur le procureur général, la partie civile, l'accusé ou son défenseur ont-ils quelque question à adresser au témoin ?

Cette demande du président n'est pas prescrite à peine de nullité (3).

[La faculté d'interpellation ou de question s'exerce directement, après demande de la parole au président, par les jurés, le ministère public et les assesseurs. De la part de la partie civile, de l'accusé ou de son conseil, elle ne peut s'exercer que par l'organe du président, auquel on aura préalablement fait connaître l'objet de la question ou de l'interpellation (art. 319). Si le président se refuse à formuler l'interpellation ou question et que l'on insiste, c'est à la Cour d'apprécier s'il y a ou non lieu à la faire (4).]

181. Le Président. — Témoin, allez vous asseoir, mais restez dans l'auditoire [art. 320, C. inst. crim.] (5).

---

(1) V. not. C. 22 août 1878, S.78.1.392 ; — V. Nouguier, n. 2276 et 2277.

(2) *Art. 325, C. inst. crim.* — Les témoins, par quelque partie qu'ils soient produits, ne pourront jamais s'interpeller entre eux.

(3) V. not. C. 9 mai 1878, S.78.1.481.

(4) V. not. C. 24 déc. 1875, S.76.1.483 ; — Nouguier, n. 2288 et 2294.

(5) *Art. 320, C. inst. crim.* — Chaque témoin, après sa déposition, restera dans l'auditoire, si le président n'en a ordonné autrement, jusqu'à ce que les jurés se soient retirés pour donner leur déclaration.

Si le témoin demande à se retirer, le PRÉSIDENT dit :

Monsieur le procureur général, les accusés, la partie civile s'opposent-ils à ce que le témoin se retire?

Si la réponse est négative, le PRÉSIDENT ajoute :

Témoin vous pouvez vous retirer définitivement.

Le PRÉSIDENT. — Huissier, appelez un autre témoin.

182. Les dépositions ont lieu successivement de la même manière.

§ 3. — Expertises.

183. Lorsque des experts, qui ont opéré au cours de l'instruction écrite, sont appelés à l'audience, ils sont entendus comme témoins. Ils doivent, à peine de nullité, prêter, non le serment spécial indiqué par le § 2, de l'art. 44, C. inst. crim. (1), mais le serment prescrit par l'art. 317, C. inst. crim (2).

184. Cependant, si au cours des débats une nouvelle mission leur est confiée, que cette mission soit différente ou simplement complémentaire de la précédente, ils doivent prêter préalablement le serment prescrit par l'art. 44 (3).

Serment des experts. **185.** Ce serment spécial se prête dans la forme suivante :

Le PRÉSIDENT. — Vous jurez de faire votre rapport et de donner votre avis en votre honneur et conscience? R... (la main droite levée) : Je le jure.

186. L'expert qui, étranger à l'affaire jusqu'à l'ouverture des débats, est nommé par le président des assises ou par la Cour, doit préalablement prêter le serment spécial de l'art. 44 (4). Mais, pour rendre compte de sa mission, faire son rapport verbal ou indiquer verbalement les conclusions de ce rapport, il n'a pas, lui, à prêter en outre le serment de

---

(1) *Art. 44, C. inst. crim.* § 2.— Les personnes appelées dans le cas du présent article et de l'article précédent, prêteront... le serment de faire leur rapport et de donner leur avis en leur honneur et conscience.

(2) V. not., C. 26 avril 1875 ; S.75.1.435 ; — C. 1er mars 1877, S.77.1.235.

(3) V. not., les deux arrêts ci-dessus cités de 1875 et 1877 ; — C. 8 avril 1869, S.70.1. 92 ; — C. 27 déc. 1878, S.79.1.288.

(4) V. not. C. 27 déc. 1834, S.35.1.309.

l'art. 317 (1); à moins qu'il n'ait à faire des déclarations sur des choses ou des faits qu'il a entendus ou vus et qu'il n'entrait pas dans sa mission de constater (2).

187. L'expertise après l'ouverture des débats est, comme auparavant, une mesure d'instruction, laquelle, purement facultative, peut être indifféremment ordonnée par la Cour ou par le président, à moins qu'une difficulté contentieuse sur l'utilité de l'expertise ou le choix de l'expert ne rende nécessaire l'intervention de la Cour (3).

188. Si c'est le président qui ordonne l'expertise et nomme l'expert, il peut n'agir qu'en vertu de son pouvoir discrétionnaire. Les éléments de l'expertise aussi bien que les déclarations de l'expert n'ont alors d'autre valeur légale que celle de renseignements; l'expert n'a à prêter aucun serment, ni celui de l'article 44, ni celui de l'art. 317 (4). Mais il n'y a pas nullité à ce qu'il le fasse, le serment ne pouvant être considéré que comme une garantie de plus pour la manifestation de la vérité (5).

189. Le choix de l'expert n'est pas limité. Il n'y a pas d'incapacité légale qui l'entrave, sauf l'incompatibilité entre les fonctions d'expert et de juré dans une même affaire, édictée par l'art. 392, C. inst. crim. (6).

190. Mais l'expert peut décliner la mission qu'on lui demande d'accomplir (7).

191. L'ordonnance qui prescrit l'expertise, qui nomme l'expert, qui indique sa mission, peut être écrite ou simplement verbale (8).

192. Le rapport peut être écrit ou verbal (9).

193. L'expert, pour ses opérations, n'est astreint à aucune forme déterminée. Les dispositions du code de procédure civile ne sont pas applicables aux expertises en matière criminelle (10).

L'expert peut opérer à l'audience ou ailleurs, en présence ou en l'absence de l'accusé (11).

---

(1) V. not. C. 13 fév. 1879, S.80.1.486.
(2) V. not. C. 14 août 1835, S.36.1.148.
(3) V. not. C. 12 mars 1857, S.57.1.488.
(4) V. not. C. 29 mai 1840, S. 41.1.598; — C. 4 juin 1864, S.65.1.54.
(5) V. not. C. 4 nov. 1836, S.37.1.988; — C. 30 avril 1841, S.42.1.50; — C. 19 janv. 1855, S.55.1.151.
(6) V. Nouguier, n. 2465-2468.
(7) V. Nouguier, n. 2470.
(8) V. Nouguier, n. 2482.
(9) V. Nouguier, n. 2475 et 2476.
(10) V. not. C. 27 janv. 1858, S.58.1.161. — Nouguier, n. 2472-2474.
(11) V. not. C. 3 déc. 1836, S.38.1.82; — C. 12 mars 1857, S.57.1.488 (déjà cité).

194. Toutes les formalités légales relatives à l'expertise doivent être constatées au procès-verbal des débats.

195. Le procès-verbal doit mentionner l'audition des témoins, comme celle des experts, mais sans rapporter le contenu de leurs dépositions et déclarations, pas plus que les réponses de l'accusé (art. 372, C. inst. crim.) (1).

§ 4. — Faux témoignage.

Faux témoignage présumé.

196. La loi n'admet d'exception à cette règle que dans le cas où il existerait des additions, changements, variations ou contradictions entre la déposition d'un témoin et ses précédentes déclarations [art. 318, C. inst. crim. (2), et art. 372, (V. *infra.*)]

Formalités.

197. Le greffier doit tenir note de ces modifications, sur l'ordre du président; mais cet ordre est facultatif (3). Si le ministère public, la partie civile ou l'accusé demandent au président de le donner et si celui-ci s'y refuse, la Cour doit statuer (4).

198. Lorsque la déposition du témoin paraît fause, il est procédé comme il est indiqué en l'art. 330, C. inst. crim. (5).

Pouvoirs du président.

199. Les prescriptions de cet article doivent être suivies; autrement il pourrait y avoir nullité. Par exemple, le président ne peut pas rendre une ordonnance de renvoi devant la Cour d'assises du témoin inculpé de faux témoignage. C'est à la chambre des mises en accusation de statuer, quant au renvoi (6).

---

(1) V. not. C. 17 avril 1873, S.73.1.287.

(2) *Art.* 318, *C. inst. crim.* — Le président fera tenir note, par le greffier, des additions, changements ou variations qui pourraient exister entre la déclaration d'un témoin et ses précédentes déclarations.

Le procureur général et l'accusé pourront requérir le président de faire tenir les notes de ces changements, additions et variations.

(3) V. not. C. 19 avril 1831, collect. nouv. de Sirey; — 23 avril 1835, S.35.746; — 22 sept. 1848, S.49.1.303; — 6 janv. 1870, S.70.1.376; — 26 déc. 1879, S.80.440.

(4) V. not. les arrêts de 1821, 1835 et 1848 précités, et C. 17 sept. 1863 (*Bulletin criminel*).

(5) *Art.* 330, *C. inst. crim.* — Si, d'après les débats, la déposition d'un témoin paraît fausse, le président pourra, sur la réquisition, soit du procureur général, soit de la partie civile, soit de l'accusé, et même d'office, faire sur-le-champ mettre le témoin en état d'arrestation. Le procureur général et le président, ou l'un des juges par lui commis, rempliront à son égard, le premier, les fonctions d'officier de police judiciaire; le second, les fonctions attribuées au juge d'instruction dans les autres cas.

Les pièces d'instruction seront ensuite transmises à la Cour d'appel, pour y être statué sur la mise en accusation.

(6) V. not. C. 7 mai 1875, S.76.1.285.

200. Mais on reconnaît que le président, ayant la faculté d'ordonner, même d'office, l'arrestation du témoin dont la déposition paraît fausse, peut, s'il le juge opportun, mettre le témoin en état de surveillance, soit par application de l'art. 330, C. inst. crim., soit en vertu de son pouvoir discrétionnaire (1).

Procédure.

201. L'affaire, à propos de laquelle s'est produit un témoignage faux ou supposé tel, peut se poursuivre et être jugée; elle peut aussi être renvoyée à la prochaine session [art. 331, C. inst. crim.] (2 et 3).

202. C'est à la Cour d'assises d'ordonner le renvoi, dans tous les cas; ou, si un incident contentieux s'est élevé, de décider qu'il n'aura pas lieu. L'art. 331, C. inst. crim., le dit et l'indique, conformément aux règles applicables aux actes de juridiction postérieurs à l'ouverture des débats. L'arrêt doit être motivé, car ce n'est pas un arrêt d'instruction ou simplement préparatoire (4). Le pouvoir d'apprécier souverainement, d'après les circonstances, s'il y a lieu ou non d'ordonnner le renvoi de l'affaire à la prochaine session, appartient d'ailleurs souverainement à la Cour (5).

203. Au cas de renvoi, l'affaire renvoyée ne peut plus recevoir jugement qu'après celui du faux témoignage (6).

Notes que les jurés, le ministère public et les juges peuvent prendre.

204. Il va de soi que, si la déclaration des témoins, des experts, les réponses de l'accusé, les dires de toutes les personnes entendues, ne doivent pas être, sauf l'exception portée en l'art. 318, C. inst. crim., mentionnés au procès-verbal des débats, il ne peut être interdit aux personnes qui prennent part aux débats, notamment aux jurés, au ministère public et aux assesseurs, de prendre des notes. Cette faculté leur est confirmée par l'art. 328, C. inst. crim. (7).

---

(1) V. not. C. 26 déc. 1879, S.80.1.440.

(2) *Art.* 331, *C. inst. crim.* — Dans le cas de l'article précédent, le procureur général, la partie civile, ou l'accusé, pourront immédiatement requérir, et la Cour ordonner, même d'office, le renvoi de l'affaire à la prochaine session.

(3) V. not. C. 27 nov. 1873, S.74.1.131.

(4) V. not. C. 28 déc. 1865, S.66.1.231; — 31 mars 1877, S.77.1.336.

(5) V. arrêts ci-dessus, des 28 déc. 1865 et 31 mars 1877, et C. 16 mars 1866, S.6.43.

(6) V. not. C. 27 nov. 1873, S.74.1.131 (ci-dessus cité).

(7) *Art.* 328, *C. inst. crim.* — Pendant l'examen, les jurés, le procureur général et les juges pourront prendre note de ce qui leur paraîtra important, soit dans les dépositions des témoins, soit dans la défense de l'accusé, pourvu que la discussion n'en soit pas interrompue.

§ 5. — Représentation des pièces à conviction.

Pièces à conviction.

205. Lorsque dans le procès il y a des pièces dites « à conviction », elles doivent être représentées à l'accusé et aussi aux témoins [art. 329, C. inst. crim.] (1). Dans l'usage elles le sont aussi aux jurés et aux membres de la Cour. La disposition de l'art. 329 n'est pas édictée à peine de nullité (2).

§ 6. — Déclarations reçues, lectures faites et mesures prises en vertu du pouvoir discrétionnaire.

Déclarations reçues en vertu du pouvoir discrétionnaire.

206. Les personnes déposant sous la foi du serment, c'est-à-dire les témoins véritables, ne sont pas les seules qui soient admises à faire des déclarations. Les incapables [art. 34 et 42, C. p.], les mineurs de quinze ans [art. 79, C. inst. crim.], peuvent être entendus. Le président des assises a de plus le droit de faire, en vertu de son pouvoir discrétionnaire, entendre *toutes personnes* [art. 269, V. p. 5], à titre de renseignements.

207. Il peut les appeler. — Bien que l'exercice du pouvoir discrétionnaire du président n'ait d'autre durée que celle des débats, rien n'empêche qu'il le prépare en faisant mander pour l'audience les personnes qu'il juge à propos d'entendre (3).

208. Il peut faire déposer des personnes citées dont les noms n'ont pas été notifiés, ou qui n'ont été ni citées ni notifiées (4), qu'elles aient ou non assisté aux débats antérieurs (5); même celles, régulièrement appelées, à l'audition desquelles les parties ont renoncé (6).

209. Toutes ces personnes, si elles sont habiles à être témoins dans l'affaire, peuvent, s'il ne se produit aucune opposition, prêter serment sans qu'il y ait nullité; le serment, lorsque aucun motif spécial ou personnel ne l'interdit, ne pouvant être qu'une garantie (7).

---

(1) *Art. 329, C. inst. crim.* — Dans le cours ou à la suite des dépositions, le président fera représenter à l'accusé toutes les pièces relatives au délit et pouvant servir à conviction; il l'interpellera de répondre personnellement s'il les reconnaît : le président les fera représenter aux témoins, s'il y a lieu.

(2) V. not. C. 21 février 1878, S.78.1.191.

(3) V. Nouguier, n. 2365.

(4) V. not. C. 2 janv. 1879, S.80.1.437.

(5) V. not. C. 12 oct. 1876, S.77.1.184.

(6) V. Nouguier, n. 2378.

(7) V. not. C. 4 nov. 1836, S.37.1.988; — 30 avril 1841, S.42.1.50; — 19 janvier 1855, S.55.1.151; — 5 déc. 1857, S.58.1.246; — 24 janvier 1878, S 78.1.333.

210. Le président peut, mais alors sans serment et seulement à titre de renseignement, entendre des témoins dont, à cause de leur situation à l'égard de l'accusé, le serment n'aurait pas pu être reçu ou même aurait été annulé (1).

211. Les auditions reçues sans serment doivent être mentionnées au procès-verbal avec l'indication de la cause qui explique l'absence de serment.

Lectures faites en vertu du pouvoir discrétionnaire.

212. En vertu du pouvoir discrétionnaire du président de la Cour d'assises, il peut être donné, pendant les débats, lecture de *toutes pièces* [art. 268, C. inst. crim.], qu'elles fassent déjà partie de la procédure ou qu'elles soient nouvelles (2).

213. Le président exerce son droit à cet égard, soit par lui-même en lisant, soit par délégation expresse, en faisant lire, soit par délégation implicite, en laissant lire (3).

214. Les débats terminés, si le président voulait faire ou laisser faire une lecture nouvelle, il y aurait nécessité de rouvrir les débats, de même que s'il voulait faire entendre une déclaration nouvelle.

215. Il peut être fait toutes lectures. Cependant on ne doit pas lire des dépositions de témoins insérées au procès-verbal de débats antérieurs annulés par la Cour de cassation, lesquelles, en conséquence, doivent être considérées comme non avenues (4). Il doit en être ainsi pour toute pièce entachée de nullité.

Interdiction de lecture de déclarations de témoins présents, avant leurs dépositions orales.

216. Il ne peut pas non plus, à peine de nullité, être donné lecture de la déposition écrite d'un témoin *présent*, avant que ce témoin ait déposé oralement (5).

217. Mais il peut être donné lecture de la déposition écrite d'un témoin qui ne se présente pas à l'appel de son nom. En ce cas, cette lecture ne fait pas obstacle à ce que ce témoin, s'il se représente avant la clôture des débats, soit entendu sous la foi du serment (6).

218. Le président peut donner lecture de la déposition d'un témoin

(1) V. not. C. janvier 1876, S.76.1.48; — Nouguier, n. 2389.
(2) V. Nouguier, n. 2408 à 2448. — V. not. C. 12 mai 1855, S.55.1.398.
(3) V. not. C. 16 mars 1866, S.67.1.43.
(4) V. Nouguier, n. 2418.
(5) V. not. C. 12 déc. 1867, S.68.1.319; — 24 janv. 1878, S.78.1.333; — 22 juillet 1880 (*Bulletin criminel*); — 7 sept. 1882, S.82.1.437; — *Sic*. Faustin Helie, *inst. crim.* t. VII, n. 3407 et 3409.
(6) V. not. C. 28 fév. 1867, S.68.1.92. — 17 juin 1876, S.76.1.482. — 22 août 1878 S.78.1.392 (cité plus haut).

entendu dans l'instruction et non convoqué (1). Cette lecture faite, le président peut encore, toujours en vertu de son pouvoir discrétionnaire, appeler ce témoin à déposer ; et il n'y a pas nullité si celui-ci prête serment, alors qu'il ne se produit aucune opposition (2).

Lectures. — Accusé précédemment condamné par *contumace.*

219. Il est un cas où les lectures de pièces pendant les débats, en dehors de tout incident contentieux, ont lieu légalement, sans que le pouvoir discrétionnaire du président soit exercé pour qu'elles se fassent ni puisse être exercé pour les empêcher. C'est celui où un accusé condamné par contumace, s'étant représenté avant que la peine prononcée contre lui fût prescrite, est jugé contradictoirement, conformément à l'art. 476, C. inst. crim. Des témoins entendus dans l'instruction peuvent avoir disparu ou n'être pas retrouvés et, en conséquence, il n'est pas possible de les produire aux débats. Il est nécessaire de lire à l'audience les dépositions écrites de ces témoins. Il en est de même alors des réponses écrites faites par les individus accusés du même délit que le contumax [art. 477, C. inst. crim.] (3). Ces lectures sont prescrites à peine de nullité, car elles constituent un élément substantiel des débats (4). Cette nullité ne pourrait pas être couverte par le consentement de l'accusé à ce qu'il fût passé outre (5).

Quant à la lecture de toutes autres pièces, elle est, en ce cas comme dans les autres, laissée à l'appréciation discrétionnaire du président.

La disposition de l'art. 477, C. inst. crim., ne s'applique que si l'accusé a été condamné précédemment par contumace. Si, absent, il s'est représenté avant les débats, les règles générales des débats contradictoires sont appliquées (6).

Remise de pièces et documents.

220. Les pièces nouvelles dont lecture est donnée sont, en bonne règle, jointes aux dossiers, et, si elles ne sont pas de celles que l'art. 341, C. inst. crim. (V. *infrà*), interdit de joindre au libellé des questions, elles peuvent être remises au jury. Aussi le président doit-il éviter de mettre

---

(1) V. not. C. 28 mai 1875, S.75.1.487.

(2) V. not. C. 24 janv. 1878, S.78.1.333.

(3) *Art. 477, C. inst. crim.* — Dans les cas prévus par l'art. précédent, si, pour quelque cause que ce soit, des témoins ne peuvent être produits aux débats, leurs dépositions écrites et les réponses écrites des autres accusés du même délit seront lues à l'audience ; il en sera de même de toutes les autres pièces qui seront jugées par le président être de nature à répandre la lumière sur le délit et les coupables.

(4 et 5) V. not. C. 17 sept. 1840, S.41.1.82. — 7 juillet 1849, S.50.1.237. — 19 mars 1853, S.53.1.224.

(6) V. not. C. 3 déc. 1869, S.70.1.351.

ou laisser mettre au débat des pièces qui seraient entachées de nullité (1). Il doit éviter même l'introduction et la jonction de pièces qui, tardivement produites, n'auraient pas pu être l'objet d'un contrôle et d'une discussion (2). Si la pièce est importante, le débat doit être prolongé, ou rouvert s'il était déjà clos.

221. Le président peut encore, en vertu de son pouvoir discrétionnaire, faire remettre aux jurés, pendant les débats, des documents et des pièces, par exemple : la copie de l'acte d'accusation (3); un plan dressé, par ses ordres ou non, postérieurement à l'arrêt de la chambre des mises en accusation (4). Mais il est au moins de convenance que ces pièces et documents soient communiqués aux parties.

Mode d'exercice du pouvoir discrétionnaire.

222. Le pouvoir discrétionaire du président des assises se manifeste régulièrement par l'exercice que celui-ci en fait; il peut, sans qu'il y ait nullité, ne pas annoncer qu'il en fait usage (5); le mieux est cependant de donner cet avertissement. Au reste, l'exercice du pouvoir discrétionnaire doit être constaté au procès-verbal des débats (6).

223. Ce pouvoir, que le président seul exerce, dans la forme et au moment qui lui conviennent, pourvu que ce soit pendant les débats et avant le jugement, est incommunicable. Il ne peut être ni délégué, ni partagé. La Cour ne peut pas s'immiscer dans son exercice. Cependant la jurisprudence admet que parfois la Cour, donnant son approbation à la mesure discrétionnairement ordonnée par le président, puisse, sans nullité, y adhérer et dire qu'elle l'exécutera (7).

C'est là, d'ailleurs, une exception qui n'a guère été appliquée qu'en cas de transports et de vérifications à l'extérieur (8).

§ 7. — Transports et vérifications à l'extérieur.

Qui ordonne les transports ou vérifications à l'extérieur.

224. C'est au président qu'il appartient d'ordonner, en vertu de son pouvoir discrétionnaire, ces transports et ces vérifications (9). Cependant,

(1) V. Nouguier, nº 2446.
(2) V. Nouguier, nºs 2442, 2443, 2444.
(3) V. not. C. 10 déc. 1857, S.58.1.164.
(4) V. not. C. 26 juin 1879, S.80.1.288.
(5) V. not. C. 2 déc. 1871, S.72.1.250.
(6) V. not. C. 26 juin 1879, S.80.1.288 (précité).
(7) V. not. C. 20 sept. 1845, S.46.1.94.
(8) V. même arrêt et Nouguier, nºs 2505 et 2506.
(9) V. not. C. 23 mars 1843, S.44.1.256. — 20 sept. 1845, S.46.1.94 (précité).

s'il s'agit d'examiner des pièces à conviction, qui n'ont pas pu être apportées à l'audience, cet examen étant indiqué par la loi, la Cour peut directement ordonner le transport, sans qu'il y ait nullité (1).

Nécessité de la constitution régulière de la juridiction des assises. — Publicité.

225. Pour que le transport de la Cour d'assises hors de la salle d'audience soit régulier, il faut, à peine de nullité, que la Cour reste régulièrement constituée; que le président, les assesseurs, le ministère public, le greffier, les jurés, l'accusé et son conseil, se transportent et assistent aux opérations.

Il faut encore, à peine de nullité, qu'il y ait publicité, c'est-à-dire que le public ait la faculté d'accès dans les lieux où se passent les opérations et les vérifications (2).

IX

AUDIENCE (*Suite*). — INCIDENTS.

§ 1er. — Incidents divers.

226. Il peut surgir d'autres incidents que ceux de huis clos, de renvoi de l'affaire pour cause d'absence de témoins ou de faux témoignage, de difficultés sur le serment et l'audition de témoins, de lectures et remises de pièces, de transports ou vérifications à l'extérieur et d'expertises.

Renvois. — Causes diverses.

227. Les renvois à une autre session peuvent être motivés par d'autres causes que celles spécialement indiquées par la loi. Ces causes sont multiples et indéterminées. C'est à la Cour de les apprécier souverainement (3), lorsqu'elles se produisent au cours des débats (4).

228. Ces causes peuvent être, par exemple (5) : la maladie de l'accusé; — l'absence du conseil qui devait l'assister, si cette absence peut nuire à l'exercice du droit de défense; — la maladie d'un juré, s'il n'a pas été désigné de suppléant; — la révélation de complicité d'un témoin; — l'arrestation d'un coaccusé; — la nécessité d'une instruction supplémentaire (6); — l'incompatibilité d'un juré tardivement révélée (7).

---

(1) V. not. C. 29 déc. 1881, S.83.1.96.
(2) V. not. C. 22 mai 1834, S.34.1.588 et les arrêts précités des 23 mars 1843 et 29 déc. 1881.
(3) V. not. C. 16 mars 1866, S.67.1.43.
(4) V. Nouguier, n. 3567.
(5) V. Nouguier, n. 3558 et suivants.
(6) V. not. C. 28 déc. 1865, S.66.1.231.
(7) V. not. C. 20 mars 1879, S.81.1.91.

229. Un grave motif de renvoi de l'affaire est la *communication* avec des tiers, ou la *manifestation d'une opinion* sur le procès, auxquelles se serait livré un juré oublieux de ses devoirs. Ce juré se serait ainsi rendu lui-même impropre à remplir ses fonctions (1). Son exclusion devra être immédiatement prononcée (2) et l'affaire renvoyée, s'il n'y a pas de juré suppléant adjoint au jury.

Communication et manifestation d'opinion de la part d'un juré.

C'est la Cour qui prononce l'exclusion, renvoie l'affaire ou ordonne, (comme d'ailleurs dans tous les cas de remplacement de jurés par des suppléants) (3), que le juré exclu sera remplacé.

230. Mais, pour que l'exclusion du juré soit prononcée, il faut, d'une part, que la communication soit très nettement constatée, et non pas seulement alléguée (4) ; qu'il soit en outre établi qu'elle a eu l'affaire pour objet (5). Il faut, d'autre part, que la manifestation d'opinion soit, si elle a lieu au dehors, caractérisée à l'aide d'une enquête (6), ou, si elle s'est produite à l'audience, que la Cour constate qu'il s'agit bien d'une opinion sur l'affaire (7), et non d'autres propos n'ayant pas ce caractère, tels que une appréciation sur la longueur des plaidoiries (8) ou une rectification purement matérielle (9). Mais si une rectification matérielle faite par un juré avait pris le caractère de l'attestation d'un fait et, par conséquent, d'un témoignage, ce juré devrait se retirer, car, s'il n'a pas alors manifesté une opinion, il a fait fonction de témoin, fonction incompatible avec celle de juré (10).

231. Le *renvoi* de l'affaire doit, lorsqu'il est ordonné par la Cour, c'est-à-dire après le tirage du jury de jugement, ou pendant ce tirage (s'il y a contentieux), avoir lieu pour la prochaine session. Cependant la Cour peut renvoyer l'affaire à un autre jour de la même session, si le ministère public et l'accusé y consentent, expressément ou tacitement (11). Elle ne le pourrait

Renvoi à un autre jour de la même session.

(1) V. Nouguier, n. 3561, 3106, 3111, 3112.
(2) V. not. C. 16 juil. 1877, S.77.1.388.
(3) V. not. C. 10 oct. 1839, S.39.1.955.
(4) V. not. C. 30 juin 1838, S.38.1.760. — 12 déc. 1840, S.40.1.948. — 3 oct. 1878, S.80.1.96,
(5) V. not. C. 26 mars 1874, S.74.1.230. — 14 déc. 1876, S.77.1.95.
(6) V. not. C. 6 janv. 1876 (*Bulletin criminel*). — 2 sept. 1880, S.83.1.90.
(7) V. not. C. 3 juin 1875, S.75.1.432.
(8) V. not. C. 14 mars 1873, S.74.1.240.
(9) V. not. C. 24 janv. 1878, S.78.1.333.
(10) V. not. C. 4 sept. 1873, S.73.1.481.
(11) V. not. C. 12 déc. 1844, S.45.1.315. — Nouguier, n. 3515 et suivants, 1427 et suivants.

pas sans ces consentements. Mais l'accusé, après avoir donné le sien, ne peut pas critiquer le renvoi à un autre jour de la session (1).

232. Quand, lors du renvoi ordonné par la Cour, le tableau du jury de jugement est déjà formé, il est évident (art. 406, C. inst. crim.) qu'un autre tableau devra être formé, si l'affaire revient à une prochaine session. Mais cette formation d'un nouveau tableau est facultative, si l'affaire, seulement ajournée, est jugée un autre jour de la même session (2).

233. Les arrêts qui ordonnent des renvois d'affaires ne doivent pas être rangés dans la classe des arrêts purement préparatoires ou d'instruction (art. 416, C. inst. crim.), contre lesquels le recours en cassation n'est admissible qu'après l'arrêt définitif (3). Néanmoins l'irrégularité, dont serait entaché le renvoi d'une affaire, ne pourrait pas vicier par avance des débats ultérieurs réguliers (4).

Renvoi de l'affaire après la déclaration du jury, pour cause d'erreur présumée.

234. L'art. 352, C. inst. crim., indique un cas de renvoi exceptionnel, étranger aux débats, qui, ces débats terminés, les questions posées, la délibération du jury achevée, sa déclaration régulièrement formulée, naîtrait de la conviction qu'aurait la Cour qu'une *déclaration, défavorable à l'accusé, serait erronée au fond.* La Cour peut alors, d'office seulement et sans que personne soit admissible à le demander, surseoir à prononcer arrêt et, en conséquence, renvoyer l'affaire à la session suivante. L'exercice de ce droit, qui a lieu sans contrôle possible, est réglé, dans ses modalités et dans ses conséquences, par la disposition légale qui le consacre (5).

Incompétence de la Cour d'assises pour statuer sur la mise en liberté provisoire.

235. La Cour d'assises, en renvoyant une affaire à une autre session, ne peut pas ordonner la mise en liberté provisoire de l'accusé. Elle est, en effet, incompétente pour statuer sur la demande de liberté provisoire. Tant que l'arrêt de mise en accusation n'est pas passé en force de chose jugée,

---

(1) V. not. C. 20 mars 1879, S.81.1.91.

(2) V. not. C. 8 février 1849 (*Bulletin criminel*). — Nouguier, n. 1430.

(3) V. not. C. 28 déc. 1865, S.66.1.231. — 31 mars 1877, S.77.1.336.

(4) V. not. C. 15 sept. 1837, S.39.1.420.

(5) *Art.* 352, *C. inst. crim.* — Dans le cas où l'accusé est reconnu coupable, et si la Cour est convaincue que les jurés, tout en observant les formes, se sont trompés au fond, elle déclare qu'il est sursis au jugement et renvoie l'affaire à la session suivante, pour y être soumise à un nouveau jury, dont ne peut faire partie aucun des jurés qui ont pris part à la déclaration annulée.

Nul n'a le droit de provoquer cette mesure. La Cour ne peut l'ordonner que d'office, immédiatement après que la déclaration du jury a été prononcée publiquement.

Après la déclaration du second jury, la Cour ne peut ordonner un second renvoi, même quand cette déclaration serait conforme à la première.

c'est devant la chambre d'accusation de la Cour d'appel que cette demande devrait être portée (1). Quand l'arrêt d'accusation est devenu définitif, la liberté provisoire ne peut pas davantage être accordée par la Cour d'assises (V. art. 116, C. inst. crim.). Elle ne peut plus d'ailleurs être prononcée par aucune juridiction (2).

236. D'autres incidents dont l'origine ne tient pas à la procédure normale et aux irrégularités, réelles ou prétendues, dont elle serait entachée, peuvent se produire.

Contestation par l'accusé de son identité.

237. Il peut arriver que l'accusé, non antérieurement condamné pour le fait à raison duquel il comparaît devant la Cour d'assises, *dénie son identité,* ou, en d'autres termes, qu'il prétende que l'accusation relative à ce fait n'est pas applicable à sa personne. Ce n'est pas alors la procédure indiquée par les art. 518 et 519, C. inst. crim., pour la reconnaissance d'identité d'un individu condamné, évadé et repris, d'un déporté ou d'un banni ayant enfreint son ban, qui doit être suivie. C'est au jury, à lui seul, de statuer sur la contestation de l'accusé, laquelle, n'étant en réalité qu'un moyen de défense, doit être appréciée par lui (3).

Refus par l'accusé de comparaître.

238. Lorsque un accusé *refuse de comparaître* à l'audience, les mesures à prendre sont déterminées par les art. 8 et 9 de la loi du 9 septembre 1835 (4).

239. Ces dispositions ne sont pas applicables à l'accusé qui se serait évadé depuis l'ouverture des débats. L'affaire qui le concerne (ou, *en ce qui*

---

(1) V. not. C. 13 juillet 1872, S.72.1.446.

(2) V. not. C. 13 juin 1872, S.72.1.445. — 13 juillet 1872, (Précité.) — 5 oct. 1882, S.83.1.46. — 9 nov. 1882, (*eodem loco*).

(3) V. not. C. 29 nov. 1833, S.34.1.128.

(4) LOI DU 9 SEPTEMBRE 1835. — *Art.* 8. — Au jour indiqué pour la comparution à l'audience, si les prévenus ou quelques-uns d'entre eux refusent de comparaître, sommation d'obéir à justice leur sera faite au nom de la loi par un huissier commis à cet effet par le président de la Cour d'assises, et assisté de la force publique. L'huissier dressera procès-verbal de la sommation et de la réponse des prévenus.

Art. 9. — Si les prévenus n'obtempèrent point à la sommation, le président pourra ordonner qu'ils soient amenés par la force devant la Cour; il pourra également, après la lecture faite à l'audience, du procès-verbal constatant leur résistance, ordonner que, nonobstant leur absence, il soit passé outre aux débats.

Après chaque audience, il sera, par le greffier de la Cour d'assises, donné lecture aux prévenus qui n'auront point comparu du procès-verbal des débats, et il leur sera signifié copie des réquisitions du ministère public, ainsi que des arrêts rendus par la Cour, qui seront tous réputés contradictoires.

le concerne, s'il a des coaccusés) doit être renvoyée, pour qu'il soit ensuite statué à l'égard de cet accusé par voie de contumace [art. 465, C. I. C.] (1).

Expulsion de l'accusé.

240. L'accusé qui, par des clameurs ou par tous autres moyens propres à causer du tumulte, mettrait obstacle au libre cours de la justice, pourra être *expulsé* de l'audience par arrêt de la Cour. Il sera alors procédé à son égard comme s'il avait refusé de comparaître [L. 9 sept. 1835, art. 10] (2).

Troubles et tumultes à l'audience.

241. Les tumultes à l'audience causés par l'accusé ou par d'autres personnes sont réprimés par l'art. 11 de la même loi. La condamnation a lieu séance tenante (3).

Les troubles apportés par les assistants au cours paisible de la justice peuvent donner lieu à des mesures d'expulsion, déterminées par l'art. 504 du Code pénal (4). Les art. 88, 89, 90, 91 et 92 du Code de procédure civile sont applicables à l'audience de la Cour d'assises comme à toutes audiences.

Si le tumulte est accompagné d'injures ou voies de fait, tombant sous l'application de la loi pénale, la Cour peut immédiatement prononcer une condamnation [art. 505, C. p.] (5).

Crimes et délits commis à l'audience.

242. C'est la Cour seule, sans assistance de jurés, qui statue sur les délits et les crimes commis à l'audience des assises et qui prononce les condamnations, séance tenante et sans désemparer.

---

(1) V. not. C. 19 janvier 1877, S.79.1.189.

(2) LOI DU 9 SEPTEMBRE 1835. — *Art.* 10. — La Cour pourra faire retirer de l'audience et reconduire en prison, tout prévenu qui, pour des clameurs ou pour tout autre moyen propre à causer du tumulte, mettrait obstacle au libre cours de la justice, et, dans ce cas, il sera procédé aux débats et au jugement comme il est dit aux deux articles précédents.

(3) MÊME LOI. — *Art.* 11. — Tout prévenu ou toute personne présente à l'audience d'une Cour d'assises, qui causerait du tumulte pour empêcher le cours de la justice, sera, audience tenante, déclaré coupable de rébellion et puni d'un emprisonnement qui n'excédera pas deux ans, sans préjudice des peines portées au Code pénal, contre les outrages et violences envers les magistrats.

(4) *Art.* 504, *C. P.* — Lorsqu'à l'audience ou en tout autre lieu où se fait publiquement une instruction judiciaire, l'un ou plusieurs des assistants, donneront des signes publics soit d'approbation, soit d'improbation, ou exciteront du tumulte de quelque manière que ce soit, le président ou le juge les fera expulser ; s'ils résistent à ses ordres, ou s'ils rentrent, le président ou le juge ordonnera de les arrêter et conduire dans la maison d'arrêt ; il sera fait mention de cet ordre dans le procès-verbal, et sur l'hexibition qui en sera faite aux gardiens de la maison d'arrêt, les perturbateurs y seront reçus et retenus pendant vingt-quatre heures.

(5) *Art.* 505. *C.P.*—Lorsque le tumulte aura été accompagné d'injures ou voies de fait devant donner lieu à l'application ultérieure de peines correctionnelles ou de police, ces peines pourront être, séance tenante et immédiatement après que les faits auront été constatés, prononcées...

L'instruction et le mode de procéder sont déterminés par l'art. 181, du C. d'inst. crim. en ce qui concerne ces délits (1), et par l'art. 507 du même Code, en ce qui concerne ces crimes (2).

L'art. 508, C. inst. crim., indique que, pour la validité d'une condamnation en cas de crime flagrant à l'audience, il faut que l'arrêt soit rendu à la majorité de quatre voix sur cinq ou six juges, de cinq, sur sept, et, au minimum, des trois quarts des voix, s'il y a huit juges ou plus. — La loi du 4 mars 1831 ayant réduit à trois le nombre des membres de la Cour d'assises, on peut se demander si cette Cour peut faire l'application de l'art. 507, C. p. On admet l'affirmative (V. not. Nouguier n° 3608). On cite en ce sens un arrêt de 1854 (3).

Suspensions d'audience.

243. Les incidents qui se produisent, quelle qu'en soit la nature, ne doivent pas mettre obstacle à la continuité de l'examen, des débats et du jugement de l'affaire, continuité prescrite par l'art. 353, C. inst. crim. (4).

244. Le texte de cet article établit une distinction entre la *suspension* et l'*interruption*. Il interdit l'une et il autorise l'autre.

245. L'*interruption* est la cessation, plus ou moins prolongée, des débats et de l'examen, que l'on abandonne pour vaquer à une autre ou à d'autres affaires. C'est ce que la loi défend.

246. La *suspension* s'entend d'intervalles dans l'examen et les débats,

---

(1) *Art.* 181, *C. inst. crim.* — S'il se commet un délit correctionnel dans l'enceinte et pendant la durée de l'audience, le président dressera procès-verbal du fait, entendra le prévenu et les témoins, et le tribunal appliquera, sans désemparer, les peines prononcées par la loi.

Cette disposition aura son exécution pour les débats correctionnels commis dans l'enceinte et pendant la durée des audiences de nos Cours, et même des audiences du Tribunal civil, sans préjudice de l'appel de droit des jugements rendus dans ces cas par les Tribunaux civils ou correctionnels.

(2) *Art.* 507. *C. inst. crim.*—A l'égard des voies de fait qui auraient dégénéré en crime ou de tous autres crimes flagrants et commis à l'audience de la Cour de cassation, d'une Cour d'appel ou d'une Cour d'assises, la Cour procédera au jugement de suite et sans désemparer.

Elle entendra les témoins, le délinquant et le Conseil qu'il aura choisi ou qui lui aura été désigné par le président; et, après avoir constaté les faits et ouï le procureur général ou son substitut, le tout publiquement, elle appliquera la peine par un arrêt qui sera motivé.

(3) C. 3 nov. 1854, S.55.1.60.

(4) *Art.* 353, *C. inst. crim.* — L'examen et les débats, une fois entamés, devront être continués sans interruption, et sans aucune espèce de communication au dehors, jusqu'après la déclaration du jury inclusivement. Le président ne pourra les suspendre que pendant les intervalles nécessaires pour le repos des juges, des jurés, des témoins et des accusés.

provenant soit de causes tenant à l'affaire et à sa discussion, soit de l'opportunité de repos pour les personnes qui y prennent part. Dans ces intervalles on ne s'occupe d'aucune autre affaire.

247. Le nombre, le moment, la durée de ces suspensions sont déterminés par le président. Ces déterminations, qui rentrent dans les pouvoirs discrétionnaire et de direction des débats, voire même de police, de celui-ci, sont facultatives de sa part. Il peut, sans doute, consulter les convenances de ceux qui l'entourent, mais sans que ces convenances diminuent sa faculté souveraine d'appréciation (1).

248. Il n'y a pas de forme sacramentelle pour l'ordonnance de suspension. Le président l'annonce simplement et en indique la durée (2).

Le Président. — Les débats sont suspendus (*ou* la séance est suspendue) pendant.....

ou bien : et renvoyés (*ou* renvoyée) à heure *ou* à demain à heure, *ou* à tel jour, telle heure.

Au moment indiqué, chacun étant à sa place, le président dit :

Les débats sont repris *ou* la séance est reprise.

249. Il est régulier de constater les suspensions et reprises de séance au procès-verbal ; mais l'omission de cette constatation ne peut créer aucune nullité, alors surtout que la suspension et la reprise des débats ont eu lieu dans la même journée (3).

§ 2. — Ordonnances et arrêts incidents.

250. Les divers incidents qui se produisent *pendant l'audience* de la Cour d'assises peuvent donner lieu soit à des ordonnances, soit à des arrêts.

Mesures de juridiction.

251. Toute mesure impliquant un acte de juridiction nécessite l'intervention de la Cour. Celle-ci doit rendre un arrêt pour ordonner cette mesure, qu'il y ait eu ou non débat, ou pour la refuser si elle a été demandée.

Mesures d'instruction ou d'administration judiciaire.

252. Toute mesure de simple instruction ou d'administration peut, après l'ouverture des débats, être prise ou refusée par la Cour ou par le président seul, indifféremment, à moins d'indications spéciales de la loi. Ni

---

(1) V. not. C. 1er avril 1830, et 5 avril 1832, S.32.1.153. — 3 oct. 1878, S.80.1.96.
(2) V. Nouguier, n. 1589 à 1600.
(3) V. not. C. 23 mai 1846, S.46.1.508.

l'ordonnance du président, ni l'arrêt de la Cour, lequel n'est alors en réalité qu'une ordonnance, ne doivent, obligatoirement, être motivés.

253. Mais si, à propos de l'une de ces mesures d'instruction ou d'administration, une contestation s'élève, la Cour doit statuer par arrêt motivé sur cet incident contentieux. La mesure contestée ou réclamée n'étant pas de la compétence exclusive du président des assises, c'est, en ce cas, à la Cour de l'ordonner ou de dire qu'elle n'aura pas lieu.

Caractère des incidents contentieux. — Nécessité de conclusions écrites.

254. Il n'y a, dans tous les cas quels qu'ils soient, de véritables incidents contentieux, que si l'accusé, par lui-même ou par le soin de son conseil, formule et dépose des *conclusions écrites*, soit pour réclamer une mesure que ni le président des assises ni la Cour ne lui accordent, ou à laquelle le ministère public ne veut pas accéder, soit pour s'opposer à une mesure que le président ou la Cour ont ordonnée ou que le ministère public a requise.

Mesures de direction des débats, de police à l'audience ou rentrant dans le pouvoir discrétionnaire.

255. Si la mesure contestée ou réclamée rentre dans les pouvoirs qui sont conférés au président pour la *direction des débats* et la *police de l'audience* ou dans le *pouvoir discrétionnaire* de celui-ci, la Cour ne peut pas statuer sur l'opportunité ou la non-opportunité de la mesure. Elle ne peut que constater et déclarer que cette mesure échappe à son contrôle et qu'elle n'a ni à l'ordonner ni à l'empêcher.

Acte requis.

256. Les contestations portent parfois sur des faits accomplis. Le ministère public ou la défense (le plus souvent celle-ci) signalent l'omission ou la violation de quelque formalité prescrite par la loi et demandent, soit par des réquisitions, soit par des conclusions écrites, qu'il leur en soit donné acte (1). La Cour doit statuer sur cette demande, même après l'arrêt de condamnation, tant que la séance n'est pas levée. — Mais elle ne devrait pas l'accueillir plus tard, par exemple, si cette demande de donner acte ne se produisait qu'à une audience postérieure à celle où l'arrêt définitif a été prononcé (2).

257. La Cour ne peut pas donner acte de faits qui ne sont ni à sa connaissance ni dans ses souvenirs (3). Elle doit, dans son arrêt, rétablir en

---

(1) V. Nouguier, n. 3575 à 3584.

(2) V. not. C. 2 sept. 1851, *Journal du Palais*, 1852, 2.432. — 27 déc. 1873, S.74.-1.332.

(3) V. not. même arrêt, du 27 déc. 1873. — C. 6 janv. 1876 (*Bulletin criminel*). — 2 sept. 1880, S.83.1.90.

leur réalité ceux qui auraient été inexactement indiqués dans les réquisitions ou dans les conclusions. Enfin elle doit déclarer forclos l'accusé qui demande acte d'une mesure ou d'un fait, à l'accomplissement desquels il pouvait s'opposer, mais qu'il a laissés s'accomplir ou se produire sans formuler une opposition sur laquelle on ait eu à statuer (1).

Forme des arrêts incidents.

258. Tous les arrêts incidents doivent être rendus publiquement. Mais, comme on l'a vu précédemment, les dispositions de l'art. 370 C. inst. crim. (V. *infrà.*) d'après lequel l'arrêt rendu sur la déclaration du jury doit être rédigé en minute et signé par tous les juges qui l'ont rendu, ne leur est pas applicable. Il suffit que ces arrêts soient insérés au procès-verbal des débats, avec leurs *visa*, leurs *motifs*, leur *dispositif*, et qu'ils soient signés par le président et par le greffier. Ces arrêts devenant d'ailleurs partie intégrante du procès-verbal des débats, les signatures du président et du greffier, apposées au bas de ce procès-verbal, en assurent la régularité.

Règles générales à observer.

259. La Cour et le président des assises, dans toutes leurs décisions, doivent observer les règles posées en principe par l'art. 408, C. inst. crim. (2), dans son texte et dans son esprit, c'est-à-dire :

Ordonner tout acte et toute formalité expressément prescrits par la loi à peine de nullité ;

Ordonner tout acte et toute formalité qui, sans être expressément prescrits par la loi, à peine de nullité, n'en sont pas moins substantiels aux débats et aux droits de la défense ;

S'abstenir de tout acte et de toute mesure dont l'accomplissement serait une violation de la loi et créerait soit une nullité écrite, soit une nullité substantielle ;

Ne pas refuser, à moins de renonciation antérieure expressément con-

(1) V. Nouguier, n. 3577.

(2) *Art.* 408, *C. inst. crim.* — Lorsque l'accusé aura subi une condamnation, et que, soit dans l'arrêt de la Cour d'appel qui aura ordonné son renvoi devant une Cour d'assises, soit dans l'instruction et dans la procédure qui auront été faites devant cette dernière Cour, soit dans l'arrêt même de condamnation, il y aura eu violation ou omission de quelques-unes des formalités que le présent Code prescrit sous peine de nullité, cette omission ou violation donnera lieu, sur la poursuite de la partie condamnée ou du ministère public, à l'annulation de l'arrêt de condamnation et de ce qui l'a précédé, à partir du plus ancien acte nul.

Il en sera de même, tant dans les cas d'incompétence que lorsqu'il aura été omis ou refusé de prononcer, soit sur une ou plusieurs réquisitions du ministère public, tendant à user d'une faveur ou d'un droit accordé par la loi, bien que la peine de nullité ne fût pas textuellement attachée à l'absence de la formalité dont l'exécution aura été demandée ou requise.

statée, l'usage ou l'exercice d'une faculté ou d'un droit accordés par la loi, alors même que l'exercice de cette faculté ou de ce droit n'est pas prescrit à peine de nullité, soit écrite, soit susbstantielle ;

Ne pas refuser et ne pas omettre de statuer sur une demande de l'accusé, ou sur une réquisition du ministère public, tendant à user d'une faculté ou d'un droit quelconques (1).

Erreurs. — Réparations possibles.

260. Les nullités résultant d'erreurs ou d'irrégularités commises par la Cour ou par le président donnent ouverture à cassation. Elles profitent dans la plupart des cas, à l'accusé. Mais le bénéfice n'en est pas acquis à celui-ci dès le moment où elles se produisent. Ces erreurs ne sont pas irréparables. La Cour et le président peuvent rentrer dans les voies légales dont ils se seraient écartés.

Une mesure est refusée par le président ou par la Cour ; évidemment le président ou la Cour peuvent revenir sur ce refus.

Telle autre mesure, sujette à critique, a été ordonnée par le président ou par la Cour, mais n'a pas reçu encore d'exécution ; la décision prise à cet égard peut être rétractée.

Si la mesure a été exécutée ou a reçu un commencement d'exécution, la Cour, tant que les débats ne sont pas terminés, peut, déclarant nulles et la mesure elle-même et toute la partie des débats qui a suivi, faire recommencer les débats à partir du dernier acte et de la dernière formalité qui ont été régulièrement faits et accomplis (2). La nullité résultant de l'irrégularité commise disparaît avec l'irrégularité.

261. Cette faculté peut s'exercer pendant toute la durée des débats. Après leur clôture et tant que la déclaration du jury n'a pas été lue à l'audience, elle peut s'exercer encore ; mais il faut alors que la réouverture des débats ait été préalablement ordonnée (3). Il a même été jugé que le président, s'apercevant, l'audience levée, qu'il a commis une omission dans la lecture de l'arrêt de condamnation peut rétracter la prononciation de levée de l'audience et ajouter à l'arrêt la disposition omise (4).

---

(1) V. Nouguier, n. 25.
(2) V. not. C. 24 janv. 1844, S.44.1.821.
(3) V. Nouguier, n. 2605 et 2606.
(4) C. 20 mai 1837, S.37.1.653.

X

AUDIENCE (*Suite*). — RÉQUISITOIRE. — PLAIDOIRIES. CLOTURE DES DÉBATS.

§ 1er. — Réquisitoire et plaidoiries.

262. Le dernier témoin entendu, les divers incidents réglés, s'ouvre la discussion orale du procès [art. 335, C. inst. crim.] (1). La partie civile, s'il en est une dans l'affaire, ou son conseil, le ministère public, l'accusé et son conseil sont entendus dans leurs réquisitoire, plaidoiries, défense et répliques.

Réquisitoire.

263. Le ministère public, dans son indépendance de parole et d'action, peut donner à son réquisitoire la forme et les développements qu'il juge utiles; il jouit à cet égard d'une latitude absolue. « Il est de principe général », lit-on dans un réquisitoire du procureur général Dupin à fin de cassation dans l'intérêt de la loi, « que les membres du ministère public, lorsqu'ils exercent l'action publique à l'audience des tribunaux de la justice répressive, sont indépendants de l'autorité des magistrats devant lesquels ils remplissent leurs fonctions. Dès lors, dans les raisonnements qu'ils produisent et les documents qu'ils invoquent à l'appui de leurs réquisitions, ils ne peuvent être gênés ou arrêtés par le pouvoir des juges et ils n'ont *d'autre règle que leur conscience et leurs lumières*. Cette règle ne reçoit aucune atteinte des dispositions de la loi qui circonscrivent la poursuite et le jugement aux faits formellement incriminés par la chambre d'accusation. Il ne s'agit point, en effet, de nouveaux chefs d'accusation contre le prévenu, mais seulement de faire apprécier sa moralité. La matière du jugement demeure invariablement fixée, soit par le réquisitoire préalable du ministère public, soit par l'arrêt de renvoi, et les développements donnés à l'audience à ce premier réquisitoire ne peuvent en changer ni la nature ni l'étendue. »

---

(1) *Art.* 335, *C. inst. crim.*— A la suite des dépositions des témoins et des dires respectifs uxquels elles auront donné lieu, la partie civile ou son conseil et le procureur général seront entendus et développeront les moyens qui appuient l'accusation.

L'accusé et son conseil pourront leur répondre. La réplique sera permise à la partie civile et au procureur général; mais l'accusé ou son conseil auront toujours la parole les derniers.

Le président déclarera ensuite que les débats sont terminés.

« Il est de l'essence du ministère public », dit l'arrêt de cassation rendu à la suite de ce réquisitoire, « d'être indépendant dans l'exercice de ses fonctions ; le développement de son action ne peut pas être entravé. Il a le droit de dire tout ce qu'il croit convenable au bien de la justice, de produire tous les documents et de donner toutes les explications qui lui paraissent utiles, sauf le droit pour les parties en cause de discuter et de débattre, en matière criminelle, correctionnelle et de police, les documents produits et les raisonnements présentés par le ministère public. Les tribunaux portent atteinte à l'indépendance de celui-ci et commettent un excès de pouvoir lorsqu'ils mettent obstacle à l'exercice de son action ou lorsqu'ils restreignent le droit, qu'il tient de la loi, de produire tous les documents et de fournir toutes les explications à l'appui de cette action (1). »

264. La plaidoirie, pour l'accusé ou pour la partie civile, n'a pas ces franchises à un degré aussi absolu. Plaidoiries.

265. Le droit de défense, qui appartient avant tout à l'accusé, celui-ci, à l'heure du débat oral, l'exerce par l'organe de son conseil, « sa défense vivante », suivant l'expression de Nouguier (2). Ce *droit sacré de la défense*, comme le qualifie un arrêt de 1826 (3), doit être exercé sans entraves. Libre dans sa forme et dans le choix de ses preuves, la plaidoirie ne rencontre dans ses développements nul obstacle autre que ceux résultant des prescriptions mêmes de la loi. Défense.

266. Ainsi, le défenseur peut tout dire ; mais il doit s'exprimer avec décence et modération ; il ne peut pas, sans manquer à ses devoirs, parler contre sa conscience, ni se départir du respect dû aux lois (art. 311, C. inst. crim.

267. Il peut lire toutes pièces et tous documents se rapportant au procès, à l'*exception* toutefois des *déclarations écrites des témoins*. Le débat en effet doit être oral et ces déclarations sont précisément les seules pièces qui ne doivent pas être remises au jury lors de leur entrée en délibération (4). Mais le président, en vertu de son pouvoir discrétionnaire, peut autoriser, expressément ou tacitement, la lecture de ces déclarations ; — il est convenable de la part du défenseur de lui demander cette autorisation.

268. Il ne doit pas, plus que l'accusé, se livrer, soit en paroles, soit en

(1) V. not. C. 20 janv. 1848, S.48.1.507 ; — 18 janv. 1855, S.55.1.153 ; — analogue, C. 4 janv. 1876, S.76.1.488.

(2) V. Nouguier, n. 2569.

(3) C. 20 juillet 1826, S. collection nouvelle 8.1.399.

(4) V. not. arrêt précité du 20 juillet 1826.

lectures, à des *divagations* étrangères aux questions du procès. Le président, pour les empêcher ou y mettre un terme, peut user du droit qui lui est attribué par l'art. 270, C. inst. crim. [V. *suprà*, p. 5] (1).

269. L'art. 342, C. inst. crim., indique que le jury ne doit pas se préoccuper des *conséquences pénales* de son verdict. La discussion légale de ces conséquences, quant à l'application de la peine, n'a lieu qu'après ce verdict (art. 363, C. inst. crim. V. *infrà*). Dès lors le défenseur ne doit pas dans sa plaidoirie faire connaître aux jurés la peine qui résulterait d'une déclaration de culpabilité. Mais si l'avocat s'écarte, contrairement à l'obligation qui lui est imposée par l'art. 311, C. inst. crim., du respect dû à ce vœu de la loi, cette infraction ne peut pas créer une nullité, puisqu'il dépendrait alors de la défense de vicier à son gré les débats ; elle peut motiver une injonction, de la part du président, de rentrer dans les règles juridiques et, de la part de la Cour, en cas de résistance à cette injonction, des peines disciplinaires ou d'autres mesures répressives (2).

270. La même distinction entre la défense sur les faits soumis à l'appréciation du jury et la discussion sur l'application de la peine à ces faits, discussion qui doit être postérieure à la déclaration de culpabilité, autorise le président à interdire au défenseur de se livrer, dans la défense qui précède le verdict, à des dissertations de *pur droit* (3).

271. Si le défenseur résiste aux avertissements ou injonctions du président, la Cour est appelée à statuer. Comme il s'agit de l'exercice de pouvoirs propres au président, elle n'a qu'à maintenir la mesure prise par lui. La résistance persiste-t-elle et le défenseur est-il un avocat, la Cour, comme l'indique l'arrêt précité du 25 mars 1836, peut appliquer une peine disciplinaire, en vertu de l'art. 43 de l'ordonnance du 20 novembre 1822 (4). Si le défenseur est étranger au barreau, les troubles qu'il causerait à l'audience pourraient être réprimés par l'application de la loi du

(1) V. not. arrêt du 20 juillet 1826 précité.

(2) V. not. 25 mars 1836, S.36.1.273.

(3) V. not C. 20 mai 1831, S.32.1.214. — 26 sept. 1846, S.47.1.559.

(4) ORD. DU 28 NOVEMBRE 1822. — *Art.* 43. — Toute attaque qu'un avocat se permettrait de diriger dans ses plaidoiries ou dans ses écrits, contre la religion, les principes de la monarchie, la Charte, les lois du royaume ou les autorités établies, sera réprimée immédiatement, sur les conclusions du ministère public, par le tribunal saisi de l'affaire, lequel prononcera l'une des peines prescrites par l'art. 18, (avertissement, — réprimande, — interdiction temporaire ne pouvant excéder une année, — radiation du tableau), sans préjudice des poursuites extraordinaires s'il y a lieu.

9 septembre 1835 (V. *suprà*, p. 76, n. 3); des art. 504 et suiv., C. inst. crim. (V. *suprà*, p. 76, n. 4) et des art. 88 et suivants du Code de procédure civile.

272. Au cas où le défenseur déserterait la défense, le président ou la Cour devraient, s'il est possible, désigner à l'accusé un défenseur d'office. S'il n'en était pas trouvé, il n'y aurait plus qu'à interpeller l'accusé, pour savoir s'il veut ajouter quelque chose à ce qui a été déjà dit pour sa défense, et à passer outre. Car la désertion du défenseur ne peut pas obliger la Cour à renvoyer l'affaire, ni vicier les débats. La sanction, si le défenseur qui méconnaît ses devoirs est un avocat, se trouve dans l'application des peines disciplinaires.

273. La plaidoirie de la partie civile ou de son conseil est soumise aux mêmes règles de modération, de convenance et d'observation des lois, ainsi qu'aux mêmes sanctions, le cas échéant. Partie civile.

274. L'ordre dans lequel doivent avoir lieu le réquisitoire du ministère public et les plaidoiries est indiqué par l'art. 335, C. inst. crim. Il est généralement suivi dans l'usage; mais il n'est pas obligatoire. La seule prescription de ces articles qui doive être observée est celle qui attribue toujours la parole en dernier lieu à l'accusé ou à son conseil. Ordre des plaidoiries.

275. Régulièrement, le président interpelle l'accusé pour lui demander s'il a quelque chose à ajouter à sa défense. Mais cette interpellation n'est pas obligatoire à peine de nullité. Il suffit que l'accusé ou son défenseur aient eu la libre faculté de prendre les derniers la parole (1).

276. C'est le président qui, pour les réquisitoire, plaidoiries et répliques, donne la parole aux diverses parties en cause :

Le Président. — La partie civile a la parole.

Monsieur l'avocat général a la parole.

Le défenseur de l'accusé a la parole.

Les plaidoiries et répliques terminées, le président s'adressant à l'accusé, dit :

Accusé, avez-vous quelque chose à ajouter à votre défense ?

---

(1) V. not. C. 19 mai et 23 juin 1870, S.71.1.263. — 16 mai 1874, S.75.1.45. — 16 juillet 1874, S.74.1.500.

§ 2. — Clôture des débats.

277. Après la réponse de l'accusé ou des accusés, le PRÉSIDENT dit :

Clôture des débats.

Les débats sont terminés.

[Si, les débats ayant eu lieu à huis clos, les portes n'ont pas été ouvertes avant cette ordonnance de clôture des débats, elles doivent l'être aussitôt (1).]

Réouverture des débats.

278. L'ordonnance de clôture des débats n'est pas irrévocable. Elle peut être rapportée et les débats peuvent être ouverts à nouveau, par le président ou, en cas d'incident contentieux sur cette réouverture, par la Cour (2).

Les causes de cette réouverture sont nécessairement indéterminées. Elles puisent leur origine dans la nécessité de faire tout ce qui peut aider à la manifestation de la vérité, de le faire régulièrement, sans commettre ou laisser subsister des irrégularités ou des omissions. (V. *suprà*, n. 260 et 261).

279. Cette réouverture des débats peut avoir lieu tant que le verdict régulier du jury n'a pas été lu à l'audience. Alors, en effet, la mission du jury est définitivement accomplie, son pouvoir consommé. Mais si la déclaration apportée par le jury n'est pas régulière, si les jurés sont renvoyés dans leur chambre pour la compléter, la régulariser ou l'éclairer, il n'y a pas obstacle à une réouverture des débats jusqu'à une nouvelle lecture à l'audience de la déclaration régularisée (3).

L'arrêt du 16 juin 1820, en posant ce principe, admet que la réouverture des débats peut être ordonnée même après la lecture de la déclaration régulière du jury, si, après cette lecture, mais avant que la Cour ait prononcé l'application de la loi pénale, il vient à être découvert « quelque fait nouveau, non connu aux débats antérieurs, n'ayant pu être la matière de questions et paraissant néanmoins de nature à pouvoir exercer de l'influence sur la preuve des faits de l'accusation ou sur la peine qu'ils doivent faire encourir ».

280. La réouverture des débats implique nécessairement pour le

---

(1) V. not. C. 20 mai 1882, S.83.1.95.

(2) V. not. C. 27 août 1852. — Nouguier, n. 2608.

(3) V. not. C. 16 juin 1820, Sirey, Collect. nouv. 6.1.254. — 26 déc. 1856 (*Bulletin criminel*). — 12 février 1858 (*Bulletin criminel*).

ministère public, pour la partie civile et pour l'accusé, l'exercice des droits d'observations et de développements oraux que leur assure l'art. 335, C. inst. crim.

281. Ces nouveaux débats terminés, le président en prononce la clôture.

282. L'art 336 du Code d'instruction criminelle, modifié par la loi du 19 juin 1881, interdit au président, à peine de nullité, de résumer, après la clôture des débats, les moyens de l'accusation et de la défense (1).

Interdiction d'un résumé du président après la clôture des débats.

Le président, après la clôture des débats, doit se borner à donner au jury les avertissements prescrits par les art. 341 et 347, C. inst. crim. (V. *infrà*), et à lire les questions sur lesquelles il est appelé à délibérer et à voter. Quand les débats sont terminés, tout ce qui peut, *directement* ou *indirectement*, *sous forme d'explication ou d'appréciation*, constituer un *résumé*, même *partiel*, des charges ou des moyens de défense, est absolument interdit au président, sous peine de nullité (2).

XI

AUDIENCE (*Suite*). — POSITION DES QUESTIONS.

283. Les débats terminés, le président (art. 336, C. inst. crim.) pose les questions sur lesquelles le jury est appelé à délibérer. Ces questions doivent être écrites (art. 341, C. inst. crim. V. *infrà*). Le président, pour rappeler aux jurés, ainsi que l'y oblige l'art. 336, les fonctions qu'ils auront à remplir, doit leur donner connaissance de ces questions, c'est-à-dire en faire, ou en faire faire, la lecture. C'est le mode le plus conforme à l'esprit de la loi et à la nature des choses ; c'est celui qu'un usage général et permanent a consacré. Dans la chambre de leurs délibérations, les jurés auront (art. 341) et pourront consulter le texte écrit des questions sur la nature, le caractère et l'importance desquelles leur attention, après les débats qui les motivent et les expliquent, a été appelée par une lecture à l'audience (3).

---

(1) *Art.* 336, *C. inst. crim.* — Le président, après la clôture des débats, ne pourra, à peine de nullité, résumer les moyens de l'accusation et de la défense.

Il rappellera aux jurés les fonctions qu'ils auront à remplir, et il posera les questions ainsi qu'il sera dit ci-après.

(2) Cass. 4 mars 1882, S.82.1.237.

(3) V. not. C. 5 fév. 1857, S.57.1.494.

Le résumé de l'acte d'accusation et l'arrêt de renvoi sont la source des questions et doivent leur servir de base.

284. Ces questions ont leur source et leur base dans l'acte d'accusation, (art. 337, C. inst. crim.) (1), lequel ne doit, dans son résumé, à peine de nullité, énoncer d'autre accusation que celles résultant de l'arrêt de renvoi, (art. 271 et 241, C. inst. crim.) (2). Ce résumé doit, d'autre part, contenir, dans les mêmes termes ou du moins dans des termes équivalents à ceux employés dans le dispositif de l'arrêt de renvoi, l'énonciation des faits et des circonstances relevés par cet arrêt (3).

285. Ainsi, un fait, une circonstance, mentionnés dans l'acte d'accusation, mais non relevés par l'arrêt de renvoi, ne doivent pas faire l'objet des questions, qui sont posées au jury d'après l'acte d'accusation.

286. Si, au contraire il y a des omissions dans le résumé de l'acte d'accusation, si l'on n'y trouve pas reproduits certains faits ou certaines circonstances contenus dans l'arrêt de renvoi, c'est à cet arrêt et même à l'ordonnance de prise de corps qui en fait partie, qu'il faut recourir pour poser les questions sur les points négligés par l'acte d'accusation (4).

L'accusé dans ce cas n'est pas recevable à se plaindre, car il connaît l'arrêt de renvoi par la signification qui lui en a été faite ; il est averti de tous les objets de la poursuite; il a pu préparer, en toute connaissance, ses moyens de défense (5).

Nécessité de purger l'accusation.

287. Au reste, si pour poser les questions l'on s'en tenait à un résumé incomplet de l'acte d'accusation, l'accusation ne serait pas *purgée*.

---

(1) *Art.* 337, *C. inst. crim.* — La question résultant de l'acte d'accusation sera posée en ces termes :

« L'accusé est-il coupable d'avoir commis tel meurtre, tel vol ou tel autre crime, avec toutes les circonstances comprises dans le résumé de l'acte d'accusation ? »

(2) *Art.* 271, *C. inst. crim.* — Le procureur général poursuivra, soit par lui-même, soit par son substitut, toute personne mise en accusation suivant les formes prescrites au chapitre Ier du présent titre. Il ne pourra porter à la Cour aucune autre accusation, à peine de nullité, et, s'il y a lieu, de prise à partie.

Art. 241, *C. inst. crim.* — Dans tous les cas où le prévenu sera renvoyé à la Cour d'assises, le procureur général sera tenu de rédiger un acte d'accusation.

L'acte d'accusation exposera : 1° la nature du délit qui forme la base de l'accusation; 2° le fait et toutes les circonstances qui peuvent aggraver ou diminuer la peine : le prévenu y sera dénommé et clairement désigné.

L'acte d'accusation sera terminé par le résumé suivant :

En conséquence, N... est accusé d'avoir commis tel meurtre, tel vol, où tel autre crime, avec telle ou telle circonstance.

(3) V. not. C. 2 déc. 1825, Sirey, coll. nouv., 8.1.228.

(4) V. not. même arrêt, et C. (intérêt de la loi), 28 déc. 1827. *ibid.*, p. 734.

(5) V. analogue C. 22 mai 1874, S.75,1.46.

Or il faut que les questions posées au jury *purgent* l'accusation, à peine de nullité (1).

288. Cette nullité, l'accusé est sans intérêt et, en conséquence, non recevable à l'invoquer, si l'omission lui profite ou si la peine prononcée contre lui est justifiée par les réponses du jury aux questions posées (2). Mais le ministère public a le droit de s'en prévaloir ; il peut utilement introduire un pourvoi, si, par suite de l'omission commise, l'accusation, non totalement vidée, n'a pas été relevée avec toute sa gravité (3 et 4).

Le jury est juge du fait. La Cour est juge du droit.

289. Les questions posées au *jury* doivent être exclusivement des questions de *fait*. C'est à la *Cour* qu'il appartient de décider en *droit*. Ce principe, posé par la constitution du 3 septembre 1791, laquelle dit (Chap. V, art. 9) : « Le fait sera reconnu et déclaré par des jurés. L'application de la loi sera faite par des juges », est affirmé par notre législation, notamment par l'ensemble des dispositions du C. d'inst. crim, ainsi que par une jurisprudence constante.

290. De ce principe et de la règle que l'accusation doit être entièrement purgée, il résulte que le jury doit être appelé à délibérer et à se décider sur tous les points de fait qui constituent le crime ou qui servent à en caractériser les éléments et les circonstances, de telle sorte que la Cour puisse, d'après les réponses du jury, statuer juridiquement sur l'accusation, sans que rien en soit laissé de côté. La Cour ne peut, en effet, jamais suppléer à l'insuffisance de la déclaration de fait du jury, ni empiéter sur les attributions de celui-ci en tranchant des questions de fait. Mais, d'autre part, le jury ne doit jamais être appelé à résoudre et ne doit jamais résoudre des questions de droit.

291. Ainsi, toutes les fois que la *qualité de l'accusé* ou celle *de la victime* est constitutive soit du crime même, soit de circonstances aggravantes du crime, c'est exclusivement au jury de décider quelle est cette qualité *en fait* ; mais c'est exclusivement à la Cour de juger quelle est cette qualité *en droit*. Par exemple, en matière d'*attentat à la pudeur*, la circonstance que l'accusé avait autorité sur la victime est aggravante de la pénalité [art. 333, C. p.]. Le jury doit donc être interrogé à ce sujet. Il n'aura pas à dire si l'*autorité* existe ou non, mais seulement quelle est, en fait, cette qualité. A la Cour en-

(1) V. not. arrêt du 22 déc. 1825 précité, et C. 20 avril 1838, S.38.1.561.

(2) V. not. C. 8 sept. 1842, S.42.1.776.

(3) V. not. C. 20 avril 1838, S.38.1.561 (précité).

(4) *Art.* 411, *C. inst. crim.* — Lorsque la peine prononcée sera la même que celle qui s'applique au crime, nul ne pourra demander l'annulation de l'arrêt, sous le prétexte qu'il y aurait erreur dans la citation du texte de la loi.

suite de décider si de la réponse du jury ressort la circonstance d'autorité (1). De même, c'est au jury de dire si un accusé est *notaire*, *greffier*, *avoué*, *huissier*, mais c'est à la Cour d'apprécier s'il est *officier public ou ministériel* (2). C'est à la Cour encore de décider si, de la qualité de fait attribuée à l'accusé par les réponses du jury, il résulte que cet accusé est *fonctionnaire public* (3) ou *comptable public* (4).

En matière de *banqueroute frauduleuse*, c'est au jury de décider si l'accusé est *commerçant failli*. Cet élément constitutif du crime est un élément de fait (5).

292. En matière de *faux* les jurés ont à faire la constatation des faits au point de vue matériel et au point de vue moral, c'est-à-dire de la culpabilité de l'accusé. Mais il ne leur appartient pas de déterminer le caractère légal des faits, des éléments et des circonstances dont ils ont reconnu l'existence. Cette détermination, toute juridique, reste dans les attributions de la Cour (6).

293. C'est au jury d'établir, par les réponses aux questions qui lui sont posées, les faits constitutifs de la *complicité*; mais il n'a pas à apprécier si la complicité existe légalement. Cette décision appartient à la Cour (7).

294. Les questions d'*âge* sont de la compétence exclusive du jury, notamment en matière d'attentat à la pudeur (8). Il en est de même lorsqu'il y a doute sur le point de savoir si l'accusé est âgé de plus ou de moins de seize ans [V. *infrà*.].

295. L'*état des personnes*, lorsqu'il influe sur la criminalité, est soumis aussi à l'appréciation du jury, par exemple en matière de parricide (9).

296. Si l'accusé présent à l'audience conteste que l'accusation soit

---

(1) V. not. C. 2 août 1878, S.79.1.44.
(2) V. not. C. 20 fév. 1879, S.81.1.286.
(3) V. not. C. 25 avril 1879, S.81.1.286.
(4) V. not. C. 21 mars 1879, S.81.1.287.
(5) V. not. C. 19 sept. 1828, Sirey, coll. nouv., 9.1.172.
(6) V. not. C. 28 déc. 1820, Sirey, coll. nouv., 6.1.354; — 3 janv. 1828, Sirey, coll. nouv., 9.1.5.
(7) V. not. C. 24 janv. 1818, Sirey, coll. nouv., 5.1.406; — 10 août 1820, Sirey, coll. nouv., 6.1.299; — 3 déc. 1835, S.36.1.325; — 30 août 1839, S.39.1.874.
(8) V. not. C. 1er oct. 1834, S.34.1.767.
(9) V. not. C. 11 juin 1811, Sirey, coll. nouv., 4.1.119; — 11 mars 1866, S.67.1.143; — 6 janv. 1870, S.71.1.174; — 18 janv. 1879, S.79.1.189; — 6 mars 1879. S.79.1.334.

applicable à sa personne, c'est au jury de trancher cette question d'*identité* (1). [V. *suprà*, p. 75].

297. Mais l'état de *récidive*, lequel résulte de faits définitivement fixés, échappe à l'examen du jury. C'est à la Cour de le constater et d'en appliquer les conséquences juridiques (2).

Les questions portent sur le fait principal et sur ses circonstances.

298. L'art. 337, C. inst. crim. (V. *suprà*), indique et les exemples qui précèdent démontrent que les questions doivent porter sur le fait principal et sur ses circonstances, c'est-à-dire sur les faits accessoires qui constituent le crime ou qui l'aggravent.

Circonstances constitutives.

299. Les *circonstances constitutives* sont intimement liées au fait principal, auquel elles donnent le caractère de criminalité. Il faut, pour que les questions soient bien posées, que ces circonstances y soient comprises en faisant corps avec le fait principal.

300. Par exemple, l'*attentat à la pudeur* n'est un crime que s'il a été commis sur un enfant âgé de *moins de treize ans* ou que si, commis sur une personne plus âgée, il l'a été *avec violence.* Il faut donc que, dans le premier cas, la minorité de treize ans de la victime, dans le second, la violence, soient constatées dans la question principale.

Les *coups et blessures* ou l'*homicide* ne sont punissables que s'ils ont eu lieu *volontairement;* le *faux témoignage*, que si à sa *fausseté* il s'ajoute qu'il a été fait *contre l'accusé* ou *en sa faveur;* la *détention* ou *séquestration*, que si elle est *illégale; l'usage de faux*, que s'il a eu lieu *sciemment.* Il n'y a *bigamie* que si l'accusé est dans les liens d'un *premier mariage; vol*, qu'au cas de *soustraction frauduleuse au préjudice d'autrui; infanticide*, que si la victime est un enfant *nouveau-né.*

Les questions portant sur ces faits doivent mentionner la *volonté* (3), la *fausseté* du témoignage et son caractère *favorable* ou *nuisible* à *l'accusé* (4), l'*absence d'ordre des autorités constituées* (5), la *connaissance du faux* (6), la propriété d'*autrui* et le caractère *frauduleux de la soustraction* (7), l'*existence d'un premier mariage* (8), le fait que l'enfant était *nouveau-né* (9).

---

(1) V. not. C. 29 nov. 1833, S.34.1.128.
(2) V. not. C. 3 janv. 1828, Sirey, coll. nouv., 9.1.6; — 21 déc. 1871, S.72.1.447.
(3) V. not. C. 22 août 1828, Sirey, coll. nouv., 9.1.162; — 19 sept. 1828, Sirey, coll. nouv., 9.1.172.
(4) V. not. C. 10 août 1827, Sirey, coll. nouv., 8.1.665.
(5) V. not. C. 19 juin 1828, Sirey, coll. nouv., 9.1.113.
(6) V. not. C. 5 oct. 1815, Sirey, coll. nouv., 5.1.102.
(7) V. not. C. 5 juill. 1826, Sirey, coll. nouv., 8.1.398.
(8) V. not. C. 12 pluviôse an XIII, Sirey, coll. nouv., 2.1.64.
(9) V. not. C. 31 déc. 1835, S.36.1.25.

301. Bien que, pour ces mentions des circonstances constitutives, il n'y ait pas de forme sacramentelle (1), le mieux est de se conformer le plus exactement possible aux termes mêmes de la loi. La régularité est alors plus assurée, les risques d'erreur sont diminués. En certaines matières, d'ailleurs, celles de la *tentative* et de la *complicité* notamment, on trouverait difficilement des équivalents satisfaisants et complets pour indiquer autrement que ne le fait la loi les caractères légaux des faits punissables.

Circonstances aggravantes.

302. Les *circonstances aggravantes* doivent faire l'objet de questions au jury, distinctement de celles relatives au fait principal et à ses éléments constitutifs.

303. Il arrive parfois que le fait soumis à l'appréciation du jury n'est de la compétence de la Cour d'assises que parce qu'il est accompagné d'une ou de plusieurs circonstances aggravantes : par exemple les *coups*, s'ils ont causé une infirmité permanente ou occasionné la mort, ou si, sans gravité exceptionnelle, ils ont été portés à un ascendant ; — le vol, s'il est qualifié par divers faits accessoires. — Ces circonstances, bien qu'elles soient en réalité constitutives de la compétence criminelle, ne doivent pas être considérées comme constitutives du crime même. Il ne faut pas les confondre avec le fait principal. Celui-ci doit rester avec la qualification qui lui est propre, et les circonstances s'y ajouter d'une façon distincte.

304. Il faut considérer avec soin, pour poser les questions relatives aux circonstances aggravantes, les éléments constitutifs de ces circonstances. Ceux de ces éléments qui sont de pur fait, doivent être soumis au jury, en leur entier et en leur totalité, afin que la Cour puisse statuer utilement sur les conséquences juridiques qui en résultent.

305. Toutes les circonstances aggravantes relevées par l'acte d'accusation et l'arrêt de renvoi doivent être comprises dans les questions. — Ce ne sont pas les seules.

Questions résultant des débats.

306. L'art. 338 C. inst. crim., prévoit que d'autres circonstances, non mentionnées dans cet arrêt ni dans cet acte, peuvent résulter des débats, et il impose au président le devoir d'en faire l'objet de questions (2).

307. Les termes de l'art. 338 sont simplement démonstratifs ; sa ré-

---

(1) V. not. C. 19 juin 1828, Sirey, coll. nouv., 9.1.113 ; — 13 juill. 1861, S.62,1.435

(2) *Art.* 338, *C. inst. crim.* — S'il résulte des débats une ou plusieurs circonstances aggravantes non mentionnées dans l'acte d'accusation, le président ajoutera la question suivante :

L'accusé a-t-il commis le crime avec telle ou telle circonstance ?

daction n'empêche pas qu'il ne puisse être posé de questions sur des faits autres que des circonstances aggravantes, lorsque ces faits sont essentiellement liés au fait principal (1). Mais il faut que ces faits circonstanciels se rattachent au fait principal de l'accusation, et n'aient d'autre effet que de l'*aggraver*, de l'*atténuer* ou de le *modifier* (2). « Le jury, en effet, doit juger l'accusation telle que les débats la font, et non pas seulement telle que la procédure écrite l'a établie (3) ». — « Sur une accusation de crime, par exemple, il est nécessaire de poser subsidiairement la question sur la *tentative*, lorsque les débats ont appris que l'accusé est coupable, sinon d'avoir consommé le crime, du moins d'avoir fait tout ce qui dépendait de lui pour le consommer; en ce cas, demander seulement si l'accusé a commis le crime, c'est interroger le jury sur un fait que les débats ont modifié, sans l'appeler à apprécier cette modification, et c'est le mettre dans l'impuissance d'exprimer sa pensée tout entière; c'est provoquer une réponse désormais insignifiante; c'est laisser l'accusation telle qu'elle est exprimée par les débats sans solution réelle ; c'est dénier justice (4) ». Les mêmes raisons peuvent s'appliquer à la modification d'une accusation d'action principale en une accusation de *complicité* (5).

308. Il y a donc lieu de poser des questions résultant des débats, lorsque de ces débats résultent de nouvelles circonstances *aggravant le fait* (art. 338, C. inst. crim.), ou l'*atténuant*, ou le *modifiant*, soit dans son essence, soit dans quelques-uns de ses éléments (6).

309. Mais il faut qu'il ne s'agisse pas d'un fait nouveau, absolument étranger à celui qui fait l'objet de l'accusation. En ce cas, il n'y a pas lieu à une nouvelle question; il faut procéder comme il est indiqué aux art. 361 et 379 C. inst. crim. (7), le second fait fût-il connexe avec le premier. Faits nouveaux.

---

(1) V. not. C. 23 sept. 1830, Sirey, coll. nouv., 9.1.585.
(2) V. not. C. 30 juin 1826, Sirey, coll. nouv., 8.1.377.
(3) V. not. C. 6 juill. 1826, Sirey, coll. nouv , 8.1.383.
(4) V. not. C. 14 mai 1813 (Intérêt de la loi), Sirey, coll. nouv., 4.1.352; 7 mai 1875, S.76.1.47.
(5) V. not. C. 12 juill. 1832, S.33.1.125.
(6) V. not. arrêts des 14 mai 1813, 20 juin 1826, 6 juill. 1826, précités.
(7) *Art. 361, C. inst. crim.* — Lorsque, dans le cours des débats, l'accusé aura été nculpé sur un autre fait, soit par des pièces, soit par des dépositions de témoins, le président, après avoir prononcé qu'il est acquitté de l'accusation, ordonnera qu'il soit poursuivi à raison du nouveau fait : en conséquence, il le renverra en état de mandat de comparution ou d'amener, suivant les distinctions établies par l'art. 91, et même en état de mandat d'arrêt, s'il y échet, devant le juge d'instruction de l'arrondissement où siège la Cour, pour être procédé à une nouvelle instruction. — Cette disposition ne sera toutefois exécutée que dans

310. Voici un exemple de la distinction à faire à ce sujet : au cours de débats relatifs à une accusation de meurtre, il est relevé un vol à la charge de l'accusé. C'est là, en principe, un fait nouveau, devant faire éventuellement l'objet d'une instruction distincte. Mais ce vol a été accompli en même temps que le meurtre. Ce n'est plus dès lors un fait étranger ou même simplement connexe à celui qui fait l'objet de l'accusation ; c'est un fait constituant une circonstance aggravante de celui-ci (art. 304, C. p.); il doit faire l'objet d'une question résultant des débats (1).

Excuses.

311. Quand un fait précis, de nature à atténuer l'accusation, se révèle, le devoir du président est d'en faire l'objet d'une question. L'article 339, C. instr. crim. (2), lui impose ce devoir, lorsque l'accusé propose pour *excuse* un fait admis comme tel par la loi.

Il y a une distinction à faire quant à l'étendue de cette obligation.

312. Elle est absolue lorsqu'il s'agit de faits d'excuse qui, laissant subsister le crime ou le délit, n'ont pour effet que d'en *mitiger* la peine. Si l'accusé invoque l'un de ces faits, il doit faire l'objet d'une question, à peine de nullité (3).

313. Mais s'il s'agit de faits *justificatifs*, *exclusifs de toute criminalité*, on peut considérer que leur appréciation se confond avec celle de la culpabilité même, et qu'en conséquence, il n'est pas nécessaire d'en faire l'objet

---

le cas où, avant la clôture des débats, le ministère public aura fait des réserves à fin de poursuites.

Art. 379, *C. inst. crim.* — Lorsque pendant les débats qui auront précédé l'arrêt de condamnation, l'accusé aura été inculpé, soit par des pièces, soit par des dépositions de témoins, sur d'autres crimes que ceux dont il était accusé, si ces crimes nouvellement manifestés méritent une peine plus grave que les premiers, ou si l'accusé a des complices en état d'arrestation, la Cour ordonnera qu'il soit poursuivi à raison de ces nouveaux faits, suivant les formes prescrites par le présent code. — Dans ces deux cas, le procureur général surseoira à l'exécution de l'arrêt qui a prononcé la première condamnation, jusqu'à ce qu'il ait été statué sur le second procès.

V. not. C. 14 nov. 1822, Sirey, coll. nouv., 7.1.157.

(1) Même arrêt.

(2) *Art.* 339, *C. inst. crim.* — Lorsque l'accusé aura proposé pour excuse un fait admis comme tel par la loi, le président devra, à peine de nullité, poser la question ainsi qu'il suit :

« Tel fait est-il constant? »

Art. 65, *C. p.* — Nul crime ou délit ne peut être excusé, ni la peine mitigée, que dans les cas et dans les circonstances où la loi déclare le fait excusable, ou permet de lui appliquer une peine moins rigoureuse.

(3) V. not. C. 16 sept. 1875, S.75.1.440. (Motifs de l'arrêt).

de questions spéciales et séparées (1). Le président peut toutefois poser ces questions (2); il donne ainsi, sans vicier la procédure, toute satisfaction à la défense. Mais cette mesure est pour lui facultative.

314. Aucun fait justificatif ni aucun fait d'excuse ne peuvent faire l'objet de questions s'ils ne sont pas admis par la loi.

Faits justificatifs.

315. Les faits *justificatifs*, c'est-à-dire exclusifs de la criminalité, sont les suivants :

La *démence* (*art.* 64, *C. p.*) ;

La *contrainte irrésistible* (même article) ;

La *légitime défense* de soi-même ou d'autrui (*art.* 328 *et* 329, *C. p.*);

L'*obéissance à la loi ou à l'autorité légitime* (*art.* 327, *C. p.*).

Dans ces divers cas, l'intention criminelle de l'auteur n'existe pas.

> [L'article 135, § 1er, du Code pénal porte que la participation à l'émission ou à l'introduction en France de *fausse monnaie* n'est pas punissable de la part de ceux qui ont reçu pour bonnes les pièces de monnaie fausses [à la condition que les vices n'en aient pas été vérifiés, § 2 du même article]. On a vu dans cette disposition de la loi l'admission d'un fait justificatif, et l'on s'est demandé s'il devait être l'objet d'une question spéciale, ou s'il se trouvait confondu dans la question même de la culpabilité (3). La jurisprudence a, dans ces derniers temps, coupé court à cette controverse, en décidant que le § 1er de l'article 135, C. p., doit être combiné avec ceux qui le précèdent et avec l'art. 163, c'est-à-dire que « la connaissance que doit avoir l'accusé de la fausseté des monnaies qu'il a émises est un élément essentiel et constitutif du crime » (4).]

Circonstances assimilées aux faits justificatifs.

316. Sont *assimilés aux faits justificatifs :*

La justification par l'auteur d'un *acte arbitraire* qu'il n'a agi que par l'*ordre de ses supérieurs*, auxquels, pour ces actes, il devait obéissance (*art.* 114 *et* 190, *C. p.*) ;

La justification par *un ministre* que la *signature*, par lui apposée à un

---

(1) V. not. C. 8 janv. 1819 (Légitime défense), Sirey, coll. nouv., 6.1.3 ; — 9 sept. 1825 (Démence), Sirey, coll. nouv., 8.1.94 ; — 4 oct. 1827 (Légitime défense), Sirey, coll. nouv., 8.1.687 ; — 9 sept. 1875, S.75.1.440.

(2) V. not. C. 16 février 1816, Sirey, coll. nouv., 5.1.155. ; — 10 janv. 1834 (Contrainte irrésistible), S.34.1.666.

(3) V. not. C. 5 juill. 1867, S.68.1.141.

(4) V. not. C. 18 fév. 1875, S.75.1.437 ; — 18 nov. 1875, S.76.1.329 ; — 16 déc. 1880, S.81.1.330.

ordre ou à une autorisation arbitraires, lui a été *surprise* (*art.* 116, *C. p.*) ;

Le fait que les *criminels recélés* étaient *parents* ou *alliés* de ceux qui les ont recélés (*art.* 248, § 2, *C. p.*) ;

Le fait que l'individu qui a *porté à l'hospice* un enfant âgé de moins de sept ans n'était *pas obligé de pourvoir gratuitement* à la nourriture et à l'entretien de cet enfant, et que *personne n'y avait pourvu* (*art.* 348, § 2, *C. p.*);

Les liens *de parenté ou d'alliance* entre le *voleur* et *la personne volée* (art. 380, C. p.).

Faits postérieurs motivant des excuses.

317. Les faits *postérieurs* au délit ou au crime, qui en assurent l'impunité légale, sont :

La *retraite*, spontanée ou dès le premier avertissement de l'autorité, hors d'une *bande* de rebelles ou d'un *attroupement* séditieux, alors qu'on n'y a exercé ni commandement, ni emploi, ni fonctions (art. 100 et 213, C. p.); — Dans ce cas, le renvoi sous la surveillance de la haute police peut être ordonné.

La *révélation* de complot (*art.* 108, *C. p.*); — En ce cas aussi la surveillance de la haute police peut être prononcée.

La *révélation* de fabrication, d'émission ou d'introduction de *fausse monnaie* (*art.* 138, *C. p.*) ; — Là encore le révélateur peut-être mis sous la surveillance de la haute police.

La *représentation du détenu évadé* (*art.* 247, *C. p.*);

Le *mariage* du *ravisseur* avec la fille qu'il a *enlevée* (*art.* 357, *C. p.*).

Excuses légales proprement dites.

318. Les faits d'excuse légale expressément spécifiés par la loi sont :

La *provocation* (*art.* 321, *C. p.*) ;

La *défense, pendant le jour*, contre une escalade ou une effraction (*art.* 322, *C. p.*) ;

La mise en péril de la vie d'un époux par son conjoint (*art.* 324, § 1er) ;

L'adultère flagrant de la femme (*art.* 324, § 2, *C. p.*);

L'outrage violent à la pudeur ayant motivé la *castration* (*art.* 325, *C. p.*).

Faits assimilés aux excuses.

319. D'autres faits, auxquels la loi n'attribue pas expressément le caractère d'excuse, ont aussi pour conséquence l'atténuation de la peine. Ce sont :

La circonstance que les *pièces fausses*, dont on avait vérifié les vices avant de les remettre en circulation, avaient été *reçues pour bonnes* (art. 135, C. p., § 2) ;

La *mise en liberté* de la personne *séquestrée avant le dixième jour* qui a suivi l'arrestation, la détention ou la séquestration (*art.* 343, *C. p.*) ;

La circonstance que l'*enfant supprimé* n'a *pas vécu* (art. 345, C. P.);

Le fait que ceux qui ont participé à des *pillages* y ont été entraînés par des *provocations* ou *sollicitations* (art. 441, C. p.).

320. Tous les faits amnistiant les crimes ou délits, les rendant excusables ou permettant une application moins rigoureuse de la loi pénale, doivent, conformément à l'art. 339 C. inst. crim., faire l'objet de questions distinctes et spéciales; et cela à peine de nullité, si l'accusé propose ces faits pour excuse (art. 339).

321. La loi admet une autre cause d'affranchissement de la peine applicable à l'acte commis : le *défaut de discernement* pouvant résulter de l'âge de l'accusé [art. 66, C. p.). C'est à partir de l'âge de seize ans accomplis que le discernement (sauf le cas de démence) ne peut plus être mis en doute. Aussi la loi prescrit-elle que, lorsque l'accusé a moins de seize ans, le jury soit appelé à dire et dise s'il a agi avec discernement. Le président doit poser cette question à peine de nullité [art. 340, C. inst. crim.] (1)-(2). Minorité de seize ans.

322. En l'absence d'un acte de naissance et d'autres documents, établissant avec certitude l'âge de l'accusé lors des faits qui lui sont reprochés, s'il ressort des éléments de l'instruction qu'il y ait doute et incertitude sur le point de savoir si alors il avait ou non seize ans accomplis, le président a le devoir, à peine de nullité, de soumettre au jury deux questions spéciales : une première sur l'âge de l'accusé, pour déterminer s'il avait ou non seize ans, et, subsidiairement, celle de discernement indiquée par l'art. 340, C. inst. crim. (3). Il y a eu à ce sujet quelques hésitations dans la jurisprudence. Un arrêt notamment (4) a décidé que c'est à la Cour d'assises de décider préalablement si l'accusé est mineur de seize ans, ou l'était lors du crime. Mais la doctrine de cet arrêt n'a pas été suivie. C'est au jury, en cas de doute, de décider la question d'âge.

Cette question doit, bien entendu, porter non sur l'âge *actuel* de l'accusé, qui lors des débats peut avoir plus de seize ans, mais sur l'âge qu'il avait au moment des actes relevés par l'accusation.

323. Lorsqu'il y a contre l'accusé mineur de seize ans plusieurs chefs

---

(1) *Art.* 340, *C. inst. crim.* — Si l'accusé a moins de seize ans, le président posera, à peine de nullité, cette question :

« L'accusé a-t-il agi avec discernement ? »

(2) V. not. C. 7 avril 1865, S.65.1.367.

(3) V. not. C. 20 avril 1827, Sirey, coll. nouv., 8.1.574; — 4 mai 1839, S.39.1.947; — 26 sept. 1846, S.47.1.756; — 26 sept. 1850, S.50.1.691.

(4) C. 16 sept. 1836, S.37.1.175.

d'accusation, il faut que la question de discernement soit posée pour chacun d'eux (1).

Délits connexes.

324. Quand des délits, connexes aux crimes qui font l'objet de l'accusation, sont relevés par l'acte d'accusation et l'arrêt de renvoi, il y a nécessité de statuer sur ces délits. Les faits qui les constituent doivent, comme ceux qui constituent les crimes, être soumis aux jurés et déclarés par eux (2). Ces délits et leurs circonstances font nécessairement l'objet de questions.

325. Il ne s'agit ici que des délits connexes compris dans l'acte d'accusation et l'arrêt de renvoi. Ceux qui résulteraient des débats ne doivent pas être soumis au jury, à moins qu'ils ne soient pas simplement connexes aux faits de l'accusation, mais qu'ils s'y relient de façon à en devenir des modifications (3).

Moralité des faits. Question de culpabilité.

326. Pour que la réponse affirmative du jury puisse servir de base à une condamnation, il faut nécessairement qu'il soit appelé à apprécier la moralité des faits, c'est-à-dire l'intention criminelle, ou, en d'autres termes, la *culpabilité* de l'accusé.

327. Mais cette *culpabilité,* sous notre code, ne doit pas faire l'objet d'une question spéciale. Elle doit être, comme l'indique l'art. 337, C. inst. crim., mentionnée dans la question principale.

328. Il résulte de la nature des choses et des indications des art. 338, 339 et 340, C. inst. crim. que la culpabilité, ou l'élément moral qui la crée, n'a pas à être relevé et ne doit pas l'être, lorsqu'il s'agit des circonstances qui aggravent ou atténuent le crime.

C'est au fait principal, ou à chacun des faits principaux, qu'elle s'applique ; c'est dans les questions qui y sont relatives qu'elle doit être comprise.

L'article 337 donne la formule de cette question de moralité et d'intention : « L'accusé est-il coupable de...? » Elle n'est pas sacramentelle et les équivalents qu'on pourrait employer pour traduire cette idée de culpabilité ne sont pas proscrits ; mais on trouverait difficilement une formule qui rendît plus simplement et plus clairement la pensée de la loi et qui répondît davantage à son vœu (4).

329. C'est le président qui pose et qui rédige les questions ; les art. 336,

---

(1) V. not. C. 9 févr. 1854, S.54.1.282.

(2) V. not. C. 18 avril 1812, Sirey, coll. nouv., 4.1.81 ; — 30 mai 1812, Sirey, coll. nouv., 4.1.110 ; — 11 juin 1812, Sirey, coll. nouv., 4.1.129.

(3) V. *suprà* C. 14 nov. 1822, Sirey, coll. nouv., 7.1.157.

(4) V. not. C. 29 mai 1879, S.80.1.439.

338, 339 et 340, C. inst. crim., le chargent spécialement de ce soin. Cette mission ne rentrant expressément ni dans le pouvoir de direction des débats, ni dans celui de police, ni dans le pouvoir discrétionnaire, le président peut appeler la Cour à concourir à la position et à la rédaction des questions ; la loi ne le lui interdit pas. L'intervention de la Cour devient même nécessaire quand il s'élève à ce sujet un incident contentieux ; c'est-à-dire lorsque le ministère public, par voie de réquisition, l'accusé, par voie de conclusions écrites, demandent qu'une question soit ou ne soit pas posée.

330. Les questions normales sont celles du résumé de l'*acte d'accusation*. Le président n'est *pas tenu de les copier littéralement*. Il peut les présenter dans un *ordre différent*, les *diviser*, *modifier leur rédaction*; à la condition qu'entre les faits qu'il soumet au jury et ceux résultant de l'arrêt de renvoi il n'existe aucune différence substantielle pouvant dénaturer l'accusation (1).

331. La faculté de diviser les questions va jusqu'à les *décomposer*. Par exemple, en matière de suppression d'enfant (art. 345, C. p.), alors que l'arrêt de renvoi et l'acte d'accusation indiquent comme objet de l'accusation « la suppression d'un enfant nouveau-né, lequel avait vécu », le président peut poser deux questions distinctes, l'une sur la suppression de l'enfant, l'autre sur le point de savoir si l'enfant avait ou non vécu (2). Cette décomposition des questions peut même être obligatoire (3).

332. Quant aux questions résultant des débats ou portant sur des faits d'excuse, la rédaction en est faite nécessairement par le président, qui les pose dans les termes qu'il veut, en ayant soin de se conformer aux indications légales.

Les questions ne doivent pas être complexes.

333. Les questions doivent être claires et précises. Pour que le jury puisse y répondre sans embarras et d'une manière utile, par l'affirmative ou la négative, il faut de plus qu'elles ne contiennent chacune qu'un *seul fait caractérisé*, que ce fait soit simple, ou que divers éléments le constituent d'une façon intime, ou bien qu'il soit composé d'une réunion d'actes ou de circonstances concomitants, identiques ou indivisibles. En d'autres termes, il faut que les questions ne soient pas *complexes* (art 344, 345, C. inst. crim.; — 1er, L. du 13 mai 1836. — V. *infrà*).

---

(1) V. not. C. 3 déc. 1836 (sur le onzième moyen), S.38.1.82; — 6 juin 1870, S.71.1.174; — 20 mai 1875, S.76.1.47; — 6 janv. 1876, S.76.1.48. — Nouguier, n. 2875 et suiv. — Faustin Helie, *Inst. crim.*, n. 3662-3666 (tome VIII).

(2) V. not. C. 13 janv. 1881, S.83.1.137.

(3) V. not. C. 14 mars 1873, S.73.1.229

334. Lorsqu'il y a *plusieurs accusés*, il faut des questions distinctes pour chacun d'eux (1).

335. Le *fait principal*, ou chaque fait principal, doit faire l'objet d'une question spéciale (art. 1er, L. 13 mai 1836); mais dans cette question peuvent et doivent même, régulièrement, être comprises les *circonstances constitutives* (2).

336. Chaque *circonstance aggravante*, pour *chaque fait* principal, donne lieu à une question séparée (3).

337. Lorsqu'il y a plusieurs accusés, et que les circonstances aggravante sont purement *matérielles*, qu'elles se rattachent au fait principal lui-même et ne peuvent *exister à l'égard de l'un des auteurs du crime sans exister en même temps à l'égard de tous les autres*, il suffit de poser pour chaque circonstance aggravante une question générale (4) ; par exemple : « ladite soustraction frauduleuse a-t-elle été commise la nuit? »

338. Mais s'il y a des circonstances aggravantes toutes *personnelles* à certains accusés où à chacun d'eux (celle de préméditation par exemple), il faut pour chaque accusé une question spéciale pour chacune de ces circonstances (5).

339. D'un autre côté, lorsque parmi les accusés s'en trouvent contre lesquels on ne relève que la *complicité*, il n'y a pas lieu, dans les questions relatives à ceux-ci, de mentionner les circonstances aggravantes, soit matérielles, soit personnelles (6). En effet, le complice est puni de la même peine que l'auteur principal (art. 59, C. p.), sauf dans les cas prévus par l'art. 63, C. p.; et, d'un autre côté, une *qualité personnelle au complice*, qui entraînerait pour lui, s'il était l'auteur du crime, une aggravation de pénalité, est *sans influence* à cet égard pour le cas de complicité (7).

---

(1) V. not. C. 28 mai 1875, S.75.1.487; — 24 fév. 1876, S.5.77.1.93; — 7 juin 1876, S.78.1.237.

(2) V. not. C. 14 déc. 1815, Sirey, coll. nouv., 5.1.125; — 21 sept. 1839, S.39.1.935; — 16 avril 1840, S.40.1.381 ; — 19 avril 1844, S.44.1.454; — 4 mars 1875, S.75.1.433 ; — 21 juin 1877, S.78.1.385.

(3) V. not. C. 6 et 24 nov. 1874, S.75.1.481 ; — 24 fév. 1876, S.77.1.93; — 27 janv. 1881, S.82.1.439.

(4) V. not. C. 7 janv. 1877, S.78.1.237.

(5) Même arrêt.

(6) V. not. C. 23 nov. 1854, S.54.1.824 ; — 6 nov. 1874, S.75.1.481 ; — 30 mai 1879, S.80.1.481.

(7) V. not. C. 23 et 29 mars 1827, Sirey, coll. nouv., 8.1.555 et 559 ; — 2 oct. 1856, S.57.1.79 ; — 5 oct. 1871, S.72.1.255.

340. Quand l'accusation de *complicité* porte sur *plusieurs faits*, il faut une question distincte pour la complicité relative à chacun de ces faits (1).

341. L'art. 60 et l'art. 62 du Code pénal indiquent diverses faits établissant la *complicité.* Si plusieurs de ces faits sont relevés contre un accusé, il y a nécessité de poser une question spéciale pour chacun de ces faits et de ses éléments constitutifs (2). Par exemple, le *recel*, avec la circonstance qu'il a eu lieu sciemment (3), doit faire l'objet d'une question distincte.

342. La *complicité* punissable n'est juridiquement constatée que si la déclaration du jury contient tout à la fois les éléments constitutifs du crime et ceux de la complicité. Dès lors, *en l'absence de questions sur l'auteur principal*, la question de complicité doit indiquer textuellement les éléments de ce crime, ou bien une question distincte doit être posée sur l'existence même du fait (4).

343. La question relative à un fait *d'excuse* ne doit pas être comprise dans d'autres.

344. Il en est de même de la question sur le *discernement* de l'accusé âgé de moins de seize ans.

345. Le *même fait* criminel d'un *seul agent* peut embrasser plusieurs actes commis dans des circonstances identiques, dans le même temps ou dans le même lieu, sur divers objets, ou bien, successivement, au préjudice de la même personne. Il est souvent difficile de séparer nettement ces divers actes les uns des autres. On peut les considérer justement alors comme ne constituant qu'un même fait et comme ne devant donner lieu qu'à une seule question principale.

Ainsi le *vol d'objets de diverses natures* commis dans le même trait de temps et dans les mêmes circonstances ne constitue en réalité qu'une seule soustraction frauduleuse (5). Mais il en serait autrement et il faudrait des questions distinctes si les objets soustraits l'avaient été dans des circonstances différentes, les uns, par exemple, dans des meubles ouverts, les autres, dans des meubles fermés qui ont été fracturés (6).

L'apposition de *plusieurs signatures fausses* sur un même acte, la *fabri-*

(1) V. not. arrêts précités des 6 et 24 nov. 1874, et C. 21 mars 1878, S.79.1.89.
(2) V. not. C. 29 fév. 1873, S.73.1.347 ; — 27 déc. 1873, S.74.1.239.
(3) V. not. C. 4 avril 1878, S.78.1.440 ; — 10 août 1878, S.78.1.385.
(4) V. not. C. 4 mars 1882, S.82.1.238.
(5) V. not. C. 8 août 1879, S.79.1.285.
(6) V. not. C. 27 mars 1845 (*Bull. crim.*).

cation d'un billet ou d'une *lettre de change*, d'une *acceptation* et d'un *endos*, la *contrefaçon de signatures*, peuvent être réunies dans une même question.

Il en est de même d'une *série de vols* ou de *détournements* commis au préjudice de la *même personne*, d'une *série de violences ou d'attentats à la pudeur* sur une même victime (1).

La question peut mentionner la pluralité d'actes, — mais en excluant la pluralité de faits, — et se formuler ainsi : « N... est-il coupable d'avoir, *à diverses reprises*, — soustrait frauduleusement *ou* détourné au préjudice de... ; — *ou bien* exercé des violences sur la personne de... ; *ou* commis *un* attentat à la pudeur sur la personne de...? »

346. La question sur la *tentative* doit comprendre les éléments essentiels déterminés par l'art. 2 du Code pénal, c'est-à-dire la manifestation par un commencement d'exécution et la suspension ou l'effet manqué par des circonstances indépendantes de la volonté de l'agent (2).

Questions alternatives.

347. Les questions *alternatives* sont essentiellement complexes. Toutes cependant ne sont pas prohibées.

Il en est ainsi lorsque la loi, dans son texte et sa définition, contient et indique elle-même, en les identifiant, les deux faits alternatifs. Par exemple, il peut être demandé dans la même question si un *attentat à la pudeur* a été « *consommé ou tenté* (3) », si la *banqueroute frauduleuse* résulte de « *détournement ou dissimulation* (4) » ou bien « *d'écritures simulées ou d'engagements fictifs* ».

348. La jurisprudence admet la validité de *questions alternatives* lorsque les faits alternatifs qu'elles renferment entraînent les mêmes conséquences pénales. Ainsi, par exemple, la même question peut porter sur les faits d'avoir *fabriqué* ou d'avoir *fait fabriquer* un faux, sur ceux d'avoir *contrefait* ou *fait contrefaire*, *apposé* ou fait *apposer* une écriture, une mention, une signature, *contrefait* ou *altéré* des pièces de monnaie (5).

Formules des questions.

349. Toute question *principale* doit contenir :

La désignation de l'accusé, par ses nom et prénoms;

---

(1) V. Nouguier, n. 2908.
(2) V. not. C. 1er sept. 1853, S.54.1.76.
(3) V. not. C. 5 mai 1870, S.71.1.262; — 6 et 26 nov. 1874, S.75.1.481; — 5 mai 1875, S.76.1.47.
(4) V. not. C. 14 nov. 1873, S.74.1.92.
(5) V. Nouguier, n. 2946 et 2947.

La mention relative à la culpabilité;
La date du crime, aussi précise que possible;

[Une erreur ou un défaut de précision de date dans la question n'est pas une cause de nullité, s'il n'en résulte aucun doute sur l'existence du fait déclaré constant par le jury ni sur l'applicabilité de la loi pénale à ce fait (1). Les formes : « *depuis moins de dix ans*, *depuis moins de trois ans* » ne sont pas satisfaisantes et l'on ne doit les employer que si une indication plus précise est absolument impossible. Il est à remarquer que la période de trois ans n'est pas assez compréhensive pour un crime; que, d'un autre côté, la période de plus de dix ans est trop étendue, si le crime se trouve réduit à un délit par les réponses du jury, et que, en ce cas, l'incertitude, sur le point de savoir si le fait n'est pas prescrit, s'oppose à ce que aucune peine soit prononcée.]

Le lieu du crime;
La désignation de la victime;

[Si la victime n'est pas connue, cette désignation n'en doit pas être moins faite, au moyen du vocable « *inconnu* ».]

L'énoncé du fait suivant sa définition légale et avec ses circonstances constitutives.

350. Toute question relative à une *circonstance aggravante* doit mentionner le fait qui crée celle-ci.

351. Toute question *d'excuse* doit également mentionner le fait duquel cette excuse résulterait.

352. L'on doit faire la rédaction par écrit de la formule intégrale de chacune des questions posées au jury. Mais nulle disposition légale n'interdit au rédacteur d'une série de questions, presque identiques dans leur forme, de se référer, afin d'éviter des répétitions inutiles, aux énonciations contenues dans des questions précédentes, pourvu que le jury puisse s'y référer lui-même avec clarté et avec précision (2).

353. Les formules des questions quant à leur terminologie n'ont rien de sacramentel; elles varient suivant les temps, les lieux et les personnes. — Il existe un assez grand nombre de formulaires, parmi lesquels celui qui est contenu dans l'ouvrage de Nouguier (t. IV, 1re partie, pages 445 à 508) paraît

(1) V. not. C. 28 janv. 1825, Sirey, coll. nouv., 8.1.30; — 10 juin 1880, S.81.1.230.
(2) V. not. C. 10 sept. 1869, S.70.1.47.

être l'un des plus utiles à consulter. En dehors des règles relatives au fond même des questions, suivant leurs objets et leurs natures, il n'y en a pas de précises pour leur rédaction. On peut seulement prendre pour règle générale de s'écarter le moins possible des termes légaux et d'adapter aussi exactement qu'on le peut faire la rédaction des questions au texte même de la loi.

Forme matérielle des questions.

354. D'après un usage à peu près général, les questions sont écrites sur une *feuille spéciale* et de façon à laisser en regard de chacune d'elles un espace blanc dans lequel le jury pourra inscrire sa réponse. Elles doivent être *signées* par le président. La loi n'exige pas qu'il en soit ainsi ; mais, d'une part, cette signature donne aux questions un caractère invariable et authentique ; d'autre part, s'il y a dans le texte de ces questions des ratures et des interlignes, des surcharges ou des renvois, il faut, pour les régulariser, l'approbation du rédacteur (art. 78, C. inst. crim.), c'est-à-dire du président. — L'on s'expliquerait peu l'apposition du parafe ou de la signature de ce magistrat à ces accessoires, alors que cette signature ferait défaut au bas du corps des questions. — Il est régulier de les *dater*, bien qu'il n'y ait pas là une règle substantielle de la procédure criminelle. La date doit être celle de la remise aux jurés.

355. Dans le cas où des *erreurs* auraient été commises dans la position ou la rédaction des questions, ces erreurs, comme toutes les autres, seraient *réparables jusqu'à la déclaration régulière du jury*. C'est le président, à moins d'incident contentieux, qui aurait à faire les rectifications nécessaires.

Présence de l'accusé à la position des questions. — Connaissance qui lui en doit être donnée.

356. Les questions, tant celles qui résultent de l'acte d'accusation que celles qui résultent des débats, ne peuvent être, à peine de nullité, *posées*, *modifiées* ou *rectifiées* qu'en la *présence de l'accusé*, à laquelle, en cette matière, ne saurait suppléer celle de son défenseur (1).

L'accusé doit, aussi à peine de nullité, être averti des questions que le président doit soumettre au jury comme résultant des débats (2). Cet avertissement doit être consigné au procès-verbal.

357. Il doit, sous la même sanction, être donné connaissance à l'accusé de toutes les questions. S'il n'entend pas la langue française, toutes les questions doivent lui être traduites (3).

---

(1) V. not. C. 29 déc. 1870, S.78.1.283.

(2) V. not. C. 18 mai 1865, S. 65.1.468 ; — 3 juill. 1869, S.70.1.141.

(3) V. arrêt de cass. du 2 mai 1878, S.78.1.437.

[La jurisprudence antérieure à cet arrêt n'appliquait l'obligation de traduire les questions qu'à celles qui ne résultaient pas de l'acte d'accusation.]

XII

AUDIENCE (*Suite*). — AVERTISSEMENTS AUX JURÉS. REMISE DES QUESTIONS ET DES PIÈCES.

Avertissements que le président doit adresser aux jurés.

358. Après avoir posé et lu les questions, le président est tenu d'accomplir certaines formalités, qui sont indiquées par l'article 341, C. instr. crim. (1).

Scrutin secret. — Majorité. Circonstances atténuantes.

359. Le président doit adresser aux jurés des avertissements sur le mode de votation, lequel doit avoir lieu au scrutin secret, sur la nécessité que la décision contre l'accusé se forme à la majorité, sans que le nombre de voix puisse être exprimé (art. 347, C. instr. crim.), et enfin sur l'obligation, en cas de déclaration de culpabilité, de délibérer sur les circonstances atténuantes, lesquelles ne peuvent être admises qu'à la majorité.

360. L'avertissement relatif au mode de votation (2) et celui relatif à la délibération sur les circonstances atténuantes, spécialement indiqués dans l'article 341, C. instr. crim., sont prescrits à peine de nullité (3).

361. Il n'en est pas de même de l'avertissement relatif à la majorité nécessaire aux décisions prises contre l'accusé. Celui-ci, autrefois de règle impérative, n'est plus mentionné dans le texte de l'article 341, modifié par la loi du 9 juin 1853. Aussi n'y a-t-il pas nullité si cet avertissement n'a pas eu lieu. Cette sanction ne s'applique qu'au verdict du jury, quand, affirmatif, il ne constate pas qu'il a été rendu à la majorité (4). Mais il n'en doit pas moins être donné, pour que tout soit régulier ; il est d'ailleurs implicitement prescrit par l'obligation générale de « rappeler aux jurés les fonc-

---

(1) *Art. 341, C. inst. crim.* — En toute matière criminelle, même en cas de récidive, le président, après avoir posé les questions résultant de l'acte d'accusation et des débats, avertit le jury, à peine de nullité, que s'il pense, à la majorité, qu'il existe, en faveur d'un ou de plusieurs accusés reconnus coupables, des circonstances atténuantes, il doit en faire la déclaration en ces termes : « A la majorité, il y a des circonstances atténuantes en faveur de l'accusé. » Ensuite le président remet les questions écrites aux jurés, dans la personne du chef du jury ; il y joint l'acte d'accusation, les procès-verbaux qui constatent les délits et les pièces du procès autres que les déclarations écrites des témoins.

Le président avertit le jury que tout vote doit avoir lieu au scrutin secret.

Il fait retirer l'accusé de l'auditoire.

(2) V. not. C. 7 et 15 déc. 1854 (*Bull. crim.*) ; — 20 sept. 1855 (*Bull. crim.*) ; — 16 janv. 1858 (*Bull. crim.*) ; — 20 mai 1863 (*Bull. crim.*).

(3) V. not. C. 3 juill. 1834, S.34.1.740.

(4) V. not. C. 23 déc. 1865 (*Bull. crim.*).

tions qu'ils auront à remplir, » imposée au président par l'article 336, C. instr. crim. (V. *suprà*, p. 87).

Remise des questions et des pièces.

362. Il y a nécessité absolue de remettre les questions écrites aux jurés. Sans cette remise, ceux-ci ne pourraient pas délibérer utilement.

363. La remise de l'acte d'accusation, sur lequel doit porter la délibération du jury, est également nécessaire. Cependant il n'y a pas nullité si la remise de cet acte, et, à plus forte raison, d'autres pièces, n'a pas lieu, le débat devant la Cour d'assises étant essentiellement oral et la conviction du jury devant se former d'après ses résultats, non d'après les pièces de la procédure écrite. Il ne naîtrait de nullité possible que si l'accusé posait des conclusions afin que cette remise fût opérée (1). D'un autre côté, il n'y a pas davantage nullité si l'on remet aux jurés des pièces contenant des dépositions écrites de témoins (2).

Retraite de l'accusé de l'auditoire.

364. Le président fait ensuite retirer l'accusé de l'auditoire. Il en donne l'ordre et veille à l'exécution de cet ordre. Mais l'omission de cette formalité n'entraîne pas de nullité (3).

Forme des avertissements.

365. Ces formalités s'accomplissent dans les formes suivantes :

Le Président. — Messieurs les jurés,

Vous devez voter au scrutin secret.

Votre décision contre l'accusé, tant sur le fait principal que sur les circonstances aggravantes se forme à la majorité, c'est-à-dire par sept voix au moins.

Le chiffre de cette majorité ne doit pas être indiqué dans votre déclaration, laquelle, sur chaque question, se formule en ces termes : « Oui, à la majorité. »

S'il ne se forme pas de majorité contre l'accusé, c'est-à-dire s'il y a six voix, ou plus, en sa faveur, votre déclaration se formule en ce seul mot : « Non », sans autre indication.

Si, ayant délaré l'accusé coupable, vous pensez, à la majorité, qu'il existe des circonstances atténuantes, vous devez le déclarer en ces termes : « A la majorité, il y a des circonstances atténuantes en faveur de l'accusé. »

(1) V. not. C. 7 janv. 1843, S.43.1.343 ; — 3 sept. 1868, S.70.1.41.
(2) V. not. C. 30 mai 1818, Sirey, coll. nouv., 5.1.482.
(3) V. not. C. 20 mars 1836 (*Bull. crim.*) ; — Nouguier, n. 3087.

Si vous ne pensez pas que ces circonstances atténuantes existent, vous n'avez aucune indication à donner. Votre verdict doit rester muet à cet égard.

Le PRÉSIDENT, suivant les divers cas, peut ajouter :

(*Circonstances aggravantes.*)

Au cas où vous répondriez négativement sur le fait principal, vous n'auriez pas à délibérer sur les circonstances aggravantes ; il serait inutile de répondre aux questions qui y sont relatives.

(*Questions résultant des débats*, modifiant le fait principal.)

Votre réponse affirmative sur la question principale, résultant de l'acte d'accusation, vous dispenserait de répondre aux questions résultant des débats.

(*Accusé âgé de moins de 16 ans.*)

Vous devrez délibérer spécialement sur la question de savoir si l'accusé a agi avec discernement. Votre décision affirmative, lui étant défavorable, devra être prise à la majorité.

(*Questions d'excuse.*)

Votre réponse négative sur la question d'excuse, étant défavorable à l'accusé, doit être prise à la majorité et être formulée en ces termes : « Non, à la majorité. » Votre réponse affirmative sur cette question consiste en ce simple mot : « Oui. »

(*Circonstances atténuantes. — Pluralité d'acccusés.*)

Vous devez spécifier dans votre déclaration, en les désignant nominativement, quels sont ceux des accusés en faveur desquels vous pensez qu'il existe des circonstances atténuantes.

(*Circonstances atténuantes. — Pluralité de faits principaux.*)

Si, reconnaissant, à la majorité, des circonstances atténuantes en faveur de l'accusé (ou de tels ou tels accusés), vous vouliez les restreindre à certains des faits relevés contre lui, vous auriez à indiquer dans votre déclaration quels sont les faits pour lesquels vous admettez les circonstances atténuantes.

(*Réponses négatives sur les circonstances aggravantes. — Question résultant des débats et réduisant le fait incriminé à un délit. — Circonstances atténuantes.*)

Votre réponse négative sur les circonstances aggravantes, *ou* votre réponse affirmative sur la question résultant des débats après solution négative de la question principale, rendrait inutile de votre part une délibération sur les circonstances atténuantes. Ce serait, en ce cas, à la Cour à faire l'appréciation de ces circonstances.

Ces avertissements donnés, le Président fait remettre aux jurés, par un huissier de service, les questions posées, en disant :

Nous vous remettons les questions sur lesquelles vous avez à délibérer. — Nous y joignons l'acte d'accusation et les autres pièces indiquées par la loi.

Le Président dit ensuite :

Huissier, accompagnez MM. les jurés jusqu'à la chambre de leurs délibérations.

Gardes, faites retirer l'accusé.

L'audience est suspendue.

[V. ci-après, art. 342, 343, 344, 345, 346, 347, C. inst. crim., et loi du 13 mai 1836.]

XIII

DÉLIBÉRATION ET VERDICT DU JURY.

366. La délibération du jury porte sur l'acte d'accusation et sur les questions qui ont été posées. La forme en est déterminée par les art. 342,

343, 344, 345, 346, 347 du Code d'instruction criminelle, et par la loi du 13 mai 1836 (1).

---

(1) *Art.* 342, *C. inst. crim.* — Les questions étant posées et remises aux jurés, ils se rendront dans leur chambre pour y délibérer.

Leur chef sera le premier juré sorti par le sort, ou celui qui sera désigné par eux et du consentement de ce dernier.

Avant de commencer la délibération, le chef des jurés leur fera lecture de l'instruction suivante, qui sera, en outre, affichée en gros caractères dans le lieu le plus apparent de leur chambre.

« La loi ne demande pas compte aux jurés des moyens par lesquels il se sont convaincus; elle ne leur prescrit point de règles desquelles ils doivent faire particulièrement dépendre la plénitude et la suffisance d'une preuve ; elle leur prescrit de s'interroger eux-mêmes dans le silence et dans le recueillement, et de chercher, dans la sincérité de leur conscience, quelle impression ont faite sur leur raison les preuves rapportées contre l'accusé, et les moyens de sa défense. La loi ne leur dit point : *Vous tiendrez pour vrai tout fait attesté par tel ou tel nombre de témoins*; elle ne leur dit pas non plus : *Vous ne regarderez pas comme suffisamment établie toute preuve qui ne sera pas formée de tel procès-verbal, de telles pièces, de tant de témoins ou de tant d'indices;* elle ne leur fait que cette seule question, qui renferme toute la mesure de leurs devoirs : *Avez-vous une intime conviction ?*

« Ce qu'il est bien essentiel de ne pas perdre de vue, c'est que toute la délibération du jury porte sur l'acte d'accusation ; c'est aux faits qui le constituent et qui en dépendent, qu'ils doivent uniquement s'attacher ; et ils manquent à leur premier devoir, lorsque, pensant aux dispositions des lois pénales, ils considèrent les suites que pourra avoir, par rapport à l'accusé, la déclaration qu'ils ont à faire. Leur mission n'a pas pour objet la poursuite ni la punition des délits; ils ne sont appelés que pour décider si l'accusé est, ou non, coupable du crime qu'on lui impute. »

Art. 343, *C. inst. crim.* — Les jurés ne pourront sortir de leur chambre qu'après avoir formé leur déclaration.

L'entrée n'en pourra être permise pendant leur délibération, pour quelque cause que ce soit, que par le président et par écrit.

Le président est tenu de donner au chef de la gendarmerie de service l'ordre spécial et par écrit de faire garder les issues de leur chambre : ce chef sera dénommé et qualifié dans l'ordre.

La Cour pourra punir le juré contrevenant, d'une amende de cinq cents francs au plus.

Tout autre qui aura enfreint l'ordre, ou celui qui ne l'aura pas fait exécuter, pourra être puni d'un emprisonnement de vingt-quatre heures.

Art. 344, *C. inst. crim.* — Les jurés délibéreront sur le fait principal, et ensuite sur chacune des circonstances.

Art. 345, *C. inst. crim.* — Le chef du jury lira successivement chacune des questions posées, comme il est dit en l'art. 336, et le vote aura lieu ensuite au scrutin secret, tant sur le fait principal et les circonstances aggravantes que sur l'existence des circonstances atténuantes.

Art. 346, *C. inst. crim.* — Il sera procédé de même et au scrutin secret, sur les questions qui seraient posées dans les cas prévus par les art. 339 et 340.

Art. 347, *C. inst. crim.* — La décision du jury, tant contre l'accusé que sur les circonstances atténuantes, se forme à la majorité. La déclaration du jury constate cette majorité, sans que le nombre des voix puisse y être exprimé; le tout à peine de nullité.

Loi du 13 *mai* 1836. *Art.* 1er. — Le jury votera, par bulletins écrits et par scrutins

Lieu de la délibération.

367. D'après ces textes, les jurés doivent délibérer et former leur verdict dans leur chambre, sous la direction du *chef du jury*.

Chef du jury. — Sa désignation. — Son remplacement.

368. Ce chef est le premier juré, sorti par le sort lors du tirage du jury de jugement, faisant partie de ce jury, ou tel autre juré du même jury, désigné, de son consentement, par les autres jurés, pour remplacer le premier.

Ce remplacement peut avoir lieu avant la délibération, avant même l'ouverture des débats et la prestation du serment (1), dans la chambre du conseil ou dans la salle d'audience (2), et aussi après le verdict, pour la lecture de la déclaration (3).

Du fait que c'est un juré autre que le premier sorti par le sort qui donne lecture de la déclaration, sans réclamation de la part des autres jurés, il résulte présomption que ceux-ci l'ont désigné pour remplir cette fonction (4). Mais il est plus régulier que la constatation du remplacement du chef du jury désigné par le sort soit faite sur la déclaration, après la signature, apposée au bas de cette déclaration, du chef choisi par ses collègues. Le procès-verbal doit, en effet, en bonne règle, constater ce remplacement. Cela est facile pour le greffier, si le remplacement a eu lieu après le tirage du jury,

---

distincts et successifs, sur le fait principal d'abord et, s'il y a lieu, sur chacune des circonstances aggravantes, sur chacun des faits d'excuse légale, sur la question de discernement, et enfin sur la question des circonstances atténuantes, que le chef du jury sera tenu de poser toutes les fois que la culpabilité de l'accusé aura été reconnue.

Art. 2. — A cet effet, chacun des jurés, appelé par le chef du jury, recevra de lui un bulletin ouvert, marqué du timbre de la cour d'assises, et portant ces mots : *Sur mon honneur et ma conscience, ma déclaration est...* Il écrira à la suite, ou fera écrire secrètement par un juré de son choix, le mot *oui* ou le mot *non*, sur une table disposée de manière à ce que personne ne puisse voir le vote inscrit au bulletin. Il remettra le bulletin écrit et fermé au chef du jury, qui le déposera dans une urne ou boîte destinée à cet usage.

Art. 3. — Le chef du jury dépouille chaque scrutin en présence des jurés, qui peuvent vérifier les bulletins. Il constate, sur-le-champ, le résultat du vote en marge ou à la suite de la question résolue. La déclaration du jury, en ce qui concerne les circonstances atténuantes, n'est exprimée que si le résultat du scrutin est affirmatif.

Art. 4. — S'il arrivait que dans le nombre des bulletins il s'en trouvât sur lesquels aucun vote ne fût exprimé, ils seraient comptés comme portant une réponse favorable à l'accusé. Il en serait de même des bulletins que six jurés au moins auraient déclarés illisibles.

Art. 5. — Immédiatement après le dépouillement de chaque scrutin, les bulletins seront brûlés en présence du jury.

Art. 6. — La présente loi sera affichée, en gros caractères, dans la chambre des délibérations du jury.

(1) V. not. C. 12 janv. 1860, S.60.1.393.

(2) V. même arrêt du 12 janv. 1860.

(3) V. not. C. 30 août 1837 (*Bull. crim.*).

(4) V. not. C. 6 mars 1828, Sirey, coll. nouv., 9.1.49.

dans la chambre du conseil ou à l'audience, mais serait impossible, si, le fait s'étant produit dans la chambre des délibérations des jurés, où le greffier ne pénètre pas, la mention faite par le nouveau chef du jury n'en donnait pas la preuve matérielle.

L'énonciation de remplacement sur la déclaration se fait habituellement dans la forme suivante : « *N*... (signature du chef choisi), *remplaçant le pre-* « *mier juré choisi par le sort, sur sa demande, sur la désignation des autres* « *jurés, et de mon consentement.* » — [L'assentiment du chef originaire, n'est pas explicitement exigé par la loi ; mais il est de toute convenance de le constater.]

369. Dans un endroit apparent de la chambre des délibérations du jury doivent se trouver affichés, en gros caractères, l'instruction contenue dans l'art. 342, C. inst. crim., et la loi du 13 mai 1836. — De plus, la lecture de l'instruction de l'art. 342 doit être faite aux jurés par leur chef.

Textes affichés dans la chambre des jurés.

Cet affichage et cette lecture ne sont pas prescrits à peine de nullité (1). Cependant si, un texte de loi ou d'ordonnance autre que la loi de 1836 ayant été affiché à la place du texte de celle-ci, il a pu en résulter pour les jurés une erreur préjudiciable à l'accusé, il peut y avoir nullité du verdict (2).

370. La délibération du jury doit être secrète, ainsi que cela résulte de l'ensemble des dispositions des art. 312, 343 et 353 du Code d'instruction criminelle (3). Les jurés ne doivent pas sortir de leur chambre ; personne n'y doit pénétrer.

Secret de la délibération.

Toutefois, l'interdiction pour les jurés de sortir de leur chambre avant d'avoir formé leur déclaration, n'est pas prescrite à peine de nullité (4). Il en serait autrement si de cette sortie il était résulté des communications sur l'affaire (V. *Suprà*).

L'obligation pour le président de la Cour d'assises de faire garder les issues de la chambre des jurés n'est pas prescrite non plus à peine de nullité (5).

Mais il y a nullité si quelqu'un autre que l'un des jurés du jury de jugement entre dans leur chambre pendant la délibération, à moins que ce ne

(1) V. not. C. 26 avril 1839, Dalloz, 1839, 1.385.
(2) V. not. C. 24 juill. et 8 août 1845, S.45.1.783.
(3) V. Nouguier, n. 3113-3127.
(4) V. not. C. 22 mars 1855 (*Bull. crim.*).
(5) V. not. C. 24 déc. 1863 (*Bull. crim.*) ; — 20 sept. 1866 (*Bull. crim.*).

soit sur un ordre écrit du président (art. 343, C. inst. crim.), ou pour des nécessités imprévues et purement matérielles (1).

371. C'est à la Cour d'assises d'apprécier si les infractions, commises par des jurés ou par des tiers, aux prescriptions de l'art. 343, C. inst. crim., sont assez graves pour qu'il y ait à appliquer les pénalités édictées par le dernier paragraphe de cet article.

372. Le secret de la délibération des jurés, lequel est substantiel, et dont la violation crée une nullité radicale, doit être respecté par le président, plus que par tout autre, chargé qu'il est d'en assurer le maintien. Il doit s'abstenir de pénétrer dans la chambre des jurés (2), à moins qu'il ne soit formellement invité par ceux-ci à venir leur donner des éclaircissements dont ils auraient besoin pour remplir correctement leur mission (3). Il y a d'ailleurs, lorsque le président est entré dans la chambre du jury, présomption de droit qu'il y a été appelé (4). Mais il ne doit user de la faculté que lui reconnaît la jurisprudence qu'avec une réserve extrême.

Vote.

373. Le vote doit avoir lieu au scrutin secret (art. 341, 345, 346, C. inst. crim. ; loi du 13 mai 1836), sur chacune des questions, sur les faits principaux, les circonstances, les excuses et le discernement. Il se fait au moyen de bulletins sur lesquels chaque juré inscrit, ou fait inscrire secrètement, le mot *oui* ou le mot *non*.

Constatation du résultat du vote sur chaque question.

Le chef du jury dépouille chaque scrutin en présence des autres jurés, et il en consigne immédiatement le résultat en marge ou à la suite de la question résolue.

374. Ce résultat doit être exprimé en une réponse nette, claire et précise, laquelle ne peut mieux se formuler que par le mot *oui* ou par le mot *non*, comme l'indique expressément la loi du 13 mai 1836 (5).

Toute périphrase ou toute addition serait superflue ou même dangereuse, car il en pourrait résulter un doute sur la décision véritable du jury.

375. Une réponse doit être faite à chaque question (à moins que, le fait principal étant résolu négativement, une réponse sur les circonstances

(1) V. not., C. 10 juin 1830, Sirey, coll. nouv., 9.1.840 (motifs de l'arrêt sur le troisième moyen).

(2) V. not. C. 3 mars 1826, Sirey, coll. nouv., 8.1.290.

(3) V. not. C. 26 mai 1826, Sirey, coll. nouv., 8.1.347 ; — 13 oct. 1826, Sirey, coll. nouv., 8.1.436 ; — 5 mai 1827, Sirey, coll. nouv., 8.1.590 ; — 14 sept. 1827, Sirey, coll. nouv., 8.1.683.

(4) V. not. C. 14 sept. 1827 (précité).

(5) V. not. C. 21 sept. 1839, S.39.1.935.

devienne inutile, ou qu'une question résultant des débats soit devenue sans objet par suite d'une réponse affirmative sur le fait principal). Le jury, sauf en ce qui concerne les circonstances atténuantes, ne doit pas créer de questions, car il ne peut délibérer et donner utilement un avis que sur les faits et circonstances soumis à sa décision (1).

376. Le jury ne peut pas davantage décomposer les questions qui lui sont posées. On admet cependant que si une même question contient divers éléments dont quelques-uns peuvent être écartés sans dénaturer l'accusation, ni enlever aux faits leur caractère originel (comme, par exemple, en matière de vol, la mention de plusieurs objets mobiliers soustraits (2), en matière de faux, la qualité de commerçant de la personne dont la signature est contrefaite) (3), le jury peut, répondant affirmativement sur l'ensemble de la question, en distraire, par un vote négatif, les points accessoires dont il ne reconnaît pas l'existence (dans les espèces citées, le vol de certains objets ou la qualité de commerçant).

377. Lorsque la solution d'une question est défavorable à l'accusé, la réponse à cette question doit constater, à peine de nullité, qu'elle est faite à la majorité (4).

Solutions défavorables à l'accusé.

378. La décision contre l'accusé, sur les questions résultant de l'acte d'accusation ou des débats, doit donc être faite en ces termes : « *Oui, à la majorité.* »

Pour la même raison, les réponses négatives sur les questions d'excuses, étant défavorables à l'accusé, doivent se formuler ainsi : *Non, à la majorité* (5).

Circonstances atténuantes.

379. Quant à la décision affirmative sur les circonstances atténuantes, elle comporte plus de mots. La loi les indique : « A la majorité, il y a des circonstances atténuantes en faveur de l'accusé. » L'existence d'une majorité pour l'admission des circonstances atténuantes doit être constatée dans la déclaration, à peine de nullité (6). Si cette existence n'est pas reconnue, le verdict reste muet ; il n'y a pas à énoncer que le jury a délibéré sur ce point, sans, toutefois, que cette énonciation engendre une nullité (7).

---

(1) V. not. C. 8 déc. 1826 (deux arrêts), Sirey, coll. nouv., 8.1.478.

(2) C. 11 août 1853, S.54.1.159.

(3) C. 26 avril 1855, S.55.1.686.

(4) V. not. C. 1er juin 1867, Sirey, 68.1.96 ; — 3 avril 1873, S.73.1.352 ; — 3 mai 1877 (deux arrêts), S.78.1.236.

(5) V. not. C. 23 nov. 1872, S.72.1.184 ; — 29 mars 1877, S.77.1.436 ; — 7 août 1879, S.80.1.480.

(6) V. not. C. 19 déc. 1878, S.79.1.392.

(7) V. Nouguier, n. 3182.

Quand il y a plusieurs accusés, l'admission par le jury de circonstances atténuantes doit, à peine de nullité, être spéciale, distincte et personnelle à chacun d'eux (1).

380. Si, par suite des réponses du jury, le fait objet de l'accusation se trouve réduit à un simple délit, le jury n'a pas à délibérer sur les circonstances atténuantes. Dans ce cas, en effet, la déclaration des circonstances atténuantes ne peut émaner que de la Cour d'assises. Le jury est sans pouvoir à cet égard (2), et s'il déclarait cependant l'existence de circonstances atténuantes, la Cour ne serait pas tenue de faire état de cette déclaration (3).

La déclaration du jury doit être écrite.

381. La déclaration constatant le verdict du jury doit être écrite (L. 13 mai 1836, art. 3). Cela résulte d'ailleurs de l'ensemble des dispositions du Code d'instruction criminelle, notamment de l'art 349, qui exige que cette déclaration soit *signée*.

Signature du chef du jury.

382. Elle doit l'être d'abord par le chef du jury (art. 349, C. inst. crim. — V. *infrà*). Celui-ci la signe soit dans la chambre des délibérations, soit dans la salle d'audience, avant ou après qu'il en a donné lecture, la loi ne fixant pas le moment précis de cette signature et indiquant seulement qu'elle doit être apposée avant la remise de la déclaration au président des assises (4). Il n'y aurait nullité que si cette signature n'existait pas lors de la lecture de la déclaration à l'accusé (5). Si la déclaration est remise sans être signée du chef du jury, l'omission peut être réparée à l'audience (6); mais le jury peut être renvoyé dans sa chambre pour que cette signature soit apposée (7).

En quelque lieu que cette signature soit donnée, il faut qu'elle le soit en présence de tous les jurés (art. 349) (8).

Elle doit être apposée au bas des réponses aux questions, sans autre place déterminée (9).

---

(1) V. not. C. 1er avril 1842, S.42.1.468; — 5 janv. 1854, S.54.1 281; — 12 août 1880, S.81.1.237.

(2) V. not. C. 19 avril 1844, S. 44.1.734.

(3) V. not. C. 22 juin 1852, S.53.1.48; — 20 juin 1867, S.68.1.140; — 5 mai 1881, S.81.1.332.

(4) V. not. C. 21 février 1843, S.43.1.161.

(5) V. not. C. 18 août 1873, S.74.1.47; — 6 juill. 1876, S.76.1.327; — 10 janv. 1878, S.78.1.390.

(6) V. not. C. 2 oct. 1812, Sirey. coll. nouv., 4.1.192; — 21 fév. 1843 (précité).

(7) V. not. C. 30 mars 1832, S.32.1.676.

(8) V. not. C. 2 nov. 1811 (motifs), Sirey, coll. nouv., 3.1.418; — 10 janv. 1878, S 78 1.390.

(9) V. not. C. 21 janv. 1864, S.64.1.242; — 11 fév. 1864, S.64.1.339.

383. Les bulletins de vote des jurés portent les mots : « *Sur mon honneur et ma conscience* » ; la lecture de la déclaration par le chef du jury est précédée des mêmes mots et de ceux-ci : « *Devant Dieu et devant les hommes, la déclaration du jury est : ...* » (Art. 348, C. inst. crim., § 3. — V. *infrà.*) Il est d'une régularité complète que cette formule soit inscrite en tête de la déclaration du jury. Ne faisant pas partie intégrale de cette déclaration, elle peut être imprimée (1). D'après l'usage, elle l'est en tête des colonnes destinées à recevoir les réponses aux questions et la mention des circonstances atténuantes. Formule précédant la déclaration.

384. Il n'est pas indispensable que la déclaration porte l'indication du lieu où le jury a délibéré, ni celle de la date (2). On peut aisément suppléer à ces mentions par celles du procès-verbal. Date.

385. Mais le procès-verbal ne peut pas suppléer aux autres parties de la déclaration. Elle doit, le greffier n'ayant pas assisté à la délibération et ne pouvant, en conséquence, en constater les opérations, se suffire et établir sa régularité par elle-même. Les formalités matérielles des scrutins n'ont pas à y être mentionnées ; elles sont réputées avoir été régulièrement accomplies. Mais les diverses réponses et tout ce qui, comme elles, est substantiel à la validité de la déclaration, doivent y être énoncés clairement et conformément aux règles générales. L'art. 78, C. inst. crim., est applicable à ces énonciations, comme à tous les actes de l'instruction criminelle. Les interlignes, les ratures, les renvois, les surchages, doivent être approuvés. Autrement ils altéreraient la foi due à cette déclaration et en entraîneraient la nullité (3). Ratures, renvois, interlignes, surcharges.

XIV

AUDIENCE (*Suite*). — DÉCLARATION DU JURY.

§ 1er. — Lecture de la déclaration par le chef du jury. Remise de la déclaration au président des assises.

386. Le verdict rendu et la déclaration terminée, les jurés rentrent Rentrée des jurés.

---

(1) V. not. C. 17 oct. 1832, S.33.1.638.
(2) V. not. C. 14 sept. 1848, S.49.1.299; — 4 nov. 1850, S.50.1.813. — Nouguier, n. 3160 et 3161.
(3) V. not. C. 2 août 1877, S.77.1.485.

dans la salle d'audience [art. 348. C. inst. crim.] (1). Ils y reprennent leur place.

Interpellation du président.

387. Le président leur demande quel est le résultat de leur délibération. Il n'y a pas pour cette demande de forme sacramentelle. Celle habituellement adoptée est la suivante :

Le Président. — L'audience est reprise

Monsieur le chef du jury, veuillez faire connaître le résultat de la délibération du jury.

Lecture de la déclaration par le chef du jury.

388. Le chef du jury se lève et, la main droite placée sur son cœur, il dit :

« *Sur mon honneur et ma conscience, devant Dieu et devant les hommes, la déclaration du jury est : ...* » Puis il donne lecture de cette déclaration, c'est-à-dire de la réponse à chaque question et de l'admission des circonstances atténuantes, si elle existe. S'il y a plusieurs questions, le chef du jury peut les désigner simplement par leurs numéros d'ordre; ainsi, par exemple : *Sur la 1re question, oui à la majorité; sur la 2e question, non, etc.* » Cette désignation des questions, lorsqu'il y en a plusieurs se suivant, qui ont reçu la même solution, peut être cumulative, par exemple : *Sur les 1re, 2e, 3e, 4e questions, oui à la majorité.* » — Quant aux circonstances atténuantes, c'est le texte indiqué par la loi qui doit se trouver sur la déclaration et qui doit être lu.

389. La formule « Sur mon honneur, etc. » est sacramentelle. Cependant, si regrettable que soit l'omission de cette formule ou de certains de ses termes, à raison des solennelles attestations qu'elle consacre, l'observation du dernier paragraphe de l'art. 348, C. inst. crim., n'est pas prescrite à peine de nullité (2) ; l'accusé ne peut du moins pas s'en prévaloir, quand surtout le procès-verbal des débats ne mentionne aucune irrégularité, et constate au contraire l'observation à cet égard des formalités prescrites par la loi (3).

---

(1) *Art.* 348, *C. inst. crim.* — Les jurés rentreront ensuite dans l'auditoire, et reprendront leur place.

Le président leur demandera quel est le résultat de leur délibération.

Le chef du jury se lèvera, et, la main placée sur son cœur, il dira : « Sur mon honneur et ma conscience, devant Dieu et devant les hommes, la déclaration du jury est : Oui, l'accusé..., etc. ; — Non, l'accusé..., etc.

(2) V. not. C. 24 sept. 1819, Sirey, coll. nouv., 6.1.125; — 19 juin 1829, Sirey, coll. nouv., 9.1.316; — 11 juin 1857, S.57.1.717.

(3) V. not. C. 28 avril 1831, S.32.1.197.

390. Après en avoir fait la lecture, le chef du jury remet la déclaration, signée de lui, au président des assises [art. 349, C. inst. crim.] (1). Dans l'usage, il la fait remettre par l'un des huissiers de service. Remise de la déclaration au président des assises.

Cette remise, comme la lecture de la déclaration, doit (art. 349, § 1er) avoir lieu en la présence de tous les jurés (2).

§ 2. — Renvoi des jurés dans leur chambre.

391. La déclaration du jury est irrévocable [art. 350, C. instr. crim.] (3), lorsqu'elle est revêtue des formes légales essentielles à sa régularité. Déclaration irrégulière. Nécessité de renvoyer les jurés dans leur chambre.

Si cette régularité n'existe pas, la déclaration ne peut pas servir de base juridique à un acquittement, à une absolution, ou à une condamnation.

Or, les Cours d'assises, obligées de statuer sur les faits et les circonstances reconnus et déclarés par le jury, n'ont pas le droit de compléter, soit quant à la forme, soit quant au fond, ni d'expliquer, ni d'interpréter la déclaration des jurés. Aussi y a-t-il nécessité de renvoyer ceux-ci dans la chambre de leurs délibérations, pour régulariser, compléter ou expliquer leur déclaration. Sous le Code du 3 brumaire an IV, ce renvoi était obligatoire. Au cas d'irrégularité de leur déclaration, il devait être, à peine de nullité, ordonné aux jurés « de se retirer sur-le-champ dans leur chambre pour en former une nouvelle » (art. 414). Cette disposition impérative n'a pas été reproduite par le Code d'instruction criminelle. Mais elle est de raison et elle doit être observée (4).

Le renvoi des jurés dans leur chambre doit être ordonné par la Cour, non par le président. Le renvoi doit être ordonné par la Cour, non par le président.

392. C'est là une mesure grave. Elle a pour effet de donner au jury une mission nouvelle et de le faire rentrer dans la plénitude de sa juridiction. Le résultat de ce renvoi peut être de changer la déclaration du jury et le sort de l'accusé; en conséquence, de porter un préjudice soit à celui-ci, soit à la Effets du renvoi.

---

(1) *Art.* 349, *C. inst. crim.* — La déclaration du jury sera signée par le jury et remise par lui au président, le tout en présence des jurés.

Le président la signera et la fera signer par le greffier.

(2) V. not. C. 2 nov. 1811, Sirey, coll, nouv., 3.1.417; — 21 fév. 1878, S.78.1.391.

(3) *Art.* 350, *C. inst. crim.* — La décision du jury ne pourra jamais être soumise à aucun recours.

(4) V. not. C. 15 juin 1820, Sirey, coll. nouv., 6.1.253; — 7 nov. 1850, S.51.1.463; — 17 avril 1862, S.62.1.906; — 11 janv. 1877, S.77.1.385.

vindicte publique (1). Aussi est-ce à la Cour d'apprécier l'opportunité de ce renvoi et de l'ordonner (2).

393. Il y aurait nullité si le président l'ordonnait seul. Cette nullité ne serait pas couverte par le consentement qu'auraient donné au renvoi, soit expressément soit tacitement, le ministère public et l'accusé (3). Cependant l'accusé ne serait pas recevable à s'en prévaloir, si, en fait, après le renvoi des jurés ordonné par le président, la déclaration de ceux-ci est restée la même et si la deuxième délibération n'a eu pour effet que de régulariser la première (4).

Erreurs matérielles. Rectifications à l'audience.

394. D'un autre côté, lorsqu'il s'agit d'une simple erreur matérielle, par exemple d'une erreur dans la date de la déclaration du jury, la rectification peut en être opérée à l'audience même par le chef du jury, en présence des jurés, sur la seule invitation du président des assises (5).

Intervention possible de l'accusé ou de son défenseur sur l'opportunité du renvoi.

395. Le renvoi du jury dans sa chambre de délibérations peut être ordonné par la Cour, sans que l'accusé ou son défenseur soient préalablement interpellés (6). Ce renvoi, d'ailleurs, est généralement ordonné après la remise de la déclaration du président et avant la rentrée de l'accusé dans l'audience, c'est-à-dire en présence de son défenseur seulement; mais il peut avoir lieu plus tard, alors même que la lecture de la déclaration irrégulière a été faite à l'accusé (7). Au reste, si cet accusé ou son défenseur, même en l'absence de l'accusé, veulent présenter des observations à ce sujet, ils doivent être entendus (8); le défenseur, s'il est seul présent, peut demander que l'accusé soit ramené à l'audience, afin de pouvoir prendre des conclusions (9).

396. Avant de renvoyer les jurés dans leur chambre, la Cour doit examiner attentivement si leur déclaration, telle qu'elle est, ne peut pas être, juridiquement, la base d'une ordonnance ou d'un arrêt définitifs. Si, en effet, cette déclaration est, malgré des apparences contraires, régulière en réalité,

---

(1) V. not. C. 6 janv. 1837, S.37.1.822; — 2 juin 1881, S.82.1.240.

(2) V. not. C. 12 juill. 1855, S.55.1.618; — 11 janv. 1877 (précité); — 28 juin 1877, S.78.1.282; — 29 nov. 1877, S.78.1.287; — 3 juin 1880, S.81.1.238; — 2 juin 1881 (précité).

(3) V. not. C. 11 sept. 1873, S.73.1.432.

(4) V. not. C. 29 nov 1877 (précité); — 26 janv. 1878, S.79.1.486.

(5) V. not. C. 27 déc. 1873, S.74.1.332.

(6) V. not. C. 7 oct. 1852, S.53.1.318; — 27 déc. 1855, S.56.1.630; — 26 août 1869, S.71.1.174.

(7) V. not. C. 11 janv. 1877, S.77.1.285 (précité).

(8) V. not. C. 28 janv. 1830, Sirey, collect. nouv., 9.1.439.

(9) V. not. C. 13 fév. 1851 (*Bull. crim.*).

elle conserverait, malgré le renvoi, toute sa force légale, irréfragable qu'elle est dès le principe (art. 350, C. instr. crim.). Une nouvelle déclaration du jury devrait être en ce cas considérée comme non avenue ; l'arrêt qui la suivrait serait frappé de nullité (1).

397. Diverses causes peuvent légitimement motiver le renvoi du jury dans la chambre de ses délibérations. Ces causes proviennent, en général, — soit d'irrégularités matérielles de forme, — soit d'insuffisance dans l'ensemble de la déclaration, laissée dès lors incomplète, — soit d'incertitudes et d'ambiguïtés, — soit de complexité, — soit de contradictions dans les diverses réponses, — soit de mentions surabondantes, — soit enfin d'illégalités.

Causes diverses de renvoi des jurés dans la chambre de leurs délibérations.

398. La loi du 13 mai 1836, les articles 341 et 347 du Code d'instruction criminelle, indiquent les *formalités matérielles* que les jurés doivent observer pour leurs réponses aux questions et pour leur déclaration. Dans l'usage, ces formalités matérielles sont rappelées en tête de la feuille de questions. Il y a toujours péril possible à s'écarter des prescriptions légales.

Irrégularités matérielles.

Ainsi, par exemple, une réponse affirmative contre l'accusé, non suivie des mots : « *à la majorité* » est nulle ; il faut que les jurés, pour la régulariser, rentrent dans leur chambre (2).

Il en est de même si le mot *majorité* a été écrit en abrégé, par exemple ainsi : « *maj^té* » (3).

De même encore, si ce mot *majorité*, alors qu'il y a plusieurs réponses affirmatives, n'est écrit qu'une seule fois, bien qu'il soit accompagné d'une accolade le reliant aux diverses réponses, il y a lieu à renvoi du jury (4).

399. La déclaration est *insuffisante* et *incomplète*, par conséquent *irrégulière*, si elle ne contient pas des réponses à toutes les questions (5), à moins, bien entendu, que, pour une cause quelconque, il soit devenu inutile de répondre à certaines de ces questions (6). Le renvoi du jury dans sa chambre des délibérations est alors nécessaire.

Déclarations insuffisantes.

La réponse à une question, où la *volonté* est l'un des éléments constitutifs

---

(1) V. not. C. 2 oct. 1819, Sirey, coll. nouv., 6.1.126 ; — 28 janv. 1830, Sirey, coll. nouv., 9.1.439.
(2) V. not. C. 20 janv. 1860, S.60.1.829 ; — 11 janv. 1877, S.77.1.385.
(3) V. not. C. 17 avril 1862 (*Bull. crim.*).
(4) V. not. C. 17 janv. 1856, S.56.1.558.
(5) V. not. C. 4 juin 1819, Sirey, coll. nouv., 6.1.80 ; — 9 fév. 1827, Sirey, coll. nouv., 8.1.524 ; — 16 avril 1842, S.42.1.891.
(6) V. not. C. 31 janv. 1817, Sirey, coll. nouv., 5.1.277.

de la criminalité, en matière de *meurtre* ou de *coups*, par exemple, est insuffisante si elle ne constate pas la volonté de l'agent (1).

En matière de *complicité*, il ne suffit pas que la réponse affirme la complicité ; il faut qu'elle affirme aussi l'existence des faits constitutifs de cette complicité (2).

Dans le cas où il est demandé au jury si l'accusé, à supposer qu'il ne soit pas déclaré *auteur* du crime, en a été *complice*, il y a nécessité, la question principale résolue négativement, de répondre à cette question subsidiaire (3).

Déclarations incertaines, ambiguës, équivoques.

400. Si le jury déclarait que l'accusé est « auteur ou complice », cette déclaration *équivoque* serait *irrégulière*, à cause de son *incertitude* et de son *ambiguïté* (4).

Est également *irrégulière* une réponse affirmative qui laisse *incertain*, par ses énonciations, le point de savoir si le fait reconnu constant est un crime ou un délit (5).

Les réponses des jurés doivent être nettement affirmatives ou nettement négatives. Une déclaration portant qu'une circonstance est *présumée* est essentiellement *incertaine* et nécessite le renvoi du jury dans la chambre de ses délibérations (6).

Déclarations complexes.

401. La même nécessité se présente lorsque le jury fait une déclaration *complexe*.

Il en est ainsi, par exemple, lorsqu'il fait une *réponse collective à plusieurs questions* (7).

Il en est de même si le jury déclare l'accusé coupable tout à la fois comme *auteur principal* et comme *complice* (8).

Déclarations contradictoires.

402. Une telle déclaration renferme en même temps des réponses *contradictoires*. Or, la contradiction des réponses vicie le verdict du jury. Une déclaration nouvelle et régulière est indispensable pour qu'il puisse être statué sur l'accusation.

Il y a *contradiction*, en matière de *banqueroute frauduleuse*, dans la

(1) V. not. C. 15 juin 1826, Sirey, coll. nouv., 8.1.362.

(2) V. not. C. 4 oct. 1821, Sirey, coll. nouv., 6.1.501 ; — 9 mai 1822, Sirey, coll. nouv., 7.1.67.

(3) V. not. C. 9 janv. 1828, Sirey, coll. nouv., 9.1.10.

(4) V. not. C. 4 oct. 1821 (précité).

(5) V. not. C. 20 avril 1815, Sirey, coll. nouv., 5.1.42.

(6) V. not. C. 18 mai 1815, S.15.1.398.

(7) V. not. C. 27 juin 1839, S.40.1.66.

(8) V. not. C. 10 oct. 1816, Sirey, coll. nouv., 5.1.241 ; — 27 août 1831, S.32.1.131 ; — 29 juin 1848, S.48.1.736 ; — 16 mai 1850, S.50.1.801 ; — 12 avril 1861, S.61.1.747.

déclaration que l'accusé a *justifié de toutes ses dépenses* et que cependant il a *imaginé des dettes* non existantes et opéré des *simulations d'écritures* (6).

De même dans une déclaration affirmative *d'assassinat*, il y a *contradiction*, s'il est dit qu'il n'y a eu de la part de l'agent *ni volonté, ni guet-apens* (2).

La déclaration que l'accusé a commis *un homicide involontaire*, mais en état de *légitime défense*, est également contradictoire (3), comme celle portant que l'accusé a porté *volontairement des coups*, mais par *imprudence* (4).

Il y a *contradiction* dans la déclaration qu'un *homicide* volontaire a été commis *avec guet-apens*, mais *sans préméditation* (5).

Sont *contradictoires* les réponses du jury qui, déclarant *deux* accusés coupables d'un même vol, *affirment* à l'égard de l'un les *circonstances aggravantes matérielles* d'escalade et d'effraction, et les *nient* à l'égard de l'autre (6).

De même, il y a *contradiction* dans la déclaration du jury qui, *négative* sur une circonstance aggravante en ce qui concerne l'auteur principal, résout affirmativement cette même circonstance à l'égard du complice (7).

[Mais il n'y aurait pas de contradiction entre une réponse négative sur le fait principal, en faveur de l'auteur de l'acte criminel, et une réponse affirmative sur la culpabilité du complice (8).]

Est encore *contradictoire* la réponse du jury qui, sur une question de *tentative*, déclare que l'accusé est *coupable*, mais *sans les circonstances constitutives* de la tentative (9).

Si la contradiction ne porte que sur des *circonstances indifférentes* (par exemple, en certains cas, la pluralité de personnes), n'influant ni sur la criminalité ni sur la pénalité et ne créant pas de doute sur la culpabilité de

---

(1) V. not. C. 18 mars 1826, S.26.1.420.

(2) V. not. C. 2 juill. 1813, Sirey, coll. nouv., 4.1.386.

(3) V. not. C. 5 messidor an VIII, Sirey, coll. nouv., 1.1.331.

(4) V. not. C. 9 sept. 1826, Sirey, coll. nouv., 8.1.428; — 4 août 1826, Sirey, coll. nouv., 8.1.406.

(5) V. not. 4 juin 1812, Sirey, coll. nouv., 4.1.114.

(6) V. not. C. 4 juin 1874, S.74.1.503; — 7 juin 1877, S.78.1.237; — 23 mai 1879, S.81.1.41; — 26 juin 1879, S.81.1.142.

(7) V. not. C. 2 juill. 1839, S.40.1.152; — 8 juin 1848, S.48.1.526; — 4 avril 1872, S.73.1.46; — 20 juill. 1877, S.78.1.238.

(8) V. not. C. 28 déc. 1812, Sirey, coll. nouv., 4.1.252; — 23 avril 1829, Sirey, coll nouv., 9.1.277; — 3 déc. 1836, S.38.1.82; — 27 juin 1846, S.46.1.799; — 9 fév. 1855, S.55.1.237.

(9) V. not. C. 28 janv. 1830, Sirey, coll. nouv., 9.1.410

l'accusé, ni sur la nature du crime, ni sur la peine à appliquer, elle n'est pas une cause de nullité et, en conséquence, elle n'oblige pas à un renvoi du jury dans sa chambre (1).

Déclarations surabondantes.

403. Il en est ainsi des *réponses surabondantes*, lorsqu'elles ne changent pas le caractère de l'accusation, ni celui des faits, ni celui des circonstances. Mais il n'en est pas de même si le jury crée des *questions nouvelles* et s'il ajoute à l'accusation, telle qu'elle lui est soumise, *des faits* ou *des circonstances* (2); s'il en *change les caractères* ou *les qualifications* (3); ou bien si, par une addition à la réponse affirmative « oui », en disant, par exemple : « Oui, il est constant que l'accusé a commis tel fait », il laisse sans solution la question de culpabilité (4). La déclaration est alors vicieuse; il faut la régulariser.

Déclarations illégales.

404. Enfin le renvoi des jurés dans leur chambre de délibérations s'impose, lorsque la déclaration qu'ils en apportent ne remplit pas les conditions légales d'un verdict, soit en la forme, soit au fond. Il en serait certainement ainsi alors que le jury se déclarerait insuffisamment éclairé pour répondre aux questions (5).

405. Ces diverses exemples peuvent aider à apprécier la nécessité et l'opportunité d'un renvoi des jurés à une délibération nouvelle. On y voit que, dans la plupart des cas, il n'y aura pas lieu de recourir à cette mesure quand toutes les questions auront été posées avec soin, dans les termes légaux, d'une façon nette et précise, sans complexités, sans obscurités, sans alternatives créant des incertitudes. Le jury, auquel aura été ainsi rendue facile l'observation des prescriptions de la loi du 13 mai 1836, pourra, sans embarras, répondre simplement par *oui* ou par *non* à toutes les questions.

Arrêt ordonnant le renvoi des jurés dans leur chambre.

406. L'arrêt, par lequel la Cour ordonne le renvoi des jurés dans la chambre de leurs délibérations, est de la classe des arrêts incidents. Il n'est pas besoin de le rédiger en minute; il suffit qu'il soit transcrit en son entier dans le procès-verbal des débats. Il n'est pas nécessaire qu'il soit signé par

---

(1) V. not. C. 24 fév. 1876, S.77.1.93.

(2) V. not. C. 22 janv. 1819, Sirey, coll. nouv., 6.1.8; — 26 oct. 1820, Sirey, coll. nouv., 6.1.319; — 15 janv. 1824, Sirey, coll. nouv., 7.1.376; — 13 mai 1825, Sirey, coll. nouv., 8.1.124; — 2 déc. 1825, Sirey, coll. nouv., 8.1.228; — 7 oct. 1831, S.32.1.287; — 8 juill. 1836, S.37.1.128.

(3) V. not. C. 11 juill. 1833, S.33.1.860; — 15 juin 1835, S.35.1.868.

(4) V. not. C. 28 fév. 1833, S.33.1.503.

(5) V. not. C. 23 vendémiaire an VIII, Sirey, coll. nouv., 2.1.257.

tous les membres de la Cour ; la signature du président est suffisante, avec celle du greffier.

407. Cet arrêt peut être formulé de la façon suivante, en modifiant, suivant les espèces, les motifs qui doivent y être indiqués :

Formule.

LA COUR,

Après avoir entendu le ministère public en ses réquisitions, le conseil de l'accusé en ses observations; *ou* (si l'accusé est présent et que des conclusions aient été prises en son nom) l'accusé et son défenseur en leurs conclusions et observations,

Après en avoir délibéré conformément à la loi;

Considérant que, contrairement aux dispositions de l'art. 347, C. inst. crim., le jury a répondu simplement : oui, à la ... question, sans constater que cette réponse est faite à la majorité; que, en conséquence, sa déclaration est irrégulière ;

Ou : considérant que, contrairement aux dispositions des art. 344, 345, 346, C. inst. crim., et de la loi du 13 mai 1836, le jury a omis de répondre à la ... question, *ou* aux ... questions; que sa déclaration est, en conséquence, incomplète ;

Ou : considérant que, en répondant à la ... question, *ou* aux ... questions, dans les termes suivants : ..., le jury a laissé sa déclaration incertaine, obscure et équivoque ;

Ou : considérant que la déclaration du jury, au lieu de contenir des réponses distinctes à chacune des questions posées, ne renferme que cette mention : « A la majorité, sur toutes les questions : oui »; que cette déclaration laisse ainsi sans réponses distinctes les questions posées au jury; qu'elle est, dès lors, irrégulière;

Ou : considérant que la réponse faite par le jury à la ... question est inconciliable avec la réponse faite à la ... question; que, en conséquence, la déclaration du jury est contradictoire ;

Ou : considérant que le jury, sans qu'aucune question lui fût posée à cet égard, déclaque le fait déclaré constant par lui a été commis avec la circonstance de ... ; que cette déclaration est irrégulière;

Ou : considérant que la déclaration que le jury ne peut se prononcer avant d'être mieux éclairé, est illégale;

Ordonne que le jury retournera dans la chambre de ses délibérations pour y délibérer à nouveau et former une nouvelle déclaration régulière, complète, concordante et non équivoque.

Rectification de questions.

408. Le renvoi des jurés dans la chambre de leurs délibérations peut être encore ordonné par la Cour, si la déclaration est irrégulière, non par le fait de ceux-ci, mais parce que des questions auraient été omises ou mal posées. La rectification opérée, le jury doit délibérer à nouveau.

La Cour a le droit d'ordonner, en ce cas, le renvoi des jurés dans leur chambre, même après la lecture à l'accusé du verdict du jury, les conclusions du ministère public et les observations de la défense (1), comme, d'ailleurs, elle le peut pour toute autre cause (2).

409. Mais, tandis que le renvoi du jury pour irrégularité de ses

(1) V. not. C. 7 nov. 1850, S.51.1.463.
(2) V. not. C. 4 janv. 1844, S.44.1.344.

réponses peut avoir lieu sans que l'accusé soit entendu et sans qu'il puisse s'en plaindre (1), ce renvoi ne peut, en cas d'irrégularité des questions, être ordonné qu'en sa présence ; celle de son défenseur ne suffirait pas. La rectification des questions ne doit se faire que devant lui (2).

410. La découverte d'inexactitudes dans les questions remises aux jurés peut se produire pendant que ceux-ci délibèrent. En ce cas, on reprend l'audience et on les y rappelle. Les rectifications opérées, en présence de l'accusé, ils rentrent dans leur chambre.

411. C'est le président qui pose les questions (art. 336, C. instr. crim.). Il n'y a donc pas à rendre un arrêt pour qu'il soit procédé à leur rectification, à moins qu'il ne s'élève sur ce point un incident contentieux. Mais un arrêt est nécessaire pour ordonner le renvoi des jurés, si, au moment où la rectification a lieu, ils avaient déjà formé leur verdict.

Erreurs alléguées par le jury.

412. Il peut se faire que, rentré dans la salle d'audience, le jury s'aperçoive d'une erreur qu'il aurait commise. Il n'a pas le droit de rentrer spontanément dans sa chambre (3); mais la Cour peut l'y renvoyer (4), l'allégation d'erreur ne se produisît-elle qu'après la lecture du verdict à l'accusé (5). Ce renvoi serait toutefois illégal, si cette allégation avait lieu seulement après ou pendant la prononciation de l'arrêt de condamnation (6).

Nouvelle déclaration.

413. Lorsque les jurés sont renvoyés dans leur chambre, le président n'a pas à leur répéter les avertissements prescrits par les articles 343 et suiv. (7).

Leur nouvelle déclaration doit être faite dans les formes légales de la première. Tous les jurés doivent y prendre part. Ils ne peuvent pas déclarer simplement à l'audience avoir autorisé leur chef à opérer les régularisations ou corrections nécessaires (8).

Si cette nouvelle déclaration est vicieuse encore, les jurés doivent être renvoyés dans leur chambre, pour y délibérer à nouveau et formuler enfin une déclaration régulière.

414. On peut se demander quelles seraient les conséquences d'une

(1) V. not. C. 11 avril 1817, Sirey, coll. nouv., 5.1.306.
(2) V. not. C. 11 janv. 1840, S.40.1.750.
(3) V. not. C. 11 oct. 1827, Sirey, coll. nouv., 8.1.689.
(4) V. not. C. 18 juill. 1839, S.40.1.817.
(5) V. not. C. 4 janv. 1844, S.44.1.544 (précité).
(6) V. not. C. 2 sept. 1869, S.70.1.279.
(7) V. not. C. 20 mai 1837, S.37.1.653.
(8) V. not. C. 13 sept. 1820, Sirey, coll. nouv., 6.1.312; — 29 janv. 1830, Sirey, coll. nouv., 9.1.223; — 27 juin 1839, S.40.1.666.

persistance invincible, d'ailleurs invraisemblable, du jury dans une déclaration vicieuse. L'article 352, C. instr. crim. (V. *suprà*, p. 74, n. 5), lequel suppose, par son texte, une déclaration régulière, ne pourrait pas être appliqué. Il est évident, d'autre part, que cette déclaration ne pourrait pas servir, au moins pour le tout, de base légale à une condamnation. Si donc l'irrégularité portait sur l'ensemble de la déclaration ou sur un fait principal, l'accusé devrait être acquitté, ou bien le fait non régulièrement constaté à sa charge ne pourrait pas être compris dans les motifs de la condamnation. Si l'irrégularité portait sur des circonstances, ces circonstances devraient être considérées comme n'existant pas.

§ 3. — Signatures de la déclaration.

Signatures du chef du jury, du président et du greffier.

415. La déclaration du jury doit être signée (art. 349, C. instr. crim.). — (V. *suprà*, p. 117, n. 1) par le chef du jury, par le président des assises et par le greffier.

A quelque moment et en quelque lieu (chambre des délibérations ou salle d'audience) qu'elle soit signée par le chef du jury, elle ne peut l'être par celui-ci qu'en présence de tous les jurés (1).

La signature du président et celle du greffier sont nécessairement données à l'audience, après la remise de la déclaration par le chef du jury (art. 349).

Ces trois signatures sont *substantielles*. Elles peuvent seules donner à la déclaration du jury le caractère d'irrévocabilité et d'authenticité, nécessaire pour qu'elle serve de base légale à un arrêt de condamnation. Cette déclaration doit avoir reçu ce caractère au moment où il en est fait lecture par le greffier devant l'accusé; ces trois signatures doivent donc être apposées avant cette lecture (2). Il est indispensable que le procès-verbal contienne la mention qu'il en a été ainsi (3).

§ 4. — Lecture de la déclaration du jury à l'accusé.

416. Régulière, ayant reçu un caractère d'authenticité par l'apposition des signatures du chef du jury, du président de la Cour d'assises et du

---

(1) V. not. C. 10 janv. 1878, S.78.1.390 (précité).
(2) V. not. même arrêt de 1878.
(3) V. not. même arrêt de 1878.

greffier, la déclaration du jury doit être lue par le greffier, en présence de l'accusé [art. 357, C. instr. crim.] (1).

Le PRÉSIDENT ordonne que l'accusé comparaisse :

Gardes, faites rentrer l'accusé (ou les accusés),

Celui-ci introduit, le président ajoute :

Monsieur le greffier, veuillez donner lecture de la déclaration du jury.

Le greffier lit la déclaration.

417. S'il y a plusieurs accusés, on peut les faire rentrer successivement et lire devant chacun d'eux la déclaration qui le concerne. Il en est ainsi, dans l'usage, lorsque parmi plusieurs accusés certains sont déclarés non coupables et les autres coupables. Les premiers sont d'abord appelés; le verdict de non-culpabilité qui leur est applicable est lu et leur acquittement prononcé, avant que leurs coaccusés déclarés coupables soient introduits.

418. La lecture en présence des accusés de la déclaration du jury est une formalité *substantielle*, dont l'omission entraîne nullité (2). Bien qu'elle n'ait pas de forme sacramentelle, cette lecture ne peut pas être remplacée par des équivalents. Ainsi la nullité résultant de son omission ne serait pas couverte par l'interpellation que le président aurait faite à l'accusé, ou aux accusés, sur l'application de la peine (3).

§ 5. Effets de la déclaration du jury.

La déclaration régulière du jury est irréfragable.

419. La déclaration régulière du jury s'impose au président et à la Cour d'assises, d'une manière irréfragable (art. 350, C. instr. crim. — V. *suprà*, p. 117, n. 3).

420. Elle doit nécessairement (sauf dans le cas exceptionnel du renvoi autorisé par l'article 352, C. instr. crim. — V. *suprà*, p. 74) être suivie d'une ordonnance d'acquittement (art. 358, C. instr. crim. — V. *infrà*) ou d'un arrêt de condamnation (art. 365, C. instr. crim. — V. *infrà*).

Compétence obligatoire de la Cour.

421. La Cour d'assises ne peut pas se déclarer incompétente. En effet, les arrêts de mise en accusation saisissent irrévocablement les Cours d'assises de la connaissance et du jugement des affaires sur lesquelles ils sont inter-

---

(1) *Art.* 357, *C. inst. crim.* — Le président fera comparaître l'accusé, et le greffier lira en sa présence la déclaration du jury.

(2) V. not. C. 27 nov. 1845, S.47.1.698; — 15 sept. 1836, S.37.1.604.

(3) V. not. C. 26 fév. 1874, S.74.1.408; — 26 avril 1839, S.40.1.478.

venus, lorsqu'ils n'ont pas été attaqués dans le délai de la loi. Ces arrêts de mise en accusation, fussent-ils encore attaquables, ne pourraient être réformés que par la Cour de cassation. D'un autre côté, les Cours d'assises sont investies, en matière criminelle, de la plénitude de juridiction; elles peuvent, en conséquence, connaître de tous les faits punis par la loi française, sans commettre aucun excès de pouvoirs et sans sortir des limites de leurs attributions (1).

422. C'est en vertu de ces principes que l'article 365, C. instr. crim. (V. *infrà*), dans son premier paragraphe, dit que la Cour prononcera la peine établie par la loi, même dans le cas où le fait, d'après les débats, ne se trouverait plus être de la compétence de la Cour d'assises.

423. Pour les mêmes motifs et par application de l'article 365, il a été décidé que si un *mineur de seize ans*, n'ayant pas de coaccusé au-dessus de cet âge, prévenu de crimes autres que ceux entraînant la peine de mort, les travaux forcés à perpétuité, la déportation ou la détention (art. 68, Code pénal), a été renvoyé, à tort, devant la Cour d'assises, celle-ci doit le juger (2).

424. De même, une Cour d'assises, saisie de faits ressortissant d'une autre Cour ou même d'une *juridiction exceptionnelle* (des tribunaux militaires, par exemple), doit instruire sur ces faits, les soumettre au jury et statuer conformément à la déclaration de celui-ci (3).

425. Il a été jugé toutefois que la juridiction de la Cour d'assises, quelque générale qu'elle soit, ne peut pas s'étendre aux actes commis *hors du territoire* par des *étrangers*, lesquels, à raison de ces actes, ne sont pas justiciables des tribunaux français. En ce cas, si l'accusé présente devant la Cour d'assises une exception d'incompétence, la Cour doit accueillir cette exception (4).

XV

ORDONNANCE D'ACQUITTEMENT.

426. Lorsqu'il résulte de la déclaration du jury que l'accusé *n'est pas coupable* des faits qui lui sont imputés, le président, lecture de cette

---

(1) V. C. 10 janv. 1873, S.73.1.141 (motifs de l'arrêt).
(2) V. not. C. 20 avril 1827, Sirey, coll. nouv. 8.1.574.
(3) V. not. C. 5 avril 1832, S.32.1.511.
(4) V. C. 10 janv. 1873, S.73.1.141 (précité).

déclaration faite par le greffier, prononce que l'accusé est acquitté [art. 358, C. inst. crim., § 1er] (1).

L'ordonnance d'acquittement est rendue par le président des assises.

427. C'est le président seul qui rend l'ordonnance d'acquittement. Il le fait, sans consulter les juges ni le ministère public; la Cour ne doit pas intervenir (2).

Cette intervention n'aurait légitimement lieu que s'il s'élevait une contestation sur le sens du verdict. La Cour aurait à décider si par ce verdict l'accusé est déclaré coupable ou non coupable. Si elle jugeait qu'il est déclaré non coupable, elle ne l'acquitterait pas cependant; c'est le président qui rendrait l'ordonnance d'acquittement.

Limites du pouvoir présidentiel.

428. Il faut, pour qu'il y ait acquittement, que l'accusé *soit déclaré non coupable* et non pas seulement que le fait dont il est reconnu coupable ne soit pas punissable d'après la loi. En ce dernier cas, la conséquence du verdict du jury est *l'absolution* de l'accusé, laquelle ne peut être prononcée que par un arrêt de la Cour (3).

429. Lorsque la non-culpabilité de l'accusé ne résulte pas de la déclaration du jury, l'ordonnance d'acquittement prononcée par le président serait illégale et incompétemment rendue. Elle devrait être annulée par la Cour de cassation, à l'égard de toutes les parties. Dans le cas où de la déclaration résulte la culpabilité, dans quelque mesure que ce soit, c'est à la Cour entière et non au président seul qu'est remis le pouvoir de statuer et de prononcer une condamnation, ou, si le fait n'est pas défendu par la loi, d'absoudre l'accusé (4).

Si, par le verdict du jury, l'accusé est déclaré, explicitement ou implicitement, *non coupable*, le droit du président est entier. Son ordonnance d'acquittement, quand elle est conforme à ce verdict, celui-ci fût-il irrégulier, est compétemment rendue. Elle ne pourrait être annulée que dans l'intérêt de la loi, sans préjudicier à la partie acquittée (5) [art. 409, C. inst. crim.] (6).

(1) *Art.* 358, *C. instr. crim.*, § 1er. — Lorsque l'accusé aura été déclaré non coupable, le président prononcera qu'il est acquitté de l'accusation, et ordonnera qu'il soit mis en liberté, s'il n'est retenu pour autre cause.

(2) V. not. C. 12 vendémiaire an XIII, Sirey, coll. nouv., 2.1.4.

(3) V. not. C. 24 mai 1821, Sirey, coll. nouv., 6.1.443; — 25 fév. 1830, Sirey, coll. nouv., 9.1.458; — 2 juin 1831, S,31.1.346.

(4) V. not. C. 2 juill. 1813 (deux arrêts), Sirey, coll. nouv., 4.1.386 et 387; — 15 fév. 1834, S.34.1.122.

(5) V. not. C. 2 juill. 1813 (arrêt Herretz), Sirey, coll. nouv., 4.1.386; — 21 sept. 1839, Sirey, 39.1.935; — anal. 9 fév. 1839, S.40.1.479.

(6) *Art.* 409, *C. instr. crim.* — Dans le cas d'acquittement de l'accusé, l'annulation de l'ordonnance qui l'aura prononcé et de ce qui l'aura précédé, ne pourra être poursuivie par le ministère public que dans l'intérêt de la loi et sans préjudicier à la partie acquittée

430. La formule des ordonnances d'acquittement est habituellement la suivante : Formule d'ordonnance d'acquittement.

Nous, président,
Vu la déclaration du jury, de laquelle il résulte que N... n'est pas coupable;
En vertu des pouvoirs qui nous sont conférés par l'art. 358, C. inst. crim. (*ou* par la loi);
Déclarons ledit N... acquitté de l'accusation portée contre lui et ordonnons qu'il sera mis en liberté, s'il n'est retenu pour autres causes.

431. L'accusé acquitté doit, d'après l'ordonnance même du président, être mis en liberté, *s'il n'est retenu pour autres causes.* Effets de l'acquittement.

Ces autres causes peuvent être des poursuites déjà commencées contre l'accusé, pour des faits étrangers à l'accusation qui vient d'être jugée, ou de nouvelles poursuites, pour de nouveaux faits, ordonnées par le président conformément à l'art. 361, C. inst. crim. (V. *suprà*, p. 93, n. 7). Mise en liberté de l'accusé.

C'est au ministère public de pourvoir à l'exécution de l'ordonnance de mise en liberté. S'il s'oppose à son exécution immédiate, la Cour n'a pas à intervenir. L'ordonnance d'acquittement a sans doute pour effet de rendre nécessaire et immédiate la radiation de l'écrou résultant de l'ordonnance de prise de corps et de l'arrêt de mise en accusation, dont les causes viennent d'être purgées ; mais il n'appartient ni au président ni à la Cour d'assises de connaître des autres causes d'écrou qui restent à la charge de l'individu acquitté, en dehors des dispositions exceptionnelles de l'art. 361 (1).

432. L'ordonnance d'acquittement *purge définitivement*, en faveur de l'accusé, l'accusation qui en a été l'objet. L'individu acquitté ne peut plus être repris ni accusé à raison des mêmes faits [art. 360, C. inst. crim.] (2). Caractère définitif de l'acquittement.

433. L'accusé, lorsqu'il est acquitté, ne peut pas être condamné aux frais (3), encore bien que la partie civile ait obtenu contre lui des dommages-intérêts (4). Mais si l'accusé acquitté a été auparavant condamné par contumace pour le même fait, il doit supporter les frais occasionnés par sa contumace (5). Frais.

---

(1) V. not. C. 4 mars 1853, S.53.1.316.
(2) *Art.* 360, *C. instr. crim.* — Toute personne acquittée légalement ne pourra plus être reprise ni accusée à raison du même fait.
(3) V. not. C. 17 ventôse an XII, Sirey, coll. nouv., 1.1.943; — 1er déc. 1855, S.56.1.467; — 5 déc. 1861, S.62.1.333.
(4) V. not. C. 24 mai 1855, S. 55.1.619.. — Anal. C. 1er déc. 1883.
(5) *Art.* 478, *C. inst. crim.* — Le contumax qui, après s'être représenté, obtiendrait son renvoi de l'accusation, sera toujours condamné aux frais occasionnés par sa contumace.

XVI

ARRÊTS D'ABSOLUTION.

434. L'accusé déclaré *coupable* d'un fait *non défendu* par la loi pénale doit être *absous* [art. 364, C. inst. crim.] (1).

L'absolution doit faire l'objet d'un arrêt.

435. L'absolution est prononcée par la Cour, laquelle rend un arrêt, et non par le président seul (V. *suprà*, p. 128).

Cas où elle doit être prononcée.

436. Pour qu'il y ait lieu à absolution, il faut que le fait déclaré constant par le jury ne soit pas frappé par la loi.

Il en est ainsi quand la loi pénale est muette sur le fait poursuivi.

Il en est de même lorsque le fait poursuivi, tel qu'il a été déclaré constant par le jury, perd le caractère d'infraction punissable, et que la loi pénale ne doit pas y être appliquée (2).

437. L'absolution doit être prononcée, si l'accusé est reconnu par le jury avoir agi en état de *démence*, ou sous une *contrainte irrésistible* [art. 64, C. pén.] (3) ;

Si l'on a admis en sa faveur des *faits justificatifs* ou des faits d'*excuse péremptoire* (V. *suprà*) ;

S'il est établi que, *âgé de moins de seize ans*, l'accusé a agi *sans discernement* [art. 66, C. pén.] (4) ;

Si les faits incriminés sont couverts par la *prescription* (5) ;

Si, encore, ces faits, dépouillés par le jury de leurs circonstances constitutives, ont perdu le caractère d'infraction à la loi pénale (6).

Formule d'arrêt d'absolution.

438. Les arrêts d'absolution peuvent être formulés de la manière suivante :

LA COUR,

Vu la déclaration du jury, de laquelle il résulte que... *ou* portant que... ;

---

(1) *Art.* 364, *C. inst. crim.* — La Cour prononcera l'absolution de l'accusé, si le fait dont il est déclaré coupable n'est pas défendu par la loi pénale.

(2) V. not. C. 2 juin 1831, S.31.1.346.

(3) V. même arrêt du 2 juin 1831.

(4) V. not. même arrêt (motifs), et C. 7 janv. 1876, S.76.1.96 (motifs).

(5) V. not. C. 22 avril 1830, Sirey, coll. nouv., 9.1.499.

(6) V. not. C. 25 avril 1806, Sirey, coll. nouv., 2.1.237 ; — 4 mai 1827, Sirey, coll. nouv., 8.1.590 ; — 5 janv. 1832, S.32.1.233.

Ouï le ministère public en ses réquisitions, l'accusé et son défenseur en leurs observations et conclusions;

Après en avoir délibéré conformément à loi;

Considérant que le fait, dont N... a été déclaré coupable par le jury, *n'est défendu* par aucune loi pénale;

Ou : considérant qu'il résulte de ladite déclaration que N... était en état de *démence* — *ou :* n'a agi que contraint par une force à laquelle il *n'a pu résister* — lorsqu'il a commis le fait dont il a été reconnu coupable par le jury;

Ou : considérant que le fait *justificatif (ou d'excuse)* reconnu constant par le jury, en faveur de l'accusé, soustrait celui-ci à l'application d'une peine;

Ou : considérant qu'il résulte de ladite déclaration que l'accusé, *âgé de moins de seize ans*, a agi *sans discernement ;*

Ou : considérant que l'action publique (*et* l'action civile), vu l'époque à laquelle ont été commis les faits déclarés constants par le jury, est *prescrite ;* qu'il ne peut dès lors être fait à leur auteur l'application d'aucune peine;

Ou : considérant que le fait imputé à N..., tel qu'il a été déclaré constant par le jury, *ne renferme pas les caractères constitutifs* d'un crime ou d'un délit, ni d'aucun acte punissable,

Déclare N... absous de l'accusation portée contre lui,

Ordonne qu'il sera mis en liberté, s'il n'est retenu pour autre cause.

> [Si l'accusé absous est un mineur de seize ans, il faut ajouter : *ou :* dit que N... sera rendu à ses parents; *ou :* dit que N... sera conduit dans une maison de correction, pour y être élevé et détenu jusqu'à l'âge de...., ou pendant.... années (en tout cas, la durée de cette détention ne peut excéder l'époque où l'accusé absous aura accompli sa vingtième année (art. 66, C. p.).]

Condamne N... aux frais.

439. La mise en liberté de l'accusé absous n'est pas nécessairement immédiate. Le ministère public a le droit, d'après le 2e paragr. de l'art. 410 du Code d'instruction criminelle (1), de se pourvoir contre l'arrêt d'absolution et d'en demander l'annulation à l'égard de l'accusé. Or, le 4e paragraphe de l'art. 373, C. inst. crim. (V. *infrà*), porte que pendant les trois jours de délai pour le pourvoi, et, s'il y a eu recours en cassation, jusqu'à la réception de l'arrêt de la Cour suprême, il sera sursis à l'exécution de l'arrêt de la Cour d'assises (2).

Effets de l'arrêt d'absolution. Mise en liberté.

440. Quant aux frais, l'accusé absous, à la différence de l'accusé acquitté,

Frais.

---

(1) *Art. 410, C. inst. crim.* — Lorsque la nullité procédera de ce que l'arrêt aura prononcé une peine autre que celle appliquée par la loi à la nature du crime, l'annulation de l'arrêt pourra être poursuivie tant par le ministère public que par la partie condamnée.

La même action appartiendra au ministère public contre les arrêts d'absolution mentionnés en l'art. 364, si l'absolution a été prononcée surle fondement de la non-existence d'une loi pénale, qui pourtant aurait existé.

(2) V. not. C. 29 nivôse an IX, et la note Sirey, coll. nouv., 1.1.417; — Nouguier, n. 3746.

doit y être condamné (1). La Cour pourrait l'en exonérer cependant, si le fait dont il a été déclaré coupable n'est puni ni prévu par aucune loi (2).

Formalités préalables.

441. Les arrêts d'absolution ne doivent être prononcés qu'après les réquisitions du ministère public pour l'application de la loi, les conclusions de la partie civile, s'il y en a une au procès, et l'interpellation du président au défenseur et à l'accusé, pour demander si celui-ci n'a rien à dire pour sa défense [art. 362 et 363, C. J.] (3).

442. Le PRÉSIDENT, aussitôt la lecture de la déclaration du jury faite par le greffier en présence de l'accusé, dit :

Monsieur l'avocat général a la parole.

Les réquisitions du ministère public prises, le PRÉSIDENT s'adresse à la partie civile, s'il y en a une, et dit :

La partie civile *ou* l'avocat de la partie civile a la parole.

Ensuite, s'adressant au défenseur de l'accusé, il dit :

Le défenseur de l'accusé a-t-il des observations à présenter ?

Enfin, il interpelle l'accusé :

Accusé, avez-vous quelque chose à dire sur l'application de la peine ?

Les réponses faites, et le débat, s'il y en a un, terminé, le PRÉSIDENT ajoute :

La Cour va en délibérer.

---

(1) V. not. C. 2 juin 1831, S.31.1.346 (précité); — 30 juill. 1831, S.31.1.410; — 21 août 1845, S.45.1.721; — 9 fév. 1854, S.54.1.227; — 20 mai et 22 juin 1855, S.55.1.619; 7 janv. 1876, S.76.1.96 (précité).

(2) V. not. C. 16 déc. 1831 et 22 déc. 1831, S.32.1.232 et 233.

(3) *Art.* 362, *C. inst. crim.* — Lorsque l'accusé aura été déclaré coupable, le procureur général fera sa réquisition à la Cour pour l'application de la loi.

La partie civile fera la sienne pour restitution et dommages-intérêts.

Art. 363, *C. inst. crim.* — Le président demandera à l'accusé s'il n'a rien à dire pour sa défense.

L'accusé ni son conseil ne pourront plus plaider que le fait est faux, mais seulement qu'il n'est pas défendu ou qualifié délit par la loi, ou qu'il ne mérite pas la peine dont le procureur général a requis l'application, ou qu'il n'emporte pas de dommages-intérêts au profit de la partie civile, ou enfin que celle-ci élève trop haut les dommages-intérêts qui lui sont dus.

443. L'avertissement à l'accusé, après les réquisitions prises contre lui pour l'application de la loi et avant le prononcé de l'arrêt, prescrit par l'art. 363, C. inst. crim., est une *formalité substantielle*, qui se rattache essentiellement au droit de la défense. Son omission entraînerait la nullité de la condamnation (1), à moins que, la peine encourue étant immuable (2) ou la Cour ayant appliqué le minimum de la peine (3), l'accusé n'ait pas pu, par lui-même ou par l'organe de son défenseur, présenter utilement des observations. Interpellation à l'accusé.

L'assistance de l'accusé par un conseil, indiquée par l'art. 363, est nécessaire lorsque le président prononce l'interpellation relative à l'application de la peine. L'absence de ce conseil, si elle provenait du fait de la Cour, du président ou du ministère public, entraînerait la nullité de l'arrêt de condamnation (4).

XVII

ARRÊTS DE CONDAMNATION.

444. La déclaration du jury, que l'accusé est coupable d'un fait défendu par une loi pénale, oblige la Cour à prononcer contre celui-ci la peine établie par la loi (art. 365, C. inst. crim.) (5).

La Cour est astreinte à rendre un arrêt de condamnation, le ministère public requît-il l'acquittement de l'accusé déclaré coupable (6).

§ 1er. — Eléments des arrêts de condamnation.

445. C'est à la déclaration régulière du jury et non aux qualifications de

---

(1) V. not. C. 26 juill. 1822, Sirey, coll. nouv., 7.1.117; — 19 sept. 1828, Sirey, coll. nouv., 9.1.175; — 9 avril 1829, Sirey, coll. nouv., 9.1.273; — 17 mai 1832, S.32.1.720.

(2) V. not. C. 24 janv. 1850 (*Bull. crim.*).

(3) V. not. C. 17 juin 1830, Sirey, coll. nouv., 9.1.543.

(4) V. not. C. 22 avril 1813, Sirey, coll. nouv., 4.1.337.

(5) *Art. 365, C. inst. crim.* — Si le fait est défendu, la Cour prononcera la peine établie par la loi, même dans le cas où, d'après les débats, il se trouverait n'être plus de la compétence de la Cour d'assises.

En cas de conviction de plusieurs crimes ou délits, la peine la plus forte sera seule prononcée.

(6) V. not. C. 14 pluviôse an XII, Sirey, coll. nouv., 1.928; — anal. 27 juin 1811, Sirey, coll. nouv., 3.1.370.

l'arrêt de renvoi de la chambre des mises en accusation, que la Cour d'assises doit conformer son arrêt (1).

446. Si le fait déféré comme crime à la Cour d'assises, par la chambre des mises en accusation, perd ce caractère pour devenir, par suite de la déclaration du jury, un simple *délit*, ou une *contravention*, la Cour doit appliquer la peine (2); mais, elle ne devra pas le faire, si la déclaration du jury n'a reconnu un délit pour constant, qu'en dénaturant l'accusation et en appréciant un fait étranger à cette accusation. En pareil cas, d'ailleurs, la déclaration du jury ne serait pas régulière, que la question relative à ce fait lui ait été illégalement posée, ou qu'il l'ait surabondamment résolue en se la posant à lui-même (V. *suprà, Questions et déclaration du jury*).

Il va de soi que la Cour doit appliquer la loi pénale aux délits et contraventions connexes qui, relevés par l'arrêt de mise en accusation, ont été déclarés constants par le jury.

Non-cumul des peines.

447. Le second paragraphe de l'art. 365 *interdit* LE CUMUL DES PEINES et prescrit que, en cas de conviction de plusieurs crimes ou délits, la Cour ne devra prononcer que la peine la plus forte.

448. Cette règle ne s'applique pas seulement dans le cas où la Cour d'assises est saisie en même temps de la connaissance de plusieurs crimes ou délits imputables au même accusé, mais lorsque cet accusé, précédemment condamné, a à répondre devant la Cour de faits antérieurs à une ou à des condamnations précédentes (3). L'accusé expie tous les crimes ou délits, qu'il peut avoir précédemment commis, par sa condamnation à la plus forte des peines encourues pour ces crimes ou délits. Ainsi, par exemple, un condamné par contumace pour crime, qui vient à être plus tard condamné contradictoirement, pour des faits nouveaux, à une peine plus forte que celle prononcée par l'arrêt de contumace, ne peut plus être puni pour les faits qui avaient motivé cette condamnation par contumace (4).

449. Mais l'accusé n'est exempt d'une nouvelle peine que si celle qui a été déjà prononcée contre lui est supérieure à celle qui serait applicable aux

---

(1) V. not. C. 15 octobre 1813, Sirey, coll. nouv., 4.1.448; — 8 août 1817, Sirey, coll. nouv., 5.1.360; — 5 fév. 1819, Sirey, coll. nouv., 6.1.24.

(2) V. not. C. 24 juin 1819, Sirey, coll. nouv., 6.1.89; — 16 sept. 1819, Sirey, coll. nouv., 6.1.124.

(3) V. not. C. 27 fév. 1824, Sirey, coll. nouv., 7.1.404; — 8 oct. 1824, Sirey, coll. nouv., 7.1.540; — 29 juill. 1826, Sirey, coll. nouv., 8.1.403; — 18 juin 1829, Sirey, coll. nouv., 7.1.315; — 17 juin 1831, S.31.1.250.

(4) V. not. C. 19 mars 1818, Sirey, coll. nouv., 5.1.454; — 24 avril 1856, S.56.1.627.

faits dont il a actuellement à répondre, ou si, les deux ordres de faits étant frappés de la même peine, le maximum de cette peine a été atteint par la précédente condamnation (1).

450. La règle du NON-CUMUL DES PEINES s'applique à toutes les infractions réprimées par la loi pénale (2), à moins que ces infractions ne soient, explicitement ou implicitement, exceptées de l'application de cette règle. Par exemple, les peines peuvent être cumulées, en matière de contravention (3) d'application de lois et ordonnances antérieures au Code d'instruction criminelle (4), d'amendes et de condamnations pécuniaires prononcées par des lois spéciales pour de simples infractions matérielles (5).

451. Le principe du non-cumul des peines n'empêche point, si le crime ou le délit le moins grave emporte une *peine accessoire*, telle que la surveillance de la haute police, que cette peine accessoire soit prononcée avec la peine principale la plus forte (6).

Graduation des peines.

452. La Cour est investie du pouvoir de GRADUER LES PEINES lorsque la loi indique un maximum et un minimum; mais ce pouvoir n'implique pas la faculté de diviser des peines que la loi a cumulativement prononcées. Il n'est pas permis, notamment, lorsqu'un fait est frappé à la fois de l'emprisonnement et de l'amende, de n'appliquer que l'une de ces peines (7), si ce n'est au cas d'admission de circonstances atténuantes. La Cour ne peut pas davantage modifier une *peine fixe*. Là, par exemple, où la loi indique le maximum d'une peine, l'arrêt de condamnation ne peut pas réduire celle-ci (8).

Récidive.

453. La peine indiquée par la loi doit être aggravée à l'égard du condamné qui se trouve en état de RÉCIDIVE LÉGALE [art. 56, 57 et 58, C. pén.] (9).

---

(1) V. not. arrêt du 24 avril 1856, précité. — C. 13 fév. 1880, S.81.1.233.

(2) V. not. C. 26 juill. 1855, S.55.1.849; — 28 fév. 1857, S.57.1.389; — 13 juill. 1860, S.61.1.387; — 20 mars 1862, S.62.1.902; — 22 juill. 1880, S.82.1.89.

(3) V. not. C. 18 juill. 1860, S.61.1.661; — 5 août 1869, S.70.1.230.

(4) V. not. C. 3 mai 1866, S.66.1.456.

(5) V. not. C. 17 mai 1851 (deux arrêts), S.51.1.376 et 380; — 3 janv. 1856, S.56.1.380.

(6) V. not. C. 28 sept. 1837, S.37.1.1034; — 12 sept. 1844, S 45.1.239; — 25 avril 1847, S.47.1.688; — 13 mai 1853, S.53.1.461; — 6 mars 1856, S.56.1.625.

(7) V. not. C. 15 oct. 1807, Sirey, coll. nouv., 2.1.439.

(8) V. not. C. 8 oct. 1852 (*Bull. crim.*).

(9) *Art.* 56, *C. p.* — Quiconque ayant été condamné à une peine afflictive ou infamante, aura commis un second crime emportant, comme peine principale, la dégradation civique, sera condamné à la peine du bannissement.

Si le second crime emporte la peine du bannissement, il sera condamné à la peine de la détention.

454. La constatation de *l'état de récidive* doit être faite par la Cour d'assises et non par le jury. C'est à elle seule qu'il appartient, après la déclaration de culpabilité, d'examiner et d'apprécier si, en fait et en droit, un accusé est en état de récidive légale (1).

455. Cet état résulte de la *nature de la peine* qui a été antérieurement prononcée contre l'accusé et non de la qualification du fait auquel cette peine a été appliquée. Cela résulte du texte même de l'art. 56, C. pén., tel qu'il a été modifié par la loi de revision de 1832. Ainsi l'accusé précédemment condamné pour crime, mais, à cause de l'admission de circonstances atténuantes, à l'emprisonnement seulement, n'est pas, en cas de nouveau crime, passible des peines de la récidive (2).

456. La récidive ne peut résulter que d'une condamnation antérieure devenue *définitive*.

457. Les dispositions légales relatives à la récidive sont générales et absolues. Elles s'appliquent à tous les crimes et délits, prévus par le Code pénal,

---

Si le second crime emporte la peine de la reclusion, il sera condamné à la peine des travaux forcés à temps.

Si le second crime emporte la peine de la détention, il sera condamné au maximum de la même peine, laquelle pourra être élevée jusqu'au double.

Si le second crime emporte la peine des travaux forcés à temps, il sera condamné au maximum de la même peine, laquelle pourra être élevée jusqu'au double.

Si le second crime emporte la peine de la déportation, il sera condamné aux travaux forcés à perpétuité.

Quiconque, ayant été condamné aux travaux forcés à perpétuité, aura commis un second crime emportant la même peine, sera condamné à la peine de mort.

Toutefois l'individu condamné par un tribunal militaire ou maritime ne sera, en cas de crime ou délit postérieur, passible des peines de la récidive qu'autant que la première condamnation aurait été prononcée pour des crimes ou délits punissables d'après les lois pénales ordinaires.

Art. 57, *C. p.* — Quiconque, ayant été condamné pour crime à une peine supérieure à une année d'emprisonnement, aura commis un délit ou un crime qui devra n'être puni que de peines correctionnelles, sera condamné au maximum de la peine portée par la loi, et cette peine pourra être élevée jusqu'au double.

Le condamné sera, de plus, mis sous la surveillance spéciale de la haute police, pendant cinq ans au moins et dix ans au plus.

Art. 58, *C. p.* — Les coupables condamnés correctionnellement à un emprisonnement de plus d'une année seront aussi, en cas de nouveau délit ou de crime qui devra n'être puni que de peines correctionnelles, condamnés au maximum de la peine portée par la loi, et cette peine pourra être élevée jusqu'au double ; ils seront, de plus, mis sous la surveillance spéciale du gouvernement pendant au moins cinq années et dix ans au plus.

(1) V. not. C. 21 déc. 1871, S.72.1.447.

(2) V. not. C. 3 juill. 1863 (*Bull. crim.*); — 6 janv. 1881, S.82,1.281; — anal. C. 24 janv. 1867, S.67.1.305.

et à tous ceux prévus par des lois particulières, à moins que ces lois n'en aient autrement ordonné ou qu'elles n'aient dérogé implicitement aux prescriptions du droit commun (1).

458. La *preuve* de l'état de récidive résulte complètement d'extraits des arrêts portant condamnations antérieures. Elle peut résulter aussi de la production d'extraits du casier judiciaire, confirmés par les aveux du prévenu (2). A défaut de ces moyens de preuve, la Cour d'assises pourrait établir par d'autres éléments l'existence d'une condamnation antérieure créant la récidive ; elle trouverait ces éléments dans des registres d'écrou dûment certifiés, par exemple, et dans tous autres moyens d'information (3). Ainsi, le ministère public peut être admis à prouver par des témoins, appelés à l'audience en vertu du pouvoir discrétionnaire du président, que l'accusé a déjà subi une condamnation génératrice de l'état de récidive (4).

459. Pour appliquer les peines de la récidive, il faut que la Cour ait la preuve certaine que l'état de récidive existe, et qu'elle le constate dans l'arrêt de condamnation. Si cet état était ignoré lorsque l'arrêt de condamnation a été rendu, la Cour ne pourrait pas, le connaissant plus tard, prononcer ultérieurement contre l'accusé l'aggravation de peine qu'entraînerait la récidive (5).

460. Mais lorsque la preuve de la récidive est acquise au procès, la Cour d'assises ne peut se dispenser de la déclarer et d'en appliquer les peines, alors même que le ministère public n'en aurait pas requis l'application (6).

461. Les peines de la récidive doivent être appliquées même alors que la peine précédente, prononcée par contumace (ou par défaut, en cas de délit), est *prescrite* (7), ou alors que l'accusé a été *gracié* de la peine antérieurement encourue (8), ou alors qu'il a été *réhabilité* (9). Il n'y a que l'*amnistie*

---

(1) V. not. C. 25 nov. 1828. Sirey, coll. nouv., 9.1.145 ; — 7 sept. 1837, S.37.1.944 ; — 5 janv. 1861, S.61.1.391 ; — 24 sept. 1868, S.70.1.142 ; — 20 janv. 1882, S.82.1.285.

(2) V. not. C. 4 fév. 1860, S.61.1.395; — 9 juill. 1876, S.78.1.186 ; — anal. C. 10 avril 1880, S.81.1.91.

(3) V. not. C. 9 août 1855 (*Bull. crim.*).

(4) V. not. C. 10 juill. 1828, Sirey, coll. nouv, 9.1.129.

(5) V. not. C. 18 floréal an VII, Sirey, coll. nouv., 1.1.197; — 18 fructidor an XIII, Sirey, coll. nouv., 2.1.161.

(6) V. not. C. 6 fév. 1823, Sirey, coll. nouv., 7.1.189 ; — 9 juin 1826, Sirey, coll. nouv., 8.1.357.

(7) V. not. C. 10 mai 1861, S.62.1.330.

(8) V. not. C. 4 juill. 1828, Sirey, coll. nouv., 9.1.124.

(9) V. not. C. 6 fév. 1823, précité.

18

qui mette l'accusé, antérieurement condamné, à l'abri des peines de la récidive (1).

Circonstances atténuantes.

462. Les CIRCONSTANCES ATTÉNUANTES ont pour effet de faire diminuer la peine prononcée par la loi. [Art. 463, C. pén.] (2).

463. Des termes de l'art. 341, C. inst. crim., « en toute matière *criminelle* », de ceux de l'art. 463, C. pén., « le *jury* aura déclaré des circonstances atténuantes » . . . « Si les circonstances *paraissent* atténuantes, les tribunaux sont autorisés », il résulte que c'est seulement lorsque l'accusé est reconnu coupable d'un crime, que le jury doit examiner s'il y a lieu de déclarer en sa faveur des circonstances atténuantes. Si, par suite du verdict écartant des circonstances aggravantes, admettant une excuse ou, négatif sur le fait principal, répondant affirmativement à une question résultant des débats, l'acte dont l'accusé est reconnu coupable se trouve réduit à un fait simplement punissable de peines correctionnelles, c'est à la Cour seule qu'appartient le droit d'apprécier s'il existe des circonstances atténuantes, d'en constater l'exis-

---

(1) V. not. C. 11 juin 1825, Sirey, coll. nouv., 8.1.135.

(2) *Art.* 463, *C. p.* — Les peines prononcées par la loi contre celui ou ceux des accusés reconnus coupables, en faveur de qui le jury aura déclaré les circonstances atténuantes, seront modifiées ainsi qu'il suit :

Si la peine prononcée par la loi est la mort, la Cour appliquera la peine des travaux forcés à perpétuité ou celle des travaux forcés à temps.

Si la peine est celle des travaux forcés à perpétuité, la Cour appliquera la peine des travaux forcés à temps ou celle de la réclusion.

Si la peine est celle de la déportation dans une enceinte fortifiée, la Cour appliquera celle de la déportation simple ou celle de la détention ; mais dans les cas prévus par les art. 96 et 97, la peine de la déportation sera seule appliquée.

Si la peine est celle de la déportation, la Cour appliquera la peine de la détention ou celle du bannissement.

Si la peine est celle des travaux forcés à temps, la Cour appliquera la peine de la réclusion ou les dispositions de l'art. 401, sans toutefois pouvoir réduire la durée de l'emprisonnement au-dessous de deux ans.

Si la peine est celle de la réclusion, de la détention, du bannissement ou de la dégradation civique, la Cour appliquera les dispositions de l'art. 401, sans toutefois pouvoir réduire la durée de l'emprisonnement au-dessous d'un an.

Dans le cas où le code prononce le maximum d'une peine afflictive, s'il existe des circonstances atténuantes, la Cour appliquera le minimum de la peine ou même la peine inférieure.

Dans tous les cas où la peine de l'emprisonnement et celle de l'amende sont prononcées par le Code pénal, si les circonstances paraissent atténuantes, les tribunaux correctionnels sont autorisés, même en cas de récidive, à réduire l'emprisonnement même au-dessous de six jours, et l'amende même au-dessous de seize francs ; ils pourront aussi prononcer séparément l'une ou l'autre de ces peines, et même substituer l'amende à l'emprisonnement, sans qu'en aucun cas elle puisse être au-dessous des peines de simple police.

tence et d'en faire l'application. La déclaration que ferait le jury sur ce point serait superflue et inopérante. Malgré la mention de circonstances atténuantes dans le verdict, la Cour ne serait pas tenue de réduire la peine applicable aux faits déclarés constants par le jury (1).

464. Les circonstances atténuantes ne sont pas applicables à toutes les infractions. Certaines sont exclues de leur bénéfice en vertu de lois spéciales. S'il résultait de la déclaration du jury que l'accusé est seulement coupable de l'une de ces infractions, il n'y aurait pas lieu de la part du jury à déclarer les circonstances atténuantes, ni, de la part de la Cour, à en tenir compte.

Récidive et circonstances atténuantes combinées.

465. Quand un accusé en état de *récidive* est reconnu coupable avec admission de *circonstances atténuantes*, il y a lieu, pour l'application de la peine, de combiner les effets résultant tout à la fois de cet état et de cette déclaration.

466. C'est l'état de récidive et ses conséquences pénales qu'il faut considérer d'abord ; c'est la peine qui en résulte que l'on abaisse par l'application des circonstances atténuantes. Aucune disposition législative ne le prescrit. Mais il ressort de l'art. 341 et de l'art. 463 du Code pénal, rendant les circonstances atténuantes possibles, même en cas de récidive, que l'appréciation de cet état et de ses effets doit précéder l'examen de l'influence qu'exerceront sur la peine les circonstances atténuantes. Ces circonstances atténuantes s'appliquent à la peine prononcée par la loi ; or, cette peine est celle qu'emporte le fait reconnu constant, aggravé par l'état de récidive. Il faut donc, avant d'attribuer au condamné le bénéfice résultant des circonstances atténuantes, examiner d'abord, si, d'une part, il y a récidive, et, d'autre part, quelles en sont les conséquences legales. La modification résultant des circonstances atténuantes ne s'applique qu'à la peine ainsi déterminée (2).

467. Cette règle est évidente. Par exemple, si à un récidiviste, de nouveau condamné avec circonstances atténuantes pour un crime puni de la réclusion, l'on applique d'abord les circonstances atténuantes, il sera impossible de tenir compte de la récidive. La peine en effet sera devenue celle de l'emprisonnement ; et la loi ne permet pas pour la récidive l'aggravation de cette peine en celle de la réclusion, ou, en d'autres termes, l'état de récidive n'autorise pas la conversion d'une peine correctionnelle en une peine afflictive ou infamante. Au contraire, en tenant compte d'abord de

(1) V. not. C. 19 avril 1844, S.44.1.734 ; — 22 juin 1852, S.53.1.48 ; — 20 juin 1867, S.68.1.140 ; — 5 mai 1881, S.81.1.332.

(2) V. not. C. 24 janv. 1867, S 67.1.305.

l'état de récidive, la peine est élevée aux travaux forcés à temps; les circonstances atténuantes, appliquées ensuite à cette peine, permettent de l'abaisser d'un ou de deux degrés, c'est-à-dire à celle de la réclusion ou à celle d'un emprisonnement d'au moins deux années.

468. Si, à un récidiviste condamné pour un nouveau crime passible de la peine des travaux forcés à temps, on applique d'abord les circonstances atténuantes, la récidive pourra recevoir son effet, si la peine n'a été abaissée que d'un degré, c'est-à-dire à la réclusion. On devra lui appliquer alors les travaux forcés à temps et cette première peine pourra être élevée jusqu'à son *maximum*. Au contraire, la récidive, calculée d'abord, élève la peine au maximum des travaux forcés à temps. Les circonstances atténuantes entraînent nécessairement l'abaissement de cette peine à la réclusion ou au *minimum* des travaux forcés à temps (1).

469. On a pu se demander et l'on s'est demandé si les art. 57 et 58 sont applicables à des crimes devenant passibles de peines correctionnelles par suite de l'admission de circonstances atténuantes. La Cour de cassation, par divers arrêts rendus en 1864 (2), a considéré que ces articles n'envisagent pas seulement les crimes devenus délits par suite de la disparition de circonstances aggravantes ou tombant sous l'application de peines correctionnelles par suite de l'admission d'excuses, mais aussi les crimes auxquels la Cour, les circonstances atténuantes étant déclarées par le jury, doit, si la peine est celle de la réclusion, peut, si la peine est celle des travaux forcés à temps, appliquer la peine de l'emprisonnement. Pour qu'il en soit ainsi, il faut déroger à la règle et tenir compte d'abord des circonstances atténuantes, ou, plutôt, il faut faire naître l'état de récidive des circonstances atténuantes elles-mêmes. En effet, lorsque le second fait est un crime, l'art. 86, C. p., ne fait ressortir l'état de récidive que d'une condamnation antérieure à une peine afflictive ou infamante; si la condamnation antérieure a été seulement celle de l'emprisonnement, il n'y a pas à en tenir compte. La Cour de cassation a consacré ce principe. Aussi semble-t-elle avoir hésité devant les conséquences rigoureuses de l'application des art. 57 et 58 aux coupables de crimes en faveur desquels des circonstances atténuantes sont admises. Elle a fait une distinction. Le

---

(1) V. not. C. 16 sept. 1869, S.70.1.228 ; — 15 mai 1874, S.75.1.95 ; — 9 juin 1877, S.78.1.281 ; — 3 juill. 1879, S.79.1.488; — 6 nov. 1879, S.81.1.192; — 29 avril et 29 juill. 1880, S.82.1.336.

(2) V. not. C. 26 mars 1864, S.64.1.146; — 26 mai 1864, S.64.1.242; — 15 sept. 1864, S.65.1.101.

maximun de l'emprisonnement, avec surveillance, devrait être appliqué à l'accusé, antérieurement condamné à une peine supérieure à une année d'emprisonnement, dont le nouveau crime serait passible des travaux forcés à temps, et que la Cour d'assises condamnerait seulement à la prison. Mais la Cour aurait toute liberté d'atténuation, dans les limites de l'art. 463, en faveur de cet accusé, si son nouveau crime n'était frappé que de la réclusion. Depuis, la Cour suprême, sans avoir directement à juger la question, a affirmé, d'une façon constante, la théorie légale de l'application préalable de la récidive, pour déterminer la peine, et de l'atténuation postérieure de cette peine pour les circonstances atténuantes. Elle a de nouveau déclaré que, en principe il n'y a pas de récidive à la charge de l'accusé, reconnu coupable d'un crime, qui n'aurait été antérieurement condamné qu'à un emprisonnement de plus d'une année et non à une peine afflictive et infamante (1).

470. Lorsque des faits D'EXCUSE LÉGALE sont admis par le jury, il y a lieu soit à absolution, si l'excuse est péremptoire, soit à diminution de la peine, si l'excuse n'a pour effet que cette diminution [art. 367, C. inst. crim.] (2). Excuses légales.

Dans le cas de *pièces* de monnaies fausses *reçues pour bonnes* et remises sciemment en circulation, la peine ne doit être que d'une simple amende [art. 135, C. p., § 2] (3).

Les effets de l'excuse, en matière de *meurtre*, de *coups* et de *blessures* sont réglés par l'art. 326, C. p. (4).

---

(1) V. not. C. 6 janv. 1881, S.82.1.286, et arrêts précités de 1869, 1874, 1877, 1879 et 1880.

(2) *Art.* 367, *C. inst. crim.* — Lorsque l'accusé aura été déclaré excusable, la Cour prononcera conformément au Code pénal.

(3) *Art.* 135, § 2, *C. p.* — Toutefois, celui qui aura fait usage desdites pièces, après en avoir vérifié ou fait vérifier les vices, sera puni d'une amende triple au moins et sextuple au plus de la somme représentée par les pièces qu'il aura remises en circulation, sans que cette amende puisse, en aucun cas, être inférieure à seize francs.

(4) *Art.* 326, *C. p.* — Lorsque le fait d'excuse sera prouvé,

S'il s'agit d'un crime emportant la peine de mort ou celle des travaux forcés à perpétuité, ou celle de la déportation, la peine sera réduite à un emprisonnement d'un an à cinq ans;

S'il s'agit de tout autre crime, elle sera réduite à un emprisonnement de six mois à deux ans;

Dans ces deux premiers cas, les coupables pourront de plus être mis par l'arrêt ou le jugement sous la surveillance de la haute police pendant cinq ans au moins et dix ans au plus.

S'il s'agit d'un délit, la peine sera réduite à un emprisonnement de six jours à six mois.

Le coupable peut être renvoyé sous la surveillance de la haute police.

Pour les coupables de *suppression d'enfant*, à l'égard desquels il est établi que l'enfant n'a *pas vécu*, la peine est réduite à un emprisonnement de six jours à deux mois (art. 345, C. p., § 3).

La réduction de la peine des travaux forcés à celle de l'emprisonnement en matière de *séquestration*, dans les cas prévus par l'art. 343, C. p., ne fait pas obstacle à ce que le coupable soit renvoyé sous la *surveillance de la haute police*.

Il en est de même pour les coupables que les dispositions des articles du Code pénal, [138 (*fausses monnaies*) 100 et 213 (*rébellion*, *attroupement séditieux*), 108 (*complot*)], soustrayent à une peine corporelle ; ils peuvent dans tous les cas être renvoyés sous la *surveillance de la haute police*.

Dans le cas de l'art. 441 (*pillage*) l'excuse permet seulement de réduire la peine à celle de la réclusion.

Mineurs de seize ans.

471. La nature et les limites des peines applicables au MINEUR AGÉ DE MOINS DE SEIZE ANS, ayant agi *avec discernement*, sont déterminées par les art. 67 et 69 du Code pénal (1).

Les dispositions de ces articles sont générales et doivent recevoir leur application à tous les faits qualifiés crimes ou délits, même à ceux prévus par des lois spéciales, à moins qu'il n'en ait été autrement ordonné (2).

472. Le troisième paragraphe de l'art. 67, qui, en faveur du mineur de seize ans, substitue aux peines des travaux forcés à temps, de la détention ou de la réclusion, qu'il aurait encourue, une détention dans une maison de correction, pour un temps égal au tiers au moins et à la moitié au plus de

---

(1) *Art. 67, C. p.* — S'il est décidé qu'il (*le mineur de seize ans*) a agi *avec discernement*, les peines seront prononcées ainsi qu'il suit :

S'il a encouru la peine de mort, des travaux forcés à perpétuité, de la déportation, il sera condamné à la peine de dix à vingt ans d'emprisonnement dans une maison de correction ;

S'il a encouru la peine des travaux forcés à temps, de la détention ou de la réclusion, il sera condamné à être renfermé dans une maison de correction, pour un temps égal au tiers au moins, et à la moitié au plus, de celui pour lequel il aurait pu être condamné à l'une de ces peines.

Dans tous les cas, il pourra être mis, par l'arrêt ou le jugement, sous la surveillance de la haute police, pendant cinq ans au moins et dix ans au plus.

S'il a encouru la peine de la dégradation civique ou du bannissement, il sera condamné à être enfermé, d'un an à cinq ans, dans une maison de correction.

Art. 69, C. p. — Dans tous les cas où le mineur de seize ans n'aura commis qu'un simple délit, la peine qui sera prononcée contre lui ne pourra s'élever au-dessus de la moitié de celle à laquelle il aurait pu être condamné s'il avait eu seize ans.

(2) V. not. C. 16 janv. 1836, S.36.1.633.

celui pour lequel ce mineur aurait pu être condamné à l'une de ces peines, ne considère pas seulement le *maximum* de ces peines. La durée de la détention correctionnelle peut se calculer sur le *minimum* aussi bien que sur le maximum (1).

473. L'art. 67 C. pénal, pose pour base de l'atténuation de peine dérivant de la minorité de l'accusé, qui agit avec discernement, la peine applicable au fait et par lui encourue indépendamment de sa qualité de mineur. En conséquence, lorsqu'un mineur a été déclaré coupable *avec circonstances atténuantes*, c'est la peine modifiée en vertu de ces circonstances, qui sert à fixer celle à laquelle ce mineur doit être condamné, et non pas la peine applicable au fait non atténué (2). Ainsi, par exemple, un mineur de seize ans, reconnu coupable d'avoir commis, avec discernement, un crime emportant la peine de la réclusion, ne peut pas, s'il est admis en sa faveur des circonstances atténuantes, être condamné à plus de deux années et demie de détention correctionnelle, puisque, par l'application nécessaire de l'art. 463, la peine originaire de la réclusion est devenue celle de l'emprisonnement, dont le maximum est de cinq ans (3).

474. La jurisprudence accorde une immunité de plus au mineur de seize ans. Elle décide que la peine qui lui est applicable, lorsqu'il a agi avec discernement, étant correctionnelle, les faits qui lui sont imputés dégénèrent en simples délits et que, en conséquence, c'est la prescription triennale de l'art. 638, C. inst. crim., et non la prescription décennale de l'art. 637, C. inst. crim. qui doit y être appliquée (4).

475. La constatation de la minorité de seize ans de l'accusé, lorsqu'il a commis le fait poursuivi, résulte, d'une part, d'actes authentiques ou de la déclaration du jury; d'autre part, de la fixation de la date du fait. Si cette date n'est pas nettement déterminée, il peut naître un doute sur l'existence de cet état de minorité lorsque le fait a été commis. L'arrêt doit être précis sur ce point; autrement, quelle que soit la pénalité qu'il applique, qu'il tienne ou ne tienne pas compte de la minorité, il serait annulable (5).

---

(1) V. not. 15 janv. 1825, Sirey, coll. nouv. 8.1.15; — anal. C. 16 janv. 1856, précité.

(2) V. not. C. 29 fév. 1841, S.42.1.260; — 2 avril 1864, S.66.1.134; — 10 août 1866, S.67.1.185.

(3) V. not. C. 2 avril 1864, précité.

(4) V. not. C. 25 août 1864, S.65.1.101; — 10 déc. 1869, S.70.1.231; — 12 août 1880. S.81.1.385.

(5) V. not. C. 12 août 1880, précité.

Sexagénaires.

476. Les SEXAGÉNAIRES, passibles de la peine des travaux forcés à perpétuité ou à temps, ne doivent être condamnés qu'à la réclusion [art. 5, loi du 30 mai 1854, remplaçant les art. 70 et 71, C. p.] (1). L'âge que l'accusé avait lorsqu'il a commis les faits dont il est reconnu coupable est indifférent. Il suffit que, au moment du jugement, il ait accompli sa soixantième année, pour que la Cour ne puisse pas lui infliger la peine des travaux forcés. En d'autres termes, il n'y a pas pour le sexagénaire de modification ni surtout d'atténuation de peine; il y a simplement l'indication légale d'un mode différent d'exécution de la peine encourue (2).

Amendes.

477. Quand la loi édicte la peine de l'AMENDE, la Cour doit, s'il y a plusieurs accusés reconnus coupables du même fait, les condamner solidairement à l'*amende* [art. 55, C. pénal] (3), alors même que les degrés de culpabilité seraient différents entre eux (4).

Si l'amende prononcée par la loi est proportionnelle au préjudice causé, la Cour doit, pour la déterminer, prendre pour base ce préjudice et le constater dans son arrêt, à moins qu'il ne l'eût été dans les questions posées au jury et dans les réponses de celui-ci (5). Il en est notamment ainsi en matière de faux.

Le coupable de *faux*, doit toujours être condamné à l'amende, par application de l'art. 164, C. p., même lorsqu'il a obtenu des circonstances atténuantes (6). L'obligation pour la Cour d'assises d'appliquer, comme peine accessoire, une amende à l'individu reconnu coupable des faux prévus par les art. 132 et suivants, du Code pénal, ne disparaît que si cet individu a été en même temps déclaré coupable de faits emportant une peine plus forte que celle du faux (7).

Surveillance de la haute police.

478. Les condamnés pour crimes peuvent, à l'expiration de leur peine

---

(1) LOI DU 30 MAI 1854. — *Art.* 5. — Les peines des travaux forcés à perpétuité et des travaux forcés à temps ne seront prononcées contre aucun individu âgé de soixante ans accomplis au moment du jugement; elles seront remplacées par celle de la réclusion, soit à perpétuité, soit à temps, selon la durée de la peine qu'elle remplacera.

(2) V. Nouguier, n. 3836, 3837, 3838.

(3) *Art.* 55, *C. p.* — Tous les individus condamnés pour un même crime ou pour un même délit seront tenus solidairement des amendes, des restitutions, des dommages-intérêts et des frais.

(4) V. not. C. 1er nivôse an XIII, Sirey, coll. nouv., 2.1.45; — 3 mars 1814, Sirey, coll. nouv., 4.1.542; — 3 nov. 1827, Sirey, coll. nouv., 8.1.690.

(5) V. not. C. 12 mars 1856, S.56.1.845; — 14 mars 1856, *ibidem.*

(6) V. not. C. 21 mars 1834, S.34.1.442; — 9 juin 1842, S.42 1.357; — 6 avril 1848, S.49.1.303.

(7) V. not. C. 7 juill. 1854, S.54.1.592.

être soumis à la SURVEILLANCE DE LA HAUTE POLICE, dans les cas et suivant les formes déterminés par les art. 46, 47, 48, 49 et 50 du Code pénal, modifiés par la loi du 23 janvier 1874 (1).

479. L'obligation pour la Cour d'assises de *délibérer* et de *mentionner qu'il a été délibéré* par elle sur la surveillance, si son arrêt n'en dispense pas le condamné ou ne la réduit pas à une durée moindre que le maximum (art. 47), est impérative et doit être observée à peine de nullité. Les termes généraux d'un arrêt « après en avoir délibéré », ne peuvent s'entendre que de la délibération relative à l'application de la peine principale, et non de la délibération spéciale sur la surveillance (2).

480. Cette délibération doit avoir lieu alors même que l'accusé condamné est soumis à la surveillance par l'effet d'une condamnation antérieure. En ce cas, la disposition de l'arrêt portant qu'il n'y a pas lieu d'infliger au

---

(1) *Art.* 46, *C. p.* — En aucun cas, la durée de la surveillance ne pourra excéder vingt années.

Les coupables condamnés aux travaux forcés à temps, à la détention et à la réclusion, seront de plein droit, après qu'ils auront subi leur peine et pendant vingt années, sous la surveillance de la haute police.

Néanmoins l'arrêt ou le jugement de condamnation pourra réduire la durée de la surveillance, ou même déclarer que les condamnés n'y seront pas soumis.

Tout condamné à des peines perpétuelles qui obtiendra commutation ou remise de sa peine, sera, s'il n'en est autrement disposé par la décision gracieuse, de plein droit sous la surveillance de la haute police pendant vingt ans.

Art. 47, *C. p.* — Les coupables condamnés au bannissement seront de plein droit sous la même surveillance pendant un temps égal à la durée de la peine qu'ils auront subie, à moins qu'il n'en ait été disposé autrement par l'arrêt ou le jugement de condamnation.

Dans les cas prévus par le présent article et par les paragraphes 2 et 3 de l'article précédent, si l'arrêt ou le jugement ne contient pas dispense ou réduction de la surveillance, mention sera faite, à peine de nullité, qu'il en a été délibéré.

Art. 48, *C. p.* — La surveillance pourra être remise ou réduite par voie de grâce.

Elle pourra être suspendue par mesure administrative.

La prescription de la peine ne relève pas le condamné de la surveillance à laquelle il est soumis.

En cas de prescription d'une peine perpétuelle, le condamné sera de plein droit sous la surveillance de la haute police pendant vingt années.

La surveillance ne produit son effet que du jour où la prescription est accomplie.

Art. 49, *C. p.* — Devront être renvoyés sous la même surveillance ceux qui auront été condamnés pour crimes ou délits qui intéressent la sûreté intérieure ou extérieure de l'État.

Art. 50, *C. p.* — Hors les cas déterminés par les articles précédents, les condamnés ne seront placés sous la surveillance de la haute police de l'État que dans le cas où une disposition particulière de la loi l'aura permis.

(2) V. not. C. 4 avril 1874, S.74.1.232; — 28 juin 1877, S.78.1.282; — 17 janv. 1878, S.78.1.449; — 26 janv. 1880, S.80.1.488.

condamné la peine de la surveillance, parce qu'il y est déjà soumis, ne serait pas juridique ; en effet, remise, totale ou partielle, de cette surveillance antérieure fût-elle faite plus tard au condamné, il y resterait néanmoins astreint par les conséquences du nouvel arrêt, qui ne contiendrait ni dispense de cette surveillance, ni diminution de son temps normal (1).

481. Mais, lorsque la Cour prononce une peine perpétuelle, elle n'a pas à délibérer sur la surveillance. Il y aurait contradiction à ce qu'elle la prononçât ou en dispensât le condamné. En cas de commutation ou de remise de peine, c'est à l'Administration d'apprécier si le condamné sera ou non soumis à cette surveillance. Les magistrats ne peuvent pas, sans excès de pouvoirs, prévoir ni régler cette éventualité (2).

Frais et dépens.

482. L'accusé qui « succombe » (art. 368, C. inst. crim.), c'est-à-dire qui n'est pas acquitté, qu'il soit condamné ou absous, doit être condamné aux FRAIS envers l'État.

S'il y a plusieurs accusés condamnés pour le même fait, ils sont tenus solidairement du payement des frais, comme de celui des amendes (art. 55, C. p. — V. *suprà*).

Mais si les accusés, compris dans une même poursuite, sont condamnés pour des crimes distincts, cette solidarité ne s'applique pas à tous ; chacun des accusés n'est tenu que des frais afférents aux crimes dont il a été reconnu coupable, soit seul, soit solidairement avec ceux-là qui ont été déclarés ses coauteurs ou ses complices (3).

L'accusé poursuivi pour plusieurs faits, qui n'a pas été reconnu coupable de tous, ne doit pas, si ces faits sont distincts et si, indépendants les uns des autres, ils ont été l'objet de procédures distinctes, être condamné à la totalité des frais ; il ne peut l'être qu'à ceux afférents aux faits dont il a été déclaré coupable (4).

Contrainte par corps

483. La loi du 19 décembre 1871 a remis en vigueur, relativement à la CONTRAINTE PAR CORPS, pour les frais criminels dus à l'État, les dispositions de l'art. 52, C. p.

---

(1) V. not. C. 28 sept. 1876, S.76.1.487 ; — 9 juin 1877, S.78.1.281.

(2) V. not. C. 27 mars 1880, S.81.1.92 ; — 16 sept. 1880, S.81.1.440.

(3) V. not. C. 3 fév. 1814, Sirey, coll. nouv., 4.1.530 ; — 24 nov. 1820, Sirey, coll. nouv., 6.1.332.

(4) V. not. C. 3 fév. 1855, S.55.1.316 ; — 18 nov. 1875, S.76.1.288 ; — 18 août 1881, S.83.1.240.

La contrainte par corps doit être calculée d'après le montant de la somme due, conformément à l'art. 9 de la loi du 22 juillet 1867 (1).

L'arrêt de condamnation doit fixer la durée de la contrainte par corps (2).

Confiscation.

484. La *confiscation générale* des biens d'un condamné, édictée comme peine par les art. 37, 38 et 39 du Code pénal de 1810, a été abolie par les Chartes de 1814 et de 1830 et par la Constitution de 1848. La loi n'admet encore que les *confiscations spéciales* de certaines choses, dans des cas déterminés (V. not, art. 176, 180, 287, 314, 364, 410, 413, 427, 428, 470, 477, 481, C. p.). Ces confiscations ne peuvent pas être étendues à des choses autres que celles que la loi a indiquées, ni pour des causes autres que celles qu'elle a expressément prévues (3).

485. En matière de *faux*, l'arrêt doit ordonner que les prescriptions de l'art. 463, C. inst. crim., relatives aux actes authentiques et aux pièces de comparaison seront observées (4).

Indication du lieu d'exécution de la peine capitale.

486. L'arrêt portant *condamnation à mort*, doit indiquer le lieu où se fera l'exécution [art. 26, C. p.] (5).

Affiche de l'arrêt.

487. Les arrêts de condamnation à des peines afflictives et infamantes, ou infamantes seulement, doivent être « *imprimés* par extraits et *affichés* dans la ville centrale du département, dans celle où l'arrêt aura été rendu, dans la commune du lieu où le délit aura été commis, dans celle où se fera l'exécution, et dans celle du domicile du condamné » (art. 36, C. p.). La Cour devra l'ordonner.

Exécution de la condamnation.

488. C'est par les ordres du procureur général que la condamnation doit être exécutée [art. 376, C. inst. crim.] (6). Il est bien de l'indiquer dans l'arrêt.

---

(1) V. not. C. 26 juill. 1872 (*Bull. crim.*).

(2) V. not. C. 23 mai 1868, S.68.1.370.

(3) Nouguier, n. 3879-3884.

(4) *Art.* 463, *C. inst. crim.* — Lorsque des actes authentiques auront été déclarés faux en tout ou en partie, la Cour ou le tribunal qui aura connu du faux ordonnera qu'ils soient rétablis, rayés ou réformés, et du tout il sera dressé procès-verbal.

Les pièces de comparaison seront renvoyées dans les dépôts d'où elles auront été tirées, ou seront remises aux personnes qui les auront communiquées; le tout dans le délai de quinzaine, à compter du jour de l'arrêt ou du jugement, à peine d'une amende de cinquante francs contre le greffier.

(5) *Art.* 26, *C. p.* — L'exécution se fera sur l'une des places publiques du lieu qui sera indiqué par l'arrêt de condamnation.

(6) *Art.* 376, *C. instr. crim.*— La condamnation sera exécutée par les ordres du procureur général; il aura le droit de requérir directement, pour cet effet, l'assistance de la force publique.

§ 2. — **Forme des arrêts de condamnation.**

489. Les arrêts de la Cour d'assises sont, en la forme, soumis aux mêmes règles que les arrêts ou jugements des autres juridictions (art. 17 et 7, loi du 20 avril 1810) (1). Les art. 369, et 370, C. inst. crim., indiquent de plus les formalités à suivre pour les arrêts de condamnation (2).

490. La Cour, avant de rendre son arrêt, doit *délibérer*, soit à l'audience même, à voix basse, soit dans la chambre du conseil (art. 369). C'est elle qui fixe la condamnation.

Prononciation de l'arrêt.

491. C'est le *président* qui *prononce* l'arrêt à haute voix (art. 369).

492. L'arrêt est prononcé *publiquement* en présence de l'auditoire et de l'accusé (art. 369), ainsi que devant les jurés dont la déclaration lui sert de base (3).

493. Il doit y être constaté que le *ministère public* a fait ses *réquisitions* (art. 362) et que *l'accusé* et son conseil ont été entendus (art. 363).

494. L'arrêt doit être *motivé* (art. 7, loi 20 avril 1810).

La reproduction exacte de la *déclaration du jury*, sans même en contenir absolument le texte, est un *motif suffisant* (4).

---

(1) Loi du 20 avril 1810. — *Art.* 17. — Les cours d'assises connaîtront des affaires qui leur sont attribuées par le Code d'instruction criminelle; elles se conformeront, pour l'instruction et le jugement, aux dispositions de ce code et à celles du Code pénal.

Leurs arrêts ne pourront être annulés que dans les cas prévus par l'art. 7...

Art. 7 (*même loi*). — La justice est rendue souverainement par les cours d'appel; leurs arrêts, quand ils sont revêtus des formes prescrites à peine de nullité, ne peuvent être cassés que pour une contravention expresse à la loi.

Les arrêts qui ne sont pas rendus par le nombre de juges prescrits, ou qui ont été rendus par des juges qui n'ont pas assisté à toutes les audiences de la cause, ou qui n'ont pas été rendus publiquement, ou qui ne contiennent pas les motifs, sont déclarés nuls...

(2) *Art.* 369, *C. inst. crim.*— Les juges délibéreront et opineront à voix basse; ils pourront, pour cet effet, se retirer dans la chambre du conseil; mais l'arrêt sera prononcé à haute voix par le président, en présence du public et de l'accusé.

Avant de le prononcer, le président est tenu de lire le texte de la loi sur laquelle il est fondé.

Le greffier écrira l'arrêt; il y insérera le texte de la loi appliquée, sous peine de cent francs d'amende.

Art. 370, *C. inst. crim.* — La minute de l'arrêt sera signée par les juges qui l'auront rendu, à peine de cent francs d'amende contre le greffier, et, s'il y a lieu, de prise à partie tant contre le greffier que contre les juges.

Elle sera signée dans les vingt-quatre heures de la prononciation de l'arrêt.

(3) V. not. C. 4 avril 1829, Sirey, coll. nouv., 9.1.267.

(4) V. not. C. 2 fév. 1832, S.32.1.467; — 5 mai 1849 (*Bull. crim.*); — Nouguier, n. 3683-3686.

Les *motifs de modifications de peines* : — état de récidive, minorité de seize ans, âge de l'accusé ayant dépassé soixante ans, excuses, confusion des peines, — doivent être mentionnés et nettement formulés, ainsi que les circonstances atténuantes, si elles ont été admises par le jury.

495. Les *articles de loi* applicables aux faits sur lesquels la condamnation est fondée doivent être *lus par le président.* L'omission de cette lecture n'est toutefois pas une cause de nullité. Il suffit en tout cas de lire le ou les articles qui justifient la peine prononcée (1).

Lorsqu'il y a plusieurs crimes ou délits à la charge du même accusé, il est bon de donner *lecture* du 2e paragraphe de l'*art.* 365, *C. inst. crim.*

496. La *délibération spéciale* sur la *surveillance de la haute police*, si l'exemption ou la réduction n'en est pas accordée au condamné, doit être mentionnée, l'exemption ou la réduction également (V. *suprà*, p. 145).

497. Les dispositions relatives aux *frais* et aux *dépens*, à la *contrainte par corps*, ainsi que, le cas échéant, à la *confiscation de certains objets*, à l'*exécution de la peine capitale*, à l'*impression* et à *l'affiche* de l'arrêt, doivent être également prononcés.

498. Il en est de même de l'indication que l'arrêt sera exécuté par les ordres du *procureur général.*

499. Si le condamné est *membre de la Légion d'honneur*, le président, l'arrêt prononcé, ajoute, sur les réquisitions du ministère public : « *Vous avez manqué à l'honneur ; je déclare, au nom de la Légion, que vous avez cessé d'en être membre.* » (Art. 6 de l'arrêté du 24 ventôse an XII, art. 43 du décret du 16 mars 1852).

Lorque le condamné est décoré d'une médaille, le président prononce une formule analogue (V. décrets des 24 novembre 1852, 25 février 1858, 24 octobre 1859).

Dernier avertissement au condamné.

500. Le président après la prononciation de l'arrêt de condamnation doit avertir le condamné de la faculté qui lui est accordée de *se pourvoir en cassation* dans un délai de trois jours francs [art. 371 et 373, C. inst. crim.) (2).

---

(1) V. not. C. 29 avril 1830, Sirey, coll. nouv., 9.1.507; — 18 fév. 1841, S.42.1.190; 6 nov. 1868, S.69.1.96.

(2) *Art.* 371, *C. inst. crim.* — Après avoir prononcé l'arrêt, le président pourra, suivant les circonstances, exhorter l'accusé à la fermeté, à la résignation, ou à réformer sa conduite.

Il l'avertira de la faculté qui lui est accordée de se pourvoir en cassation, et du terme dans lequel l'exercice de cette faculté est circonscrit.

501. Le président peut, et doit même le plus souvent, ne pas user de la faculté d'exhortation à l'accusé que lui donne le 1er paragraphe de l'art. 371 (1) et se borner à l'avertissement relatif au droit de pourvoi. Cet avertissement lui-même n'est pas prescrit à peine de nullité et l'accusé n'est pas recevable à se plaindre de son omission, si cette omission ne lui a causé aucun grief (2).

Le mieux est assurément que cet avertissement, prescrit par la loi, soit donné à l'accusé.

502. Cette dernière formalité a lieu de la façon suivante :

Le Président. — Accusé, vous avez trois jours francs pour vous pourvoir en cassation.

La séance est levée.

Libellé de l'arrêt.

503. L'arrêt de condamnation est *écrit* par le greffier (art. 369).

L'arrêt écrit doit contenir toutes les énonciations de l'arrêt prononcé à l'audience, spécialement les textes des lois appliquées (art. 369).

L'omission de l'insertion de ces textes entraîne une amende pour le greffier; on en conclut justement qu'elle ne cause pas la nullité de l'arrêt (3).

On décide pour le même motif que l'absence des signatures prescrites par l'art. 370, ne rend pas l'arrêt nul (4). Mais il y aurait nullité, si cet arrêt était signé par d'autres magistrats que ceux qui l'ont rendu (5).

L'arrêt doit être daté (6).

La minute en doit être déposée au greffe (art. 380, C. inst. crim.).

Art. 373, *C. inst. crim.* — Le condamné aura trois jours francs après celui où son arrêt lui aura été prononcé, pour déclarer au greffe qu'il se pourvoit en cassation.

Le procureur général pourra, dans le même délai, déclarer au greffe qu'il demande la cassation de l'arrêt.

La partie civile aura le même délai; mais elle ne pourra se pourvoir que quant aux dispositions relatives à ses intérêts civils.

Pendant ces trois jours, et s'il y a eu recours en cassation, jusqu'à la réception de l'arrêt de la Cour de cassation, il sera sursis à l'exécution de l'arrêt de la Cour.

(1) V. Nouguier, n. 3976.

(2) V. Nouguier, n. 3980 et les renvois.

(3) V. not. C. 29 avril 1830, Sirey, coll. nouv., 9.1.507, précité; — 8 fév. 1841, S.42.1.190, précité.

(4) V. not. C. 13 avril 1837, S.37.1.1024, précité; — 2 avril 1840, S.41.1.257; — Nouguier, n. 3693 et les renvois.

(5) Nouguier, n. 3695.

(6) V. Nouguier, n. 3691.

504. Les arrêts de condamnation peuvent se formuler de la façon suivante : Formule des arrêts de condamnation.

La Cour, — après en avoir délibéré;

Vu la déclaration du jury portant que N... est coupable de....;

Ouï M. le procureur général en ses réquisitions pour l'application de la loi pénale, l'accusé et son défenseur en leurs observations et conclusions;

Considérant qu'il résulte de la déclaration du jury que N... s'est rendu coupable des crimes (ou délits) prévus par les art...., lesquels sont ainsi conçus :....

(*Circonstances atténuantes.*) — Considérant que le jury a déclaré des circonstances atténuantes en faveur de N..., et qu'il y a lieu de lui appliquer les dispositions de l'art. 463, Code pénal, lequel est ainsi conçu :.... (L'on peut ne citer, avec le 1er paragraphe de l'art. 463, que celui qui est applicable à l'espèce.)

(*Récidive.*) — Considérant qu'il est constant que N... a été précédemment condamné, le...., à....; qu'il est, en conséquence, dans l'état de récidive légale prévu par l'art. 56, C. p. (ou par l'art. 57, ou par l'art. 58), lequel est ainsi conçu :....

(*Excuses.*) — Considérant qu'il résulte de la déclaration du jury que N... est excusable et doit bénéficier de la disposition de l'art....., lequel est ainsi conçu :....

(*Mineur de seize ans, ayant agi avec discernement.*) — Considérant qu'il résulte d'un acte de naissance régulier (ou de la déclaration du jury) que N... est âgé de moins de seize ans, ou était âgé de moins de seize ans lorsqu'il a commis le crime (ou le délit) dont il a été reconnu coupable); qu'il est constant qu'il a agi avec discernement; qu'il y a lieu de lui faire l'application de l'art. 67, C. p. (ou 69), lequel est ainsi conçu :....

(*Sexagénaire ayant encouru la peine des travaux forcés.*) — Considérant qu'il est régulièrement établi que N... est actuellement âgé de soixante ans accomplis; qu'il y a lieu dès lors de lui faire l'application de l'art. 5 de la loi du 30 mai 1854, lequel est ainsi conçu :...

(*Conviction de plusieurs crimes ou délits.*) — Considérant que N... est déclaré coupable de plusieurs crimes ou de plusieurs délits (ou de plusieurs crimes et délits);

Vu l'art. 365, § 2, du Code d'instruction criminelle, lequel est ainsi conçu :...

Condamne N... à....

> [En cas de condamnation antérieure, il pourrait y avoir *confusion des peines*. Il faut ajouter alors : — Considérant que N... a déjà été condamné à...., dit que la peine prononcée actuellement contre lui se confondra avec celle à laquelle il a été précédemment condamné, le.... (L'arrêt peut déterminer l'étendue de cette confusion.)]

(*Surveillance.*) — Après avoir délibéré sur l'application à N... de la surveillance de la haute police,

Dit qu'il en est exempté....; *ou* qu'il y sera soumis pendant... années;

Condamne N... aux *frais* du procès;

Fixe à.... la durée de la *contrainte par corps*;

Dit que tels objets seront et resteront *confisqués*;

Dit que tels actes, déclarés *faux* en tout ou en partie, seront...., rétablis...., rayés..., réformés, et que du tout il sera dressé procès-verbal;

Dit que l'*exécution* aura lieu à....;

Ordonne que le présent arrêt sera *imprimé* et *affiché* conformément à la loi;

Ordonne que le présent arrêt sera exécuté à la diligence de M. le procureur général.

Suivant les cas, il y a lieu d'ajouter à l'arrêt de condamnation des décisions motivées sur les restitutions et les dommages-intérêts.

XVIII

RESTITUTIONS ET DOMMAGES-INTÉRÊTS.

505. Les restitutions et indemnités envers la partie lésée sont prévues par l'art. 51 du Code pénal (1) leur règlement et celui des dommages-intérêts tant envers la partie civile qu'envers l'accusé, est indiqué par l'art. 358, §§ 2 et suivants, et par les art. 359 et 366 du Code dinstruction criminelle. (2).

---

(1) *Art.* 51, *C. p.* — Quand il y aura lieu à restitution, le coupable pourra être condamné, en outre, envers la partie civile, si elle le requiert, à des indemnités dont la détermination est laissée à la justice de la Cour ou du tribunal, lorsque la loi ne les aura pas réglées, sans que la Cour ou le tribunal puisse, du consentement même de ladite partie, en prononcer l'application à une œuvre quelconque.

(2) *Art.* 358, *C. inst. crim.* (*§§ 2 et suivants*). — La Cour statuera ensuite (après l'ordonnance d'acquittement) sur les dommages-intérêts respectivement prétendus, après que les partis auront proposé leurs fins de non-recevoir et leurs défenses, et que le procureur général aura été entendu.

La Cour pourra néanmoins, si elle le juge convenable, commettre l'un des juges pour entendre les parties, prendre connaissance des pièces, et faire son rapport à l'audience, où les parties pourront encore présenter leurs observations, et où le ministère public sera entendu de nouveau.

L'accusé acquitté pourra aussi obtenir des dommages-intérêts contre des dénonciateurs, pour fait de calomnie, sans néanmoins que les membres des autorités constituées puissent être ainsi poursuivis à raison des avis qu'ils sont tenus de donner, concernant les délits dont ils ont cru acquérir la connaissance dans l'exercice de leurs fonctions, et sauf contre eux la demande de prise à partie, s'il y a lieu.

Le procureur général sera tenu, sur la réquisition de l'accusé, de lui faire connaître ses dénonciateurs.

Art. 359, *C. inst. crim.* — Les demandes en dommages-intérêts formées soit par l'accusé contre ses dénonciateurs ou la partie civile, soit par la partie civile contre l'accusé ou le condamné, seront portées à la Cour d'assises.

La partie civile est tenue de former sa demande en dommages-intérêts avant le jugement ; plus tard elle sera non recevable.

Il en est de même de l'accusé, s'il a connu son dénonciateur.

Dans le cas où l'accusé n'aurait connu son dénonciateur que depuis le jugement, mais avant la fin de la session, il sera tenu, sous peine de déchéance, de porter sa demande à la cour d'assises ; s'il ne l'a connu qu'après la clôture de la session, sa demande sera portée au tribunal civil.

A l'égard des tiers qui n'auraient pas été partie au procès, ils s adresseront au tribunal civil.

Art. 366, *C. inst. crim.* — Dans le cas d'absolution comme dans celui d'acquittement

506. Pour que la partie lésée puisse obtenir, non pas seulement des restitutions, mais des *dommages-intérêts*, il faut qu'elle se constitue *partie civile*. Cette constitution peut avoir lieu avant ou pendant les débats et jusqu'à la déclaration du jury. Après cette déclaration elle serait tardive et non recevable (1). Partie civile.

507. Quand la partie civile s'est constituée avant la déclaration du jury elle peut ne présenter qu'ultérieurement ses conclusions sur le chiffre des dommages-intérêts (2).

508. La partie civile, si l'accusé est acquitté, doit être condamnée aux frais envers celui-ci et envers l'État. Si l'accusé est condamné ou simplement absous, elle ne peut pas être tenue des frais ; ceux qu'elle aurait consignés lui seront restitués [art. 368, C. inst. crim.] (3).

XIX

PROCÈS-VERBAL.

509. Pour qu'il soit constaté que toutes les formalités prescrites par la loi ont été accomplies, en leur temps et en leur lieu, un procès-verbal de la séance ou des séances consacrées à l'examen, aux débats et au jugement de l'affaire est nécessaire. La loi l'exige [art. 372, C. inst. crim.] (4). Formes du procès-verbal.

---

ou de condamnation, la Cour statuera sur les dommages-intérêts prétendus par la partie civile ou par l'accusé; elle les liquidera par le même arrêt, ou commettra l'un des juges pour entendre les parties, prendre connaissance des pièces, et faire du tout son rapport, ainsi qu'il est dit en l'art. 358.

La Cour ordonnera aussi que les effets pris seront restitués au propriétaire.

Néanmoins, s'il y a eu condamnation, cette restitution ne sera faite qu'en justifiant, par le propriétaire, que le condamné a laissé passer les délais sans se pourvoir en cassation, ou, s'il s'est pourvu, que l'affaire est définitivement terminée.

V. Nouguier, n. 3912-3959.

(1) V. not. C. 4 févr. 1843, *Bull. crim.*; — 26 déc. 1861, *Bull. crim.*; — 4 août 1881, S.83.1.239. — *Sic*, Faustin Helie, *Inst. crim.*, t. VIII, n° 3836, *in fine*.

(2) V. not. C. 27 nov. 1857, S.58.1.558;— 11 avril 1861 (*Bull. crim.*).

(3) *Art.* 368, *C. inst. crim.* — L'accusé ou la partie civile qui succombera sera condamnée aux frais envers l'État et envers l'autre partie.

Dans les affaires soumises au jury, la partie civile qui n'aura pas succombé ne sera jamais tenue des frais.

Dans le cas où elle en aura consigné, en exécution du décret du 18 juin 1811, ils lui seront restitués.

(4) *Art.* 372, *C. inst. crim.* — Le greffier dressera un procès-verbal de la séance, à l'effet de constater que les formalités prescrites ont été remplies.

510. Les formalités, dont l'exécution n'est pas mentionnée au procès-verbal, sont réputées avoir été omises. Si elles sont prescrites à peine de nullité ou substantielles, la nullité des débats et de l'arrêt de condamnation est la conséquence de cette omission (1).

511. Le greffier, qui doit dresser le procès-verbal, est responsable de ses irrégularités. La loi le frappe d'une amende; il peut de plus être condamné à supporter les frais de la procédure à recommencer [art. 418, C. inst. crim.] (2) (V. *suprà*).

512. Le procès-verbal, acte authentique, doit remplir toutes les conditions de forme nécessaires à la validité des actes authentiques. Il doit être daté. Ainsi que tous les actes de la procédure criminelle, il ne doit contenir ni surcharges, ni ratures, ni renvois, ni interlignes non approuvés (V. *suprà*).

513. Régulier, le procès-verbal fait foi, *jusqu'à inscription de faux*, de l'accomplissement des formalités qui y sont constatées (3).

514. Le procès-verbal de la séance, c'est-à-dire des actes et des faits postérieurs à la formation du jury de jugement, à partir de l'ouverture de l'audience, doit être manuscrit.

Le greffier le dresse, le rédige et le signe.

515. Le président le signe également. Il ne peut le faire, bien entendu, que s'il approuve le procès-verbal qui lui est soumis, rédigé qu'il doit être sous son autorité. Il a à en contrôler l'exactitude. En cas de divergence entre les énonciations transcrites par le greffier et les faits tels qu'a pu les constater et les retenir le président, « investi du caractère de juge, dont le

---

Il ne sera fait mention au procès-verbal, ni des réponses des accusés, ni du contenu aux dépositions, sans préjudice toutefois de l'exécution de l'art. 318, concernant les changements, variations et contradictions dans les déclarations des témoins.

Le procès-verbal sera signé par le président et le greffier, et ne pourra être imprimé à l'avance.

Les dispositions du présent article seront exécutées à peine de nullité.

Le défaut de procès-verbal et l'inexécution des dispositions du troisième paragraphe qui précède seront punis de cinq cents francs d'amende contre le greffier.

(1) V. not. C. 10 janv. 1878. S.78.1.390; —20 mai 1882, S.83.1.95, et, *passim*, arrêts précédemment cités.

(2) *Art. 415, C. inst. crim.* — Dans le cas où, soit la Cour de cassation, soit une Cour d'appel, annulera une instruction, elle pourra ordonner que les frais de la procédure à recommencer seront à la charge de l'officier ou juge instructeur qui aura commis la nullité.

Néanmoins la présente disposition n'aura lieu que pour des fautes très graves......

(3) V. not. C. 24 mars 1874, S.74.1.228; — Nouguier, n°s 4034 et suiv.; — Faustin Helie, *Inst. crim.*, t. VIII, n° 3858.

témoignage doit prévaloir sur celui du greffier, officier public dont le ministère se borne à tenir la plume aux audiences et à transcrire les jugements et autres actes émanés des juges » (1), ce sont les indications du président qui doivent être suivies. Le greffier, ne s'y conformât-il pas, aurait à les mentionner et ce sont elles qui devraient faire foi (2).

516. Il n'y a pas de délai fixe pour la rédaction et les signatures du procès-verbal (3).

517. Le ministère public [art. 277, C. inst. crim.] (4), doit signer ses réquisitions faites dans le cours des débats, lesquelles doivent être retenues par le greffier au procès-verbal. Mais cette signature du ministère public n'est pas prescrite à peine de nullité. Les réquisitions de ce magistrat, sont, comme les arrêts incidents, suffisamment certifiées par la signature du président des assises et par celle du greffier (5).

518. Lorsqu'une affaire dure plusieurs jours, on peut faire un seul procès-verbal ou des procès-verbaux pour toutes les séances. En ce dernier cas, le procès-verbal de chaque séance doit être complet par lui-même. Il doit être signé par le président et par le greffier (6).

519. Il n'y a pas de formules sacramentelles pour la rédaction du procès-verbal. On peut, employant la méthode synthétique, y constater l'accomplissement des formalités nécessaires et substantielles en les rappelant et en citant, par une indication, les textes qui les prescrivent et auxquels on déclare que l'on s'est conformé (7). *Par exemple* les formalités relatives à l'audition des témoins peuvent être constatées en ces termes : « Tous les témoins présents ont été successivement appelés de leurs chambres respectives et introduits dans l'auditoire où ils ont été entendus oralement et séparément, chacun après avoir prêté le serment de parler sans haine et sans crainte, de dire

---

(1) V. C. 30 sept. 1824, Sirey, coll. nouv., 7.1.538.

(2) Même arrêt.

(3) V. not. C. 31 mars 1836, S.36.1.816 ; — 12 déc. 1840, S.40.1.948 ; — 31 juill. 1841, S.41.1.794 ; — 22 sept. 1842, S.42.1.809 ; — 3 mai 1872, S.72.1.444.

(4) *Art.* 277, *C. inst. crim.* — Les réquisitions du procureur général doivent être de lui signées ; celles faites dans le cours d'un débat seront retenues par le greffier sur son procès-verbal, et elles seront aussi signées par le procureur général ; toutes les décisions auxquelles auront donné lieu ces réquisitions seront signées par le juge qui aura présidé et par le greffier.

(5) V. not. C. 18 juin 1832, (*Bull. crim.*) ; — 12 déc. 1840, S.40.1.948.

(6) V. not. C. 16 mars 1815, Sirey, coll. nouv., 5.1.28 ; — 1er août 1816, Sirey, coll. nouv., 5.1.223 ; — 11 déc. 1824, Sirey, coll. nouv., 7.1.590 ; — 30 déc. 1824, Sirey, coll. nouv., 7.1.608.

(7) V. Nouguier, n° 4029.

toute la vérité et rien que la vérité, et encore après avoir rempli toutes les autres formalités prescrites par l'art. 317, C. inst. crim. Après chaque déposition de témoin, les dispositions de l'art. 319 du même code ont aussi été observées ».

Contenu du procès-verbal.

520. Le procès-verbal doit contenir l'énonciation et la constatation de tous les faits, de tous les actes, de toutes les formalités qui se sont accomplis, à l'exception de ceux (notamment les réponses des accusés et le contenu des dépositions des témoins) dont la reproduction est interdite.

521. Les mentions qui doivent se trouver au procès-verbal ont été déjà indiquées successivement, lors de l'examen des matières qui en sont l'objet. On peut les rappeler dans une énumération succincte :

La date de la séance; s'il y en a eu plusieurs, les dates des séances. Cette mention est essentielle.

La composition de la Cour d'assises. — Le président, les assesseurs, l'organe du ministère public, doivent être désignés par leurs noms, à peine de nullité. Il est bon de mentionner la présence du greffier; mais la signature de celui-ci au bas du procès-verbal peut être considérée comme une preuve suffisante de son assistance.

[Les magistrats dont la présence est constatée à l'ouverture d'une audience sont réputés avoir siégé pendant toute la durée de cette audience (1).

Il y a présomption que la Cour d'assises est légalement constituée. Le procès-verbal n'a pas à indiquer, nécessairement, de quels actes ou faits (nomination ou délégation) les magistrats qui la composent tiennent leurs pouvoirs (2).]

La présence de l'accusé, au commencement de la séance et pendant sa durée. Ses absences normales ou exceptionnelles doivent être indiquées; — le tout à peine de nullité.

L'assistance du conseil de l'accusé.

La présence des douze jurés aux places qui leur sont destinées ; — à peine de nullité.

La publicité de l'audience ; — à peine de nullité.

La constatation de l'identité de l'accusé (art. 310, C. instr. crim.).

(1) V. not. C. 22 août 1878, S.78.1.392.

(2) V. not. C. 26 févr. 1841, S.42.1.260; — 26 déc. 1874, S.75.1.143; — 2 janv. 1879, S.80.1.437.

L'avertissement au conseil de l'accusé (art. 311, C. instr. crim.).

La nomination et le serment de l'interprète dont le ministère est nécessaire (si cette nomination et ce serment n'ont pas eu lieu lors du tirage du jury); l'*assistance de cet interprète* dans tous les cas où elle est nécessaire; — à peine de nullité.

[Il y a présomption légale que toutes les traductions nécessaires ont été faites, lorsque le procès-verbal constate que l'interprète a prêté son ministère toutes les fois qu'il a été utile (1)].

La prononciation par le président *du discours* dont l'art. 312, C. instr. crim., donne le texte; — à peine de nullité.

Le serment de tous les jurés, dans les formes prescrites par l'art. 312; — à peine de nullité (2).

L'avertissement à l'accusé d'être attentif à ce qu'il va entendre.

La lecture de l'arrêt de renvoi et de l'acte d'accusation (art. 313).

L'avertissement à l'accusé, relatif à l'accusation et aux *charges qui vont être produites contre lui* (art. 314).

L'exposé du procureur général, s'il y a lieu (art. 315).

La présentation par le procureur général de la *liste des témoins* (art. 315).

La lecture de cette liste et de celles des témoins cités à la requête de la partie civile et de l'accusé.

Le huis clos, l'arrêt qui l'ordonne, la cessation du huis clos; — à peine de nullité.

Tous les arrêts incidents; — à peine de nullité.

L'examen de l'accusé. S'il y en a plusieurs, leur rang d'examen.

Si des accusés ont été interrogés séparément, ou si des témoins ont été entendus en leur absence, la *connaissance à eux donnée par le président de ce qui s'est fait hors leur présence* (art. 327, C. instr. crim.); — à peine de nullité.

La retraite des témoins dans leurs chambres respectives. Leur appel à l'audience.

[Aucun texte de loi n'exige que le procès-verbal des débats de la Cour d'assises fasse connaître les noms des divers témoins successivement entendus, soit à la requête du ministère public, soit à celle des accusés, soit même en vertu du pouvoir discrétionnaire du pré-

(1) V. not. C. 13 oct. 1865, S.66.1.33; — 31 mai 1878, S.78.1.483.
(2) V. not. C. 29 sept. 1881, S.82.1.333.

sident (1). Doivent seulement être désignés ceux des témoins qui, régulièrement notifiés et cités, ne comparaissent pas ou ne prêtent pas serment pour une cause quelconque.]

Le serment des témoins et l'observation des règles relatives à *leur audition ;* — à peine de nullité.

Les interpellations du président à l'accusé après la déposition de chaque témoin (art. 319).

L'exercice par le président de son pouvoir *discrétionnaire*, toutes les fois qu'il a lieu, avec l'observation des règles qui régissent cet exercice ; — à peine de nullité.

La demande faite par l'accusé qu'un ou plusieurs *témoins se retirent* (art. 326) ; — à peine de nullité.

La nomination d'*experts*, leur *serment*, leur *mission ;* — à peine de nullité.

La représentation *des pièces à conviction.*

Les transports et vérifications à l'extérieur ; — à peine de nullité.

Le fait que le *ministère public* a développé les charges de l'accusation, que le *conseil de l'accusé* a présenté les moyens de défense, et, — à peine de nullité, — que *l'accusé*, (aussi bien sur le fond de l'affaire que sur les incidents), a eu la faculté de prendre *la parole le dernier.*

Les suspensions de séance.

L'avertissement qu'il sera posé telles *questions comme résultant des débats ;* — à peine de nullité.

La clôture des débats ; — à peine de nullité.

La position publique des questions ; — à peine de nullité.

La remise des questions aux jurés en présence de l'accusé ; — à peine de nullité.

La remise des pièces aux jurés (art. 341).

Les avertissements prescrits par la loi, donnés *aux jurés* par le président ; — à peine de nullité.

La retraite des jurés dans leur chambre.

L'ordre de garder les issues de cette chambre.

La retraite de l'accusé de l'audience.

Le fait que *le chef du jury a été changé.*

La lecture, — à peine de nullité, — de la déclaration du jury dans la forme prescrite par la loi.

---

(1) V. not. C. 17 juin 1876, S.76.1.482.

La signature de cette déclaration par le chef du jury; — à peine de nullité.

Sa remise au président, en présence de tous les jurés.

Le renvoi des jurés dans leur chambre, s'il y a lieu; — à peine de nullité.

La *signature* de la déclaration du jury *par le président* et *le greffier;* — à peine de nullité.

La rentrée de l'accusé.

La lecture à l'accusé de la déclaration du jury ; — à peine de nullité.

Le fait que le *ministère public* a requis l'application de *la loi pénale.*

La demande, — à peine de nullité, — du président à *l'accusé*, s'il a *quelque chose à ajouter à sa défense quant à l'application de la peine.*

L'audition de l'accusé et de son conseil.

Le délibéré de la Cour.

La lecture des articles appliqués par l'arrêt de condamnation.

La prononciation de l'arrêt.

Le dernier avertissement à l'accusé, quant à la faculté et au délai de pourvoi en cassation.

522. Toutes ces mentions ne sont pas prescrites à peine de nullité. On peut négliger celles à l'omission desquelles n'est pas attachée cette sanction, sans compromettre la procédure, mais non sans irrégularité regrettable.

523. D'autre part, il faut se garder d'insérer dans le procès-verbal les réponses de l'accusé, le contenu des dépositions (sauf l'exception prévue par l'art. 318, C. inst. crim.), les résultats de ces dépositions, des confrontations, des expertises et de toutes les opérations relatives aux débats et à l'instruction. Ainsi, par exemple, il y aurait nullité si le procès-verbal mentionnait la *reconnaissance* par un témoin des pièces à conviction (1) ou *le résultat d'expériences* faites par des experts (2).

524. Cependant, le ministère public a le droit de faire constater au procès-verbal, sans donner d'ailleurs de motifs, tous faits ou toutes dépositions qui lui paraîtraient devoir être retenus comme pouvant servir de base à une action ultérieure. Le procès-verbal, en rapportant ces réquisitions, ne viole pas, bien que ces constatations paraissent contraires à sa lettre, l'art. 372, C. inst. crim. (3).

(1) V. not. C. 17 avril 1873, S.73.1.237.
(2) V. not. C. 22 mars 1873, S.73.1.287.
(3) V. not. C. 12 déc. 1840, S.40.1.948.

XX

APPENDICE.

525. Les Cours d'assises sont parfois saisies de la connaissance de fait pour l'instruction et le jugement desquels la procédure normale ne doit pas être suivie. Ainsi, pour juger un *contumax*, ou pour procéder à la *reconnaissance de l'identité* d'un individu condamné, évadé et repris, la Cour d'assises juge sans l'assistance d'un jury. Pour les délits spéciaux de la *parole* et de la *presse*, qui sont déférés au jury, la Cour d'assises doit observer des règles spéciales de procédure et d'instruction.

I. — CONTUMACE.

526. Lorsque le contumax, condamné, se constitue prisonnier ou est arrêté avant que la peine prononcée contre lui soit prescrite, il doit être jugé dans les formes ordinaires [art. 476] (1), sauf en ce qui concerne les lectures de déclarations de témoins (art. 477, V. *suprà*), et avec cette exception que, renvoyé de l'accusation après le débat contradictoire, le contumax doit, néanmoins, supporter les frais occasionnés par sa contumace (art. 478, C. inst. crim. — V. *suprà*).

527. On ne suit pas les formes ordinaires, lorsque l'accusé ne se présente pas, ou n'a pas pu être saisi, ou s'est évadé.

528. Les formalités préalables nécessaires pour que l'accusé absent puisse être jugé, sont :

Une ordonnance du président de la Cour d'assises, rendue après l'expiration d'un délai de dix jours depuis la notification régulièrement faite, suivant les règles prescrites par les art. 68 et 69 du Code de procédure civile, au domicile de l'accusé, de l'arrêt qui le met en accusation, ordonnance portant que ledit accusé sera tenu de se représenter dans un nouveau délai de dix jours [art. 465, C. inst. crim.] (2).

---

(1) *Art. 476 C. inst. crim.* — Si l'accusé se constitue prisonnier, ou s'il est arrêté avant que la peine soit éteinte par prescription, le jugement rendu par contumace et les procédures faites contre lui depuis l'ordonnance de prise de corps ou de se représenter, seront anéanties de plein droit, et il sera procédé à son égard dans la forme ordinaire.

(2) *Art. 465, C. inst. crim.* — Lorsque après un arrêt de mise en accusation, l'accusé

La publication de cette ordonnance, le *dimanche* suivant, à son de trompe ou de caisse [art. 466, C. inst. crim.] (1).

L'affichage de cette ordonnance, le *dimanche*, à la porte du domicile de l'accusé, à celle du maire, et à celle de l'auditoire de la Cour d'assises (même article).

529. L'accomplissement de ces diverses formalités doit être constaté par des procès-verbaux réguliers (art. 470. — V. ci-après).

C'est après l'expiration d'un nouveau délai de dix jours, depuis la publication et l'affiche de l'ordonnance du président de la Cour d'assises, qu'il peut être procédé au jugement du contumax [art. 469, C. inst. crim.] (2).

530. L'accusé contumax ne peut pas être représenté devant la Cour d'assises. Cependant, s'il est hors du territoire européen de la France, ou dans l'impossibilité absolue de se présenter, ses parents ou amis pourront demander et obtenir un sursis [art. 468 et 469, C. inst. crim.] (3).

531. Les formes de l'arrêt de la Cour statuant sur la contumace sont réglées par l'art. 470, C. inst. crim. (4).

---

n'aura pu être saisi, ou ne se représentera pas dans les dix jours de la notification qui en aura été faite à son domicile, ou lorsque après s'être présenté ou avoir été saisi il se sera évadé.

Le président de la Cour d'assises, ou, en son absence, le président du tribunal de première instance, et, à défaut de l'un et de l'autre, le plus ancien juge de ce tribunal, rendra une ordonnance portant qu'il sera tenu de se représenter dans un nouveau délai de dix jours; sinon, qu'il sera déclaré rebelle à la loi, qu'il sera suspendu de l'exercice des droits de citoyen, que ses biens seront séquestrés pendant l'instruction de la contumace, que toute action en justice lui sera interdite pendant le même temps, qu'il sera procédé contre lui et que toute personne est tenue d'indiquer le lieu où il se trouve.

Cette ordonnance fera de plus la mention du crime et de l'ordonnance de prise de corps.

(1) *Art.* 466, *C. inst. crim.* — Cette ordonnance sera publiée à son de trompe ou de caisse, le dimanche suivant, et affichée à la porte du domicile de l'accusé, à celle du maire, et à celle de l'auditoire de la Cour d'assises.

Le procureur général ou son substitut adressera aussi cette ordonnance au directeur des domaines et droits d'enregistrement du domicile du contumax.

(2) *Art.* 467, *C. inst. crim.* — Après un délai de dix jours, il sera procédé au jugement de la contumace.

(3) *Art.* 468, *C. inst. crim.*— Aucun conseil, aucun avoué, ne pourra se présenter pour défendre l'accusé contumax.

Si l'accusé est absent du territoire européen de la France, ou s'il est dans l'impossibilité absolue de se rendre, ses parents ou ses amis pourront présenter son excuse et en plaider la légitimité.

Art. 469, *C. inst. crim.* — Si la Cour trouve l'excuse légitime, elle ordonnera qu'il sera sursis au jugement de l'accusé et au séquestre de ses biens pendant un temps qui sera fixé, eu égard à la nature de l'excuse et à la distance des lieux.

(4) *Art.* 470, *C. inst. crim.* — Hors ce cas, il sera procédé de suite à la lecture de l'arrêt de renvoi à la Cour d'assises, de l'acte de notification de l'ordonnance ayant pour

532. La Cour juge sans assistance de jurés.

533. Lorsque le contumax a des coaccusés présents, son absence ne doit pas retarder le jugement de ceux-ci, ni empêcher les restitutions qu'il y aurait lieu d'opérer [art. 474, C. inst. crim.] (1).

534. L'arrêt de condamnation doit être publié et affiché [art. 472, C. inst. crim.] (2); ces publications et affiches doivent y être ordonnées.

II. — RECONNAISSANCE DE L'IDENTITÉ DES INDIVIDUS CONDAMNÉS ÉVADÉS ET REPRIS.

535. C'est au jury d'apprécier si l'accusé présent, qui, ayant à répondre d'un fait à raison duquel il n'a pas été encore condamné, nie en être l'auteur, est l'individu qui a commis ce fait (V. *suprà*). Mais lorsqu'un condamné évadé est repris, ou lorsqu'un déporté ou un banni est arrêté, c'est à la Cour de procéder, *sans assistance de jurés*, à la reconnaissance et à la constatation de son identité.

536. Les formes à suivre en ce cas sont explicitement déterminées par

---

objet la représentation du contumax et des procès-verbaux donnés pour en constater la publication et l'affiche.

Après cette lecture, la Cour, sur les conclusions du procureur général ou de son substitut, prononcera sur la contumace.

Si l'instruction n'est pas conforme à la loi, la Cour la déclarera nulle, et ordonnera qu'elle sera recommencée, à partir du plus ancien acte illégal.

Si l'instruction est régulière, la Cour prononcera sur l'accusation et statuera sur les intérêts civils, le tout sans assistance ni intervention de jurés.

(1) *Art. 474, C. inst. crim.* — En aucun cas la contumace d'un accusé ne suspendra ni ne retardera de plein droit l'instruction à l'égard de ses coaccusés présents.

La Cour pourra ordonner, après le jugement de ceux-ci, la remise des effets déposés au greffe comme pièces de conviction, lorsqu'ils seront réclamés par les propriétaires ou ayants droit. Elle pourra aussi ne l'ordonner qu'à charge de représenter, s'il y a lieu.

Cette remise sera précédée d'un procès-verbal de description dressé par le greffier, à peine de cent francs d'amende.

(2) *Art. 472, C. inst. crim.* — Extrait du jugement de condamnation sera, dans les huit jours de la prononciation, à la diligence du procureur général ou de son substitut, inséré dans l'un des journaux du département du dernier domicile du condamné.

Il sera affiché, en outre, à la porte : 1° de ce dernier domicile; 2° de la maison commune du chef-lieu d'arrondissement où le crime a été commis; 3° du prétoire de la Cour d'assises.

Pareil extrait sera, dans le même délai, adressé au directeur de l'administration de l'enregistrement et des domaines du domicile du contumax.

Les effets que la loi attache à l'exécution par effigie seront produits à partir de la date du dernier procès-verbal constatant l'accomplissement de la formalité de l'affiche prescrite par le présent article.

les art. 518 et 519 du Code d'inst. crim. (1). Le droit de pourvoi contre l'arrêt de la Cour d'assises est consacré par l'art. 520 (2).

III. — DÉLITS DE LA PAROLE ET DE LA PRESSE.

537. La loi du 29 juillet 1881, sur la liberté de la presse, édicte (art. 45) que la Cour d'assises est, en principe, la juridiction compétente pour connaître des délits commis par la voie de la presse ou par tout autre moyen de publication.

538. La *circulaire* de M. le garde des sceaux, en date du 9 novembre 1881, relative à l'application de cette loi, en est un excellent commentaire.

539. Voici les passages de cette circulaire relatifs aux règles, aux formes et à la procédure qui doivent être suivies pour l'instruction et le jugement des faits qui ressortissent de la juridiction de la Cour d'assises :

540. *Circulaire de M. le garde des sceaux relative à l'application de la loi sur la presse, du 29 juillet 1881.*

. . . .

Crimes et délits.

La loi nouvelle ne reconnaît qu'un petit nombre de délits. Elle est restée en deçà de la nomenclature classique de la loi de 1819. Les seuls crimes ou délits qu'elle a retenus parmi ceux qui étaient prévus par toute la législation antérieure sur la presse, sont :

1° La *provocation* aux crimes ou délits *suivie d'effet;*

---

(1) *Art.* 518, *C. inst. crim.* — La reconnaissance de l'identité d'un individu condamné, évadé et repris, sera faite par la Cour qui aura prononcé sa condamnation.

Il en sera de même de l'identité d'un individu condamné à la déportation ou au bannissement, qui aura enfreint son ban et sera repris ; et la Cour, en prononçant l'identité, lui appliquera de plus la peine attachée par la loi à son infraction. (*V. not. art.* 33, *C. pén.*)

Art. 519, *C. inst. crim.* — Tous ces jugements seront rendus sans assistance de jurés, après que la Cour aura entendu les témoins appelés, tant à la requête du procureur général qu'à celle de l'individu repris, si celui-ci en a fait citer.

L'audience sera publique et l'individu repris sera présent, à peine de nullité.

(2) *Art.* 520, *C. inst. crim.* — Le procureur général et l'individu repris pourront se pourvoir en cassation, dans la forme et dans le délai déterminés par le présent code (*art.* 373), contre l'arrêt rendu sur la poursuite en reconnaissance d'identité.

2° La *provocation*, non suivie d'effet, aux crimes de *meurtre*, de *pillage* et d'*incendie*, aux crimes *contre la sûreté de l'État;*

3° Les *cris* ou *chants séditieux;*

4° La *provocation aux militaires* pour les détourner de leurs devoirs;

5° L'*offense au Président de la République;*

6° La publication de *fausses nouvelles* ayant troublé la paix publique;

7° L'*outrage aux bonnes mœurs* (1);

8° La *diffamation* et l'*injure;*

9° L'*offense* et l'*outrage* envers les chefs d'État ou agents diplomatiques ÉTRANGERS.

. . . .

. . . .

Des poursuites et de la répression. — Des personnes responsables.

« Les délits de presse exigent le concours de plusieurs agents. Les art. 42 à 44 indiquent quelles sont les *personnes* qui pourront être déclarées *responsables*. Ils apportent sous plusieurs rapports des dérogations notables aux règles du droit commun qui étaient suivies jusqu'ici; mais il est à remarquer qu'ils ne disposent que pour les délits commis par la voie de la presse. Ils ne s'appliquent ni aux délits de paroles, qui, ne comportant habituellement qu'un agent, devaient rester soumis aux règles ordinaires, ni aux contraventions prévues dans les chapitres I à III, pour chacune desquelles le législateur a désigné par une mention expresse les personnes responsables.

« L'art. 42 indique quelles sont, parmi les agents qui ont concouru au délit, ceux qui doivent être considérés comme *auteurs principaux*, et l'ordre dans lequel ils seront poursuivis. Ce sont: 1° le publicateur, gérant ou éditeur; 2° à défaut de publicateur connu, l'auteur; 3° à défaut d'auteur, l'imprimeur; 4° à défaut d'imprimeur, les vendeurs, distributeurs ou afficheurs.

« L'art. 43 règle la *complicité*. Il n'est rien innové en ce qui concerne les auteurs à cet égard; ils sont toujours considérés comme complices, et ils doivent être poursuivis à ce titre, avec les gérants ou les éditeurs, lorsque ceux-ci seront en cause comme auteurs principaux.

« En ce qui concerne les *imprimeurs*, au contraire, la loi contient une innovation considérable. Elle les affranchit de toute complicité à raison du fait de l'impression des écrits délictueux, sauf dans le cas de provocation à un attroupement, prévu par l'art. 6 de la loi du 7 juin 1848; ils ne peuvent être retenus comme complices qu'à raison des faits étrangers à l'impression, pourvu que ces faits rentrent dans les conditions de la complicité légale prévue par l'art. 60 du Code pénal. —La rédaction primitive de l'art. 43 étendait cette exception aux *vendeurs*, *distributeurs* ou *afficheurs*, pour les faits de vente, de distribution et d'affichage. Mais cette mention a été supprimée. Il en résulte que ces agents du délit, lorsqu'ils ne seront pas poursuivis comme auteurs principaux, pourront l'être comme complices, conformément au droit commun, dans les cas où ils auront vendu, distribué ou affiché les écrits délictueux en connaissance de cause. C'est là d'ailleurs la disposition que

(1) V. une loi postérieure, en date du 2 août 1882, sur la *répression des outrages aux bonnes mœurs*.

l'art. 22, qu'il faut combiner avec l'art. 43, édicte formellement en ce qui concerne les colporteurs et les distributeurs.

« L'art. 44 consacre une autre innovation. Il déclare les *propriétaires* des journaux *responsables* des *condamnations pécuniaires au profit des tiers*.

. . . .

. . . . . Cette responsabilité est d'ailleurs restreinte aux condamnations civiles : elle ne s'étend pas aux amendes. . . . .

« Les jugements de condamnation détermineront toutes les responsabilités ; ils devront, en outre, fixer, conformément à la loi, la durée de la *contrainte par corps*.

Juridiction.

« Les crimes et délits de presse sont déférés à la Cour d'assises. C'était déjà la règle posée par la loi du 16 mai 1819. C'était aussi celle de la loi du 15 avril 1871. La loi du 29 décembre 1875 l'avait maintenue ; mais elle disparaissait sous les exceptions nombreuses qui déféraient aux tribunaux correctionnels les délits les plus nombreux et les plus habituels. Les seules infractions qui échappent aujourd'hui à la juridiction de la Cour d'assises sont les petites contraventions punies de peines de simple police, et un certain nombre d'infractions, la plupart matérielles, dont la connaissance a été attribuée au tribunal correctionnel. . . . .

Compétence.

« La loi ne s'explique pas sur la compétence. C'est donc celle du droit commun..... La compétence demeure celle de l'art. 63 du Code d'instruction criminelle. La juridiction compétente est, avec celle de la résidence de l'inculpé, celle du lieu du délit, c'est-à-dire de *tous les lieux* dans lesquels l'ouvrage délictueux a été *publié*.

« *L'action civile* pourra toujours être portée devant la juridiction criminelle ou correctionnelle avec l'action publique ; mais elle pourra aussi être exercée séparément, conformément à l'art. 3 du Code d'instruction criminelle. L'art. 46 contient cependant une exception à cette règle : l'action civile résultant des délits de diffamation, dans les cas où la preuve des faits diffamatoires est autorisée, ne peut être poursuivie séparément de l'action publique, sauf dans le cas de décès de l'auteur du fait incriminé, ou d'amnistie. Cette disposition n'est que la reproduction des art. 2 de la loi du 22 mars 1848 et 4 de la loi du 15 avril 1871. Elle a pour but d'empêcher que les corps constitués, les fonctionnaires publics et les autres personnes à l'égard desquelles la preuve est admise dans un intérêt public, ne cherchent à s'y soustraire en substituant aux poursuites criminelles dans lesquelles cette preuve devrait être administrée, une simple demande en dommages-intérêts devant les tribunaux civils.

Procédure. — Plainte préalable.

Les crimes et délits commis par la voie de la presse et les autres moyens de publication sont poursuivis d'office par le ministère public ou par les parties lésées. — Le droit du ministère public est subordonné, en général, à la nécessité d'une plainte préalable de la partie lésée, en matière de diffamation et d'injure, d'offense et d'outrage, tant envers les corps constitués et les personnes publiques qu'envers les particuliers.

« La loi du 29 décembre 1875 autorisait la poursuite d'office pour diffamation et injure envers les tribunaux et les corps constitués. La loi nouvelle revient au système de la loi du 26 mai 1819, qui exigeait une délibération de l'assemblée générale de ces corps ; dans le cas où le corps n'aura pas d'assemblée générale, la poursuite aura lieu sur la plainte de son chef ou du ministre duquel ce corps relève.

« Dans les cas de diffamation ou d'injure envers les fonctionnaires publics, les dépositaires ou agents de l'autorité publique, les ministres des cultes, les citoyens chargés d'un service ou d'un mandat public, la plainte de la partie lésée pourra être suppléée par celle du ministre dont elle relève ; les fonctionnaires des divers ordres ne sont pas seuls intéressés à la poursuite, et leur chef hiérarchique doit pouvoir la provoquer lorsqu'il le juge nécessaire. Dans le cas d'offense on d'outrage envers les chefs d'État et les agents diplomatiques étrangers, la plainte est portée sous la forme d'une demande au ministère des affaires étrangères, qui la transmet au ministre de la justice.

« Il n'y a que deux exceptions à cette nécessité de la plainte préalable, pour le chef de l'État et les ministres. La première s'imposait; la seconde résulte de la réserve contenue dans le § 3 de l'art. 47, qui n'exige la plainte que des dépositaires de l'autorité publique « autres que les ministres ». La règle est générale en ce qui concerne les particuliers ; la poursuite pour diffamation ou injure ne pourra avoir lieu, aux termes de l'art. 60, que sur la plainte de la personne diffamée ou injuriée.

Procédure devant la Cour d'assises.

« La loi du 15 avril 1871, qui avait restitué aux Cours d'assises la connaissance des délits de presse, avait remis en vigueur les articles de la loi du 27 juillet 1849, relatifs à la procédure, que la jurisprudence complétait avec ceux de la loi du 17 mai 1819 concernant le même objet. La loi nouvelle emprunte ses principales dispositions à ces deux lois, mais elle contient aussi plusieurs dispositions nouvelles. Cette procédure ne peut plus être combinée qu'avec les dispositions du Code d'instruction criminelle, dans les articles auxquels la loi nouvelle ne déroge pas, soit expressément, soit tacitement.

« Deux voies sont ouvertes au *ministère public* pour l'exercice des poursuites devant la Cour d'assises : la voie ordinaire de l'*information* et celle de la *citation directe*.

« Une information préalable était le plus souvent nécessaire, dans la législation antérieure, pour arriver à la saisie préventive des imprimés délictueux ; mais cette saisie n'est plus autorisée aujourd'hui, sauf dans un cas, et la voie de la citation directe pourra être prise, dès le début, dans la plupart des cas qui requerront célérité.

« Le droit de *saisie* est réglé par l'art. 49. La saisie préventive, ou saisie-séquestre, de l'édition ou du tirage de l'imprimé délictueux, est supprimée. L'art. 7 de la loi du 17 mai 1819, qui consacrait ce droit en le réglementant, est entièrement abrogé.

« L'art. 49 de la loi nouvelle n'autorise d'autre saisie que celle de quatre exemplaires, et encore ne peut-elle avoir lieu que lorsque l'imprimé délictueux n'a pas été déposé. Cette saisie n'a rien de commun avec la saisie-séquestre ; elle n'a pour but que de mettre la justice en possession du corps du délit.

« La saisie-séquestre n'est maintenue que dans un cas : c'est celui d'outrage aux mœurs... Tous les exemplaires exposés, distribués ou mis en vente peuvent alors être saisis préventivement.

« La loi a prohibé la saisie préventive parce qu'elle cause, quelle que soit la célérité de la procédure, un préjudice irréparable ; mais elle n'a pas entendu laisser libre la circulation d'imprimés délictueux. — L'arrêt de condamnation pourra donc ordonner la saisie et même la destruction de tous les exemplaires qui seraient mis en vente. Il pourra d'ailleurs, lorsque la destruction totale ne sera pas nécessaire, se borner à prescrire la suppression des seules parties délictueuses.

« Avec la protection des écrits, la loi assure la protection des personnes. L'art. 49 *interdit la détention préventive* pour tous les prévenus des délits de presse ou de parole, pourvu qu'ils soient domiciliés ; les prévenus de crimes y demeurent seuls soumis.

« Le droit de poursuivre devant la Cour d'assises n'appartient pas seulement au ministère public; il est conféré, dans certains cas, à *la partie lésée*, à laquelle l'art. 17 accorde le droit de *citation directe*. C'est là une dérogation au droit commun et même à toute la législation antérieure sur la presse; elle se justifie aisément; les délits de presse sont déférés, par faveur, à la juridiction de la Cour d'assises; mais ils n'en constituent pas moins de simples délits, et il n'y avait pas de motifs de priver le plaignant de saisir lui-même la justice comme en matière correctionnelle. Cette faculté est accordée expressément aux fonctionnaires publics et aux dépositaires et agents de l'autorité publique autres que les ministres, aux ministres des cultes, aux citoyens chargés d'un service ou d'un mandat public, aux jurés et aux témoins, et enfin aux chefs d'État et agents diplomatiques étrangers. Il ne pouvait être question de la conférer au chef de l'État, dont la dignité doit toujours être protégée par l'autorité publique.

« Le *plaignant* qui veut exercer l'action directe devant la Cour d'assises doit adresser une *requête* au magistrat désigné pour présider cette Cour. Le *président* fixe sur cette requête les jour et heure auxquels l'affaire sera appelée, en tenant compte des délais impartis par la loi entre la citation et la comparution. Il peut se faire qu'il soit saisi à une époque trop tardive pour qu'il puisse indiquer un jour utile, et que la session doive être close, par suite de l'épuisement des affaires portées au rôle, avant l'expiration des délais prescrits pour la citation. Le président se bornera à constater l'impossibilité dans laquelle il se trouve de donner jour au plaignant, par suite de la tardivité de sa requête, et le renverra à se pourvoir ainsi qu'il avisera. Le plaignant n'aura qu'à attendre les prochaines assises, à moins qu'il ne préfère user du droit qui lui appartient de saisir toutes autres assises compétentes, c'est-à-dire de tous les autres lieux dans lesquels l'imprimé poursuivi aura été publié.

« Il aura aussi la faculté de se pourvoir auprès du premier président pour provoquer une convocation d'assises extraordinaires; mais il ne devrait être déféré à cette requête que dans des cas tout à fait exceptionnels. La loi n'a pas voulu priver le plaignant devant la Cour d'assises de la faculté de citation qu'il avait devant le tribunal correctionnel; mais il serait excessif, pour lui procurer l'exercice souvent téméraire de ce droit, d'imposer légèrement aux jurés la fatigue et au Trésor les frais de la tenue d'assises extraordinaires.

« La loi n'impose pas au ministère public l'obligation d'adresser une requête au président pour la fixation du jour auquel seront portées à l'audience les affaires poursuivies à sa requête. Les rapports de ces magistrats entre eux rendaient cette formalité inutile. Il suffira donc que le ministère public se concerte, à cet effet, avec le président.

« La citation donnée au prévenu doit définir avec exactitude l'objet de la poursuite, de manière à le mettre en mesure de préparer tous les éléments de sa défense; elle doit contenir, aux termes de l'art. 50, l'indication précise des écrits ou autres imprimés, placards, dessins, gravures, peintures, médailles ou emblèmes, et des discours incriminés, avec la qualification des faits et l'indication des textes. C'est la reproduction presque textuelle de l'art. 6 de la loi de 1819.

« Si la citation est à la requête du plaignant, elle doit, en outre, porter copie de l'ordonnance du président d'assises pour la fixation du jour; elle doit contenir aussi une élection de domicile dans la ville où siège la Cour d'assises.

« Le délai entre la citation et la comparution en Cour d'assises est, en règle générale, de cinq jours francs, outre un jour par cinq myriamètres; il est étendu à douze jours en matière de diffamation. Cette prolongation de délai est nécessitée par les notifications qui doivent être nécessairement échangées pour la preuve, dans le cas où elle est admise.

« Le prévenu qui veut être admis à administrer la preuve des faits diffamatoires, doit faire signifier, dans les cinq jours de la notification de la citation, au ministère public ou au plaignant, les faits dont il entend prouver la vérité; la copie des pièces et les noms, professions et demeures de ses témoins; il doit faire, comme le plaignant, élection de domicile près la Cour d'assises. Dans les cinq jours suivants, le ministère public ou le plaignant doivent faire signifier de leur côté la copie des pièces et des noms, professions et demeures des témoins avec lesquels ils entendent faire la preuve contraire. Ces dispositions sont empruntées aux art. 21 et 22 de la loi du 26 mai 1819.

« Lorsque le ministère public prend la voie de *l'information*, il doit articuler et qualifier les faits, avec l'indication des textes, dans son réquisitoire introductif (art. 48). L'affaire doit suivre son cours selon les règles ordinaires et être portée devant la chambre des mises en accusation.

« Une jurisprudence ancienne, formée sous l'empire des lois de 1819 et 1849, et confirmée sous celles de 1871 et 1875, avait décidé qu'il n'était *pas nécessaire* de rédiger un *acte d'accusation*, sauf pour le cas de crime, et qu'il n'y avait pas lieu de remplir, dans le cas de simples délits, les formalités établies par les art. 241 et 242 touchant la rédaction et la notification de cet acte. Cette décision doit encore être suivie aujourd'hui. Tous les articles qui supposent la détention préventive sont nécessairement inapplicables aux prévenus de délits de presse et de parole; il en est ainsi notamment de *l'interrogatoire* prescrit par l'art. 293 et, en général, de tous les articles du Code d'instruction criminelle qui ne peuvent, d'après l'ensemble des dispositions de ce code, trouver leur application qu'à l'égard des individus accusés de crimes et placés dans les liens d'une ordonnance de prise de corps.

« L'arrêt de renvoi devra être notifié, et la citation à comparaître devant la Cour d'assises devra être donnée en vertu de cet arrêt. Il conviendra d'ailleurs de se conformer, pour cette citation, aux prescriptions générales de l'art. 50.

« Les dispositions des art. 51 à 53, relatifs aux délais de la citation et aux formes de la preuve, devront évidemment être observées, en cas de renvoi, en vertu de l'arrêt de la chambre d'accusation, aussi bien que dans le cas de citation directe.

« Les art. 54 et suivants ont eu pour but de déjouer les moyens dilatoires que le prévenu pourrait être tenté d'opposer à une poursuite dont la célérité est requise, en abusant des incidents ou du droit de faire défaut. Ces dispositions ne font d'ailleurs que reproduire, sauf quelques modifications, les dispositions des lois antérieures.

« Dès que le prévenu a assisté à l'appel des jurés, l'instance est liée contradictoirement avec lui; il ne peut plus faire défaut, qnand même il se serait retiré pendant le tirage au sort. L'arrêt rendu avec le concours du jury sera définitif.

« Les demandes en renvoi et tous les incidents sur la procédure devront être présentés avant l'appel des jurés.

« L'art. 56 applique à l'arrêt par défaut, qui est rendu sans l'assistance de jurés, les règles prononcées par l'art. 187 pour les condamnations par défaut prononcées par les tribunaux correctionnels.

« Si le prévenu ne comparaît pas, son opposition est réputée non avenue, et l'arrêt par défaut devient définitif.

« L'art. 58 consacre une dérogation importante à l'art. 358 du Code d'instruction criminelle, aux termes duquel l'accusé acquitté peut être condamné à des dommages-intérêts envers la partie civile. La Cour n'aura pas cette faculté en matière de délits de presse; elle ne pourra statuer que sur les dommages-intérêts réclamés par le prévenu, qui devra être renvoyé de la plainte *sans dommages ni dépens*.

« L'art. 59 règle la formation des Cours d'assises extraordinaires qu'il pourrait y avoir lieu de convoquer exceptionnellement pour le jugement des poursuites urgentes après la clôture de la session ordinaire. C'est la reproduction textuelle de l'art. 22 de la loi de 1849. Les Cours seront formées par une ordonnance du premier président. Le président des dernières assises les présidera de droit. Le ministère public ne devra évidemment provoquer la formation de ces assises que dans les cas d'absolue nécessité; il aura d'ailleurs d'autant moins l'occasion d'y recourir, qu'il a, comme le plaignant, la faculté d'exercer ses poursuites devant toutes les Cours compétentes à raison du lieu du délit; et qu'à défaut de celle du domicile, il pourra parfois porter l'affaire dans telle autre où s'ouvrirait une session prochaine, sans préjudice sérieux pour les personnes.

. . . .

Récidives. — Circonstances atténuantes. — Prescriptions.

« La loi de 1819 avait rendu facultative, en matière de presse, l'aggravation des peines résultant de l'état de *récidive*. L'art. 53 la *supprime* entièrement.

« Le deuxième paragraphe applique aux crimes et délits prévus par la loi les dispositions de l'art. 365 du Code d'instruction criminelle qui prohibent le *cumul des peines*.

« L'art. 64 reproduit la disposition de l'art. 23 de la loi du 27 juillet 1849 qui réglait l'effet de la déclaration des *circonstances atténuantes* en faveur des prévenus; la peine prononcée ne pourra excéder la moitié de la peine édictée par la loi; cette graduation des peines a paru être la conséquence nécessaire de l'attribution des délits de presse au jury.

« Dans le dernier état de la législation, la *prescription* en matière de délits de presse était celle du droit commun; d'après la législation de 1819, l'action publique se prescrivait par six mois et l'action civile par trois ans. La loi nouvelle assigne la même durée à l'action publique et à l'action civile, et la limite à *trois mois*. »

. . . .

LOI DU 29 JUILLET 1881 SUR LA PRESSE.

CHAPITRE PREMIER.

DE L'IMPRIMERIE ET DE LA LIBRAIRIE.

ART. 1er. — L'imprimerie et la librairie sont libres.

ART. 2. — Tout imprimé rendu public, à l'exception des ouvrages dits *de ville* ou *bilboquets*, portera l'indication du nom et du domicile de l'imprimeur, à peine, contre celui-ci, d'une amende de cinq francs à quinze francs.

La peine de l'emprisonnement pourra être prononcée si, dans les douze mois précédents, l'imprimeur a été condamné pour contravention de même nature.

ART. 3. — Au moment de la publication de tout imprimé, il en sera fait, par l'imprimeur, sous peine d'une amende de seize francs à trois cents francs, un dépôt de deux exemplaires, destinés aux collections nationales.

Ce dépôt sera fait au ministère de l'intérieur, pour Paris; à la préfecture, pour les chefs-lieux de département; à la sous-préfecture, pour les chefs-lieux d'arrondissement, et, pour les autres villes, à la mairie.

L'acte de dépôt mentionnera le titre de l'imprimé et le chiffre du tirage.

Sont exceptés de cette disposition les bulletins de vote, les circulaires commerciales ou industrielles et les ouvrages dits *de ville* ou *bilboquets*.

ART. 4. — Les dispositions qui précèdent sont applicables à tous les genres d'imprimés ou de reproductions destinés à être publiés.

Toutefois le dépôt prescrit par l'article précédent sera de trois exemplaires pour les estampes, la musique, et en général les reproductions autres que les imprimés.

CHAPITRE II.

DE LA PRESSE PÉRIODIQUE.

§ 1er. — *Du droit de publication, de la gérance, de la déclaration et du dépôt au parquet.*

ART. 5. — Tout journal ou écrit périodique peut être publié, sans autorisation préalable et sans dépôt de cautionnement, après la déclaration prescrite par l'art. 7.

ART. 6. — Tout journal ou écrit périodique aura un gérant.

Le gérant devra être Français, majeur, avoir la jouissance de ses droits civils, et n'être privé de ses droits civiques par aucune condamnation judiciaire.

Art. 7. — Avant la publication de tout journal ou écrit périodique, il sera fait, au parquet du procureur de la République, une déclaration contenant :

1° Le titre du journal ou écrit périodique et son mode de publication ;

2° Le nom et la demeure du gérant ;

3° L'indication de l'imprimerie où il doit être imprimé.

Toute mutation dans les conditions ci-dessus énumérées sera déclarée dans les cinq jours qui suivront.

Art. 8. — Les déclarations seront faites par écrit, sur papier timbré, et signées des gérants. Il en sera donné récépissé.

Art. 9. — En cas de contravention aux dispositions prescrites par les art. 6, 7, 8, le propriétaire, le gérant, ou, à défaut, l'imprimeur, seront punis d'une amende de cinquante francs à cinq cents francs.

Le journal ou écrit périodique ne pourra continuer sa publication qu'après avoir rempli les formalités ci-dessus prescrites, à peine, si la publication irrégulière continue, d'une amende de cent francs, prononcée solidairement contre les mêmes personnes, pour chaque numéro publié à partir du jour de la prononciation du jugement de condamnation, si ce jugement est contradictoire, et du troisième jour qui suivra sa notification, s'il a été rendu par défaut ; et ce nonobstant opposition ou appel, si l'exécution provisoire est ordonnée.

Le condamné, même par défaut, peut interjeter appel. Il sera statué par la Cour dans le délai de trois jours.

Art. 10. — Au moment de la publication de chaque feuille ou livraison du journal ou écrit périodique, il sera remis au parquet du procureur de la République, ou à la mairie, dans les villes où il n'y a pas de tribunal de première instance, deux exemplaires signés du gérant.

Pareil dépôt sera fait au ministère de l'intérieur, pour Paris et le département de la Seine, et, pour les autres départements, à la préfecture, à la sous-préfecture, ou à la mairie, dans les villes qui ne sont ni chefs-lieux de département, ni chefs-lieux d'arrondissement.

Chacun de ces dépôts sera effectué sous peine de cinquante francs d'amende contre le gérant.

Art. 11. — Le nom du gérant sera imprimé au bas de tous les exemplaires, à peine contre l'imprimeur de seize francs à cent francs d'amende par numéro publié en contravention de la présente disposition.

§ 2. — *Des rectifications.*

Art. 12. — Le gérant sera tenu d'insérer gratuitement, en tête du plus prochain numéro du journal ou écrit périodique, toutes les rectifications qui lui seront adressées par un dépositaire de l'autorité publique, au sujet des actes de sa fonction qui auront été inexactement rapportés par ledit journal ou écrit périodique.

Toutefois, ces rectifications ne dépasseront pas le double de l'article auquel elles répondront.

En cas de contravention, le gérant sera puni d'une amende de cent francs à mille francs.

Art. 13. — Le gérant sera tenu d'insérer dans les trois jours de leur réception ou dans le plus prochain numéro, s'il n'en était pas publié avant l'expiration des trois jours, les réponses de toute personne nommée ou désignée dans le journal ou écrit périodique, sous peine d'une amende de cinquante francs à cinq cents francs, sans préjudice des autres peines et dommages-intérêts auxquels l'article pourrait donner lieu.

Cette insertion devra être faite à la même place et en mêmes caractères que l'article qui l'aura provoquée.

Elle sera gratuite, lorsque les réponses ne dépasseront pas le double de la longueur dudit article. Si elles le dépassent, le prix d'insertion sera dû pour le surplus seulement. Il sera calculé au prix des annonces judiciaires.

§ 3. — *Des journaux ou écrits périodiques étrangers.*

Art. 14. — La circulation en France des journaux ou écrits périodiques publiés à l'étranger ne pourra être interdite que par une décision spéciale délibérée en conseil des ministres.

La circulation d'un numéro peut être interdite par une décision du Ministre de l'intérieur.

La mise en vente ou la distribution, faite sciemment au mépris de l'interdiction, sera punie d'une amende de cinquante francs à cinq cents francs.

CHAPITRE III.

DE L'AFFICHAGE, DU COLPORTAGE ET DE LA VENTE SUR LA VOIE PUBLIQUE.

§ 1er. — *De l'affichage.*

Art. 15. — Dans chaque commune, le maire désignera, par arrêté, les lieux exclusivement destinés à recevoir les affiches des lois et autres actes de l'autorité publique.

Il est interdit d'y placarder des affiches particulières.

Les affiches des actes émanés de l'autorité seront seules imprimées sur papier blanc.

Toute contravention aux dispositions du présent article sera punie des peines portées en l'art. 2.

Art. 16. — Les professions de foi, circulaires et affiches électorales pourront être placardées, à l'exception des emplacements réservés par l'article précédent, sur tous les édifices publics autres que les édifices consacrés aux cultes, et particulièrement aux abords des salles de scrutin.

Art. 17. — Ceux qui auront enlevé, déchiré, recouvert ou altéré, par un procédé quelconque, de manière à les travestir ou à les rendre illisibles, des affiches apposées par ordre de l'Administration dans les emplacements à ce réservés, seront punis d'une amende de cinq francs à quinze francs.

Si le fait a été commis par un fonctionnaire ou un agent de l'autorité publique, la peine sera d'une amende de seize francs à cent francs, et d'un emprisonnement de six jours à un mois, ou de l'une de ces deux peines seulement.

Seront punis d'une amende de cinq francs à quinze francs ceux qui auront enlevé, déchiré, recouvert ou altéré par un procédé quelconque, de manière à les travestir ou à les rendre illisibles, des affiches électorales émanant de simples particuliers, apposées ailleurs que sur les propriétés de ceux qui auront commis cette lacération ou altération.

La peine sera d'une amende de seize francs à cent francs et d'un emprisonnement de six jours à un mois, ou de l'une de ces deux peines seulement, si le fait a été commis par un fonctionnaire ou un agent de l'autorité publique, à moins que les affiches n'aient été apposées dans les emplacements réservés par l'art. 15.

§ 2. — *Du colportage et de la vente sur la voie publique.*

Art. 18. — Quiconque voudra exercer la profession de colporteur ou de distributeur sur la voie publique, ou en tout autre lieu public ou privé, de livres, écrits, brochures, dessins, gravures, lithographies et photographies, sera tenu d'en faire la déclaration à la préfecture du département où il a son domicile.

Toutefois, en ce qui concerne les journaux et autres feuilles périodiques, la déclaration pourra être faite soit à la mairie de la commune dans laquelle doit se faire la distribution, soit à la sous-préfecture. Dans ce dernier cas, la déclaration produira son effet pour toutes les communes de l'arrondissement.

Art. 19. — La déclaration contiendra les nom, prénoms, profession, domicile, âge et lieu de naissance du déclarant.

Il sera délivré immédiatement et sans frais au déclarant un récépissé de sa déclaration.

Art. 20. — La distribution et le colportage accidentels ne sont assujettis à aucune déclaration.

Art. 21. — L'exercice de la profession de colporteur ou de distributeur sans déclaration préalable, la fausseté de la déclaration, le défaut de présentation, à toute réquisition, du récépissé, constituent des contraventions.

Les contrevenants seront punis d'une amende de cinq francs à quinze francs et pourront l'être, en outre, d'un emprisonnement d'un à cinq jours.

En cas de récidive ou de déclaration mensongère, l'emprisonnement sera nécessairement prononcé.

Art. 22. — Les colporteurs et distributeurs pourront être poursuivis conformément au droit commun, s'ils ont sciemment colporté ou distribué des livres, écrits, brochures, journaux, dessins, gravures, lithographies et photographies présentant un caractère délictueux, sans préjudice des cas prévus à l'art. 42.

CHAPITRE IV.

DES CRIMES ET DÉLITS COMMIS PAR LA VOIE DE LA PRESSE OU PAR TOUT AUTRE MOYEN DE PUBLICATION.

§ 1er. — *Provocation aux crimes et délits.*

Art. 23. — Seront punis comme complices d'une action qualifiée crime ou délit, ceux qui, soit par des discours, cris ou menaces proférés dans des lieux ou réunions publics, soit par des écrits, des imprimés vendus ou distribués, mis en vente ou exposés dans des lieux ou réunions publics, soit par des placards ou affiches exposés aux regards du public, auront directement provoqué l'auteur ou les auteurs à commettre ladite action, si la provocation a été suivie d'effet.

Cette disposition sera également applicable lorsque la provocation n'aura été suivie que d'une tentative de crime prévue par l'art. 2 du Code pénal.

Art. 24. — Ceux qui, par les moyens énoncés en l'article précédent, auront directement provoqué à commettre les crimes de meurtre, de pillage et d'incendie, ou l'un des crimes contre la sûreté de l'État prévus par les art. 75 et suivants, jusques et y compris l'art. 101 du Code pénal, seront punis, dans le cas où cette provocation n'aurait pas été suivie d'effet, de trois mois à deux ans d'emprisonnement et de cent francs à trois mille francs d'amende.

Tous cris ou chants séditieux proférés dans des lieux ou réunions publics seront punis d'un emprisonnement de six jours à nn mois et d'une amende de seize francs à cinq cents francs, ou de l'une de ces deux peines seulement.

Art. 25. — Toute provocation par l'un des moyens énoncés en l'art. 23, adressée à des militaires des armées de terre ou de mer, dans le but de les détourner de leurs devoirs militaires et de l'obéissance qu'ils doivent à leurs chefs dans tout ce qu'ils leur commandent pour l'exécution des lois et règlements militaires, sera punie d'un emprisonnement d'un à six mois et d'une amende de seize francs à cent francs.

§ 2. — *Délits contre la chose publique.*

Art. 26. — L'offense au Président de la République par l'un des moyens énoncés dans l'art. 23 et dans l'art. 28 est punie d'un emprisonnement de trois mois à un an et d'une amende de cent francs à trois mille francs, ou de l'une de ces deux peines seulement.

Art. 27. — La publication ou reproduction de nouvelles fausses, de pièces fabriquées, falsifiées ou mensongèrement attribuées à des tiers, sera punie d'un emprisonnement d'un mois à un an et d'une amende de cinquante francs à mille francs, ou de l'une de ces deux peines seulement, lorsque la publication ou reproduction aura troublé la paix publique et qu'elle aura été faite de mauvaise foi.

Art. 28. — L'outrage aux bonnes mœurs commis par l'un des moyens énoncés en l'art. 23 sera puni d'un emprisonnement d'un mois à deux ans et d'une amende de seize francs à deux mille francs.

Les mêmes peines sont applicables à la mise en vente, à la distribution ou à l'exposition de dessins, gravures, peintures, emblèmes ou images obscènes. Les exemplaires de ces dessins, gravures, peintures, emblèmes ou images obscènes exposés aux regards du public, mis en vente, colportés ou distribués, seront saisis.

§ 3. — *Délits contre les personnes.*

Art. 29. — Toute allégation ou imputation d'un fait qui porte atteinte à l'honneur ou à la considération de la personne ou du corps auquel le fait est imputé est une diffamation.

Toute expression outrageante, terme de mépris ou invective qui ne renferme l'imputation d'aucun fait est une injure.

Art. 30. — La diffamation commise par l'un des moyens énoncés en l'art. 23 et en l'art. 28, envers les Cours, les tribunaux, les armées de terre ou de mer, les corps constitués et les administrations publiques, sera punie d'un emprisonnement de huit jours à un an et d'une amende de cent francs à trois mille francs, ou de l'une de ces deux peines seulement.

Art. 31. — Sera punie de la même peine la diffamation commise par les mêmes moyens, à raison de leurs fonctions ou de leur qualité, envers un ou plusieurs membres du ministère, un ou plusieurs membres de l'une ou l'autre Chambre, un fonctionnaire public, un dépositaire ou agent de l'autorité publique, un ministre de l'un des cultes salariés par l'État, un citoyen chargé d'un service ou d'un mandat public, temporaire ou permanent, un juré ou un témoin, à raison de sa déposition.

Art. 32. — La diffamation, commise envers les particuliers par l'un des moyens énoncés en l'art. 23 et en l'art. 28, sera punie d'un emprisonnement de cinq jours à six mois et d'une amende de vingt-cinq francs à deux mille francs, ou de l'une de ces deux peines seulement.

Art. 33. — L'injure commise par les mêmes moyens envers les corps ou les personnes désignés par les art. 30 et 31 de la présente loi, sera punie d'un emprisonnement de six jours à trois mois et d'une amende de dix-huit francs à cinq cents francs, ou de l'une de ces deux peines seulement.

L'injure commise de la même manière envers les particuliers, lorsqu'elle n'aura pas été précédée de provocation, sera punie d'un emprisonnement de cinq jours à deux mois et d'une amende de seize francs à trois cents francs, ou de l'une de ces deux peines seulement.

Si l'injure n'est pas publique, elle ne sera punie que de la peine prévue par l'art. 471 du Code pénal.

Art. 34. — Les art. 29, 30 et 31 ne seront applicables aux diffamations ou injures dirigées contre la mémoire des morts, que dans les cas où les auteurs de ces diffamations ou injures auraient eu l'intention de porter atteinte à l'honneur ou à la considération des héritiers vivants.

Ceux-ci pourront toujours user du droit de réponse prévu par l'art. 13.

Art. 35. — La vérité du fait diffamatoire, mais seulement quand il est relatif aux fonctions, pourra être établie par les voies ordinaires, dans le cas d'imputations contre les corps constitués, les armées de terre ou de mer, les administrations publiques, et contre toutes les personnes énumérées dans l'art. 31.

La vérité des imputations diffamatoires et injurieuses pourra être également établie contre les directeurs ou administrateurs de toute entreprise industrielle, commerciale ou financière, faisant publiquement appel à l'épargne ou au crédit.

Dans les cas prévus aux deux paragraphes précédents, la preuve contraire est réservée. Si la preuve du fait diffamatoire est rapportée, le prévenu sera renvoyé des fins de la plainte.

Dans toute autre circonstance et envers toute autre personne non qualifiée, lorsque le fait imputé est l'objet de poursuites commencées à la requête du ministère public ou d'une plainte de la part du prévenu, il sera, durant l'instruction qui devra avoir lieu, sursis à la poursuite et au jugement du délit de diffamation.

§ 4. — *Délits contre les chefs d'État et agents diplomatiques étrangers.*

Art. 36. — L'offense commise publiquement envers les chefs d'État étrangers sera punie d'un emprisonnement de trois mois à un an et d'une amende de cent francs à trois mille francs, ou de l'une de ces deux peines seulement.

Art. 37. — L'outrage commis publiquement envers les ambassadeurs et ministres plénipotentiaires, envoyés, chargés d'affaires ou autres agents diplomatiques accrédités près du gouvernement de la République, sera puni d'un emprisonnement de huit jours à un an et d'une amende de cinquante francs à deux mille francs, ou de l'une de ces deux peines seulement.

§ 5. — *Publications interdites, immunités de la défense.*

Art. 38. — Il est interdit de publier les actes d'accusation et tous autres actes de procédure criminelle ou correctionnelle, avant qu'ils aient été lus en audience publique, et ce, sous peine d'une amende de cinquante francs à deux mille francs.

Art. 39. — Il est interdit de rendre compte des procès en diffamation où la preuve des faits diffamatoires n'est pas autorisée. La plainte seule pourra être publiée par le plaignant. Dans toute affaire civile, les Cours et tribunaux pourront interdire le compte rendu du procès.

Ces interdictions ne s'appliqueront pas aux jugements, qui pourront toujours être publiés.

Il est également interdit de rendre compte des délibérations intérieures soit des jurys, soit des Cours et tribunaux.

Toute infraction à ces dispositions sera punie d'une amende de cent francs à deux mille francs.

Art. 40. — Il est interdit d'ouvrir ou d'annoncer publiquement des souscriptions ayant pour objet d'indemniser des amendes, frais et dommages-intérêts prononcés par des condamnations judiciaires en matière criminelle ou correctionnelle, sous peine d'un emprisonnement de huit jours à six mois et d'une amende de cent francs à mille francs, ou de l'une de ces deux peines seulement.

Art. 41. — Ne donneront ouverture à aucune action les discours tenus dans le sein de l'une des deux Chambres, ainsi que les rapports ou toutes autres pièces imprimés par ordre de l'une des deux Chambres.

Ne donnera lieu à aucune action le compte rendu des séances publiques des deux Chambres fait de bonne foi dans les journaux.

Ne donneront lieu à aucune action en diffamation, injure ou outrage, ni le compte rendu fidèle fait de bonne foi des débats judiciaires, ni les discours prononcés ou les écrits produits devant les tribunaux.

Pourront néanmoins les juges, saisis de la cause et statuant sur le fond, prononcer la suppression des discours injurieux, outrageants ou diffamatoires, et condamner qui il appartiendra à des dommages-intérêts. Les juges pourront aussi, dans le même cas, faire des injonctions aux avocats et officiers ministériels, et même les suspendre de leurs fonctions. La durée de cette suspension ne pourra excéder deux mois, et six mois en cas de récidive dans l'année.

Pourront toutefois les faits diffamatoires étrangers à la cause donner ouverture, soit à l'action publique, soit à l'action civile des parties, lorsque ces actions leur auront été réservées par les tribunaux, et, dans tous les cas, à l'action civile des tiers.

CHAPITRE V.

DES POURSUITES ET DE LA RÉPRESSION.

§ 1er. — *Des personnes responsables des crimes et délits commis par la voie de la presse.*

Art. 42. — Seront passibles, comme auteurs principaux, des peines qui constituent la répression des crimes et délits commis par la voie de la presse, dans l'ordre ci-après, savoir : 1° les gérants ou éditeurs, quelles que soient leurs professions ou leurs dénominations; 2° à leur défaut, les auteurs; 3° à défaut des auteurs, les imprimeurs; 4° à défaut des imprimeurs, les vendeurs, distributeurs ou afficheurs.

Art. 43. — Lorsque les gérants ou les éditeurs seront en cause, les auteurs seront poursuivis comme complices.

Pourront l'être, au même titre et dans tous les cas, toutes personnes auxquelles l'art. 60 du Code pénal pourrait s'appliquer. Ledit article ne pourra s'appliquer aux imprimeurs pour faits d'impression, sauf dans le cas et les conditions prévus par l'art. 6 de la loi du 7 juin 1848 sur les attroupements.

Art. 44. — Les propriétaires des journaux ou écrits périodiques sont responsables des condamnations pécuniaires prononcées au profit des tiers contre les personnes désignées dans les deux articles précédents, conformément aux dispositions des art. 1382, 1383, 1384 du Code civil.

Art. 45. — Les crimes et délits prévus

par la présente loi seront déférés à la Cour d'assises.

Sont exceptés et déférés aux tribunaux de police correctionnelle, les délits et infractions prévus par les art, 3, 4, 9, 10, 11, 12, 13, 14, 17, §§ 2 et 4; 28, § 2; 32, 33, § 2; 38, 39 et 40 de la présente loi.

Sont encore exceptées et renvoyées devant les tribunaux de simple police, les contraventions prévues par les art. 2, 15, 17, §§ 1er et 3; 21 et 33, § 3, de la présente loi.

Art. 46. — L'action civile résultant des délits de diffamation prévus et punis par les art. 30 et 31 ne pourra, sauf dans le cas de décès de l'auteur du fait incriminé ou d'amnistie, être poursuivie séparément de l'action publique.

§ 2. — *De la procédure.*

A. — Cour d'assises.

Art. 47. — La poursuite des crimes et délits commis par la voie de la presse ou par tout autre moyen de publication aura lieu d'office et à la requête du ministère public, sous les modifications suivantes :

1° Dans le cas d'injure ou de diffamation envers les Cours, tribunaux et autres corps indiqués en l'art. 30, la poursuite n'aura lieu que sur une délibération prise par eux en assemblée générale, et requérant les poursuites, ou, si le corps n'a pas d'assemblée générale, sur la plainte du chef de corps ou du ministre duquel ce corps relève ;

° Dans le cas d'injure ou de diffamation envers un ou plusieurs membres de l'une ou de l'autre Chambre, la poursuite n'aura lieu que sur la plainte de la personne ou des personnes intéressées ;

3° Dans le cas d'injure ou de diffamation envers les fonctionnaires publics, les dépositaires ou agents de l'autorité publique autres que les ministres, envers les ministres des cultes salariés par l'État et les citoyens chargés d'un service ou d'un mandat public, la poursuite aura lieu, soit sur leur plainte, soit d'office, sur la plainte du ministre dont ils relèvent;

4° Dans le cas de diffamation envers un juré ou un témoin, délit prévu par l'art. 31, la poursuite n'aura lieu que sur la plainte du juré ou du témoin qui se prétendra diffamé ;

5° Dans le cas d'offense envers les chefs d'État ou d'outrage envers les agents diplomatiques étrangers, la poursuite aura lieu soit à leur requête, soit d'office, sur leur demande adressée au Ministre des affaires étrangères et par celui-ci au Ministre de la justice ;

6° Dans les cas prévus par les §§ 3 et 4 du présent article, le droit de citation directe devant la Cour d'assises appartiendra à la partie lésée.

Sur sa requête, le président de la Cour d'assises fixera les jour et heure auxquels l'affaire sera appelée.

Art. 48. — Si le ministère public requiert une information, il sera tenu, dans son réquisitoire, d'articuler et de qualifier les provocations, outrages, diffamations et injures à raison desquels la poursuite est intentée, avec indication des textes dont l'application est demandée, à peine de nullité du réquisitoire de ladite poursuite.

Art. 49. — Immédiatement après le réquisitoire, le juge d'instruction pourra, mais seulement en cas d'omission du dépôt prescrit par les art. 3 et 10 ci-dessus, ordonner la saisie de quatre exemplaires de l'écrit, du journal ou du dessin incriminé. Cette disposition ne déroge en rien à ce qui est prescrit par l'art. 28 de la présente loi.

Si le prévenu est domicilié en France, il ne pourra être arrêté préventivement, sauf en cas de crime.

En cas de condamnation, l'arrêt pourra ordonner la saisie et la suppression ou la destruction de tous les exemplaires qui seraient mis en vente, distribués ou exposés aux regards du public.

Toutefois, la suppression ou la destruction pourra ne s'appliquer qu'à certaines parties des exemplaires saisis.

Art. 50. — La citation contiendra l'indication précise des écrits, des imprimés, placards, dessins, gravures, peintures, médailles, emblèmes, des discours ou propos publiquement proférés qui seront l'objet de la poursuite, ainsi que de la qualification des faits. Elle indiquera les textes de la loi invoquée à l'appui de la demande.

Si la citation est à la requête du plaignant, elle portera, en outre, copie de l'ordonnance du président; elle contiendra élection de domicile dans la ville où siège la Cour d'assises, et sera notifiée tant au prévenu qu'au ministère public.

Toutes ces formalités seront observées, à peine de nullité de la poursuite.

Art. 51. — Le délai entre la citation et la comparution en Cour d'assises sera de cinq jours francs, outre un jour par cinq myriamètres de distance.

Art. 52. — En matière de diffamation, ce délai sera de douze jours, outre un jour par cinq myriamètres.

Quand le prévenu voudra être admis à prouver la vérité des faits diffamatoires, conformément aux dispositions de l'art. 35 de la présente loi, il devra, dans les cinq jours qui suivront la notification de la citation, faire signifier au ministère public près la Cour d'assises, ou au plaignant, au domicile par lui élu, suivant qu'il est assigné à la requête de l'un ou de l'autre :

1° Les faits articulés et qualifiés dans la citation, desquels il entend prouver la vérité;

2° La copie des pièces;

3° Les noms, professions et demeures des témoins par lesquels il entend faire sa preuve. Cette signification contiendra élection de domicile près la Cour d'assises, le tout à peine d'être déchu du droit de faire la preuve.

Art. 53. — Dans les cinq jours suivants, le plaignant ou le ministère public, suivant les cas, sera tenu de faire signifier au prévenu, au domicile par lui élu, la copie des pièces, et les noms, professions et demeures des témoins par lesquels il entend faire la preuve contraire, sous peine d'être déchu de son droit.

Art. 54. — Toute demande en renvoi, pour quelque cause que ce soit; tout incident sur la procédure suivie, devront être présentés avant l'appel des jurés, à peine de forclusion.

Art. 55. — Si le prévenu a été présent à l'appel des jurés, il ne pourra plus faire défaut, quand bien même il se fût retiré pendant le tirage au sort.

En conséquence, tout arrêt qui interviendra, soit sur la forme, soit sur le fond, sera définitif, quand bien même le prévenu se retirerait de l'audience ou refuserait de se défendre. Dans ce cas, il sera procédé avec le concours du jury et comme si le prévenu était présent.

Art. 56. — Si le prévenu ne comparaît pas au jour fixé par la citation, il sera jugé par défaut par la Cour d'assises, sans assistance ni intervention des jurés.

La condamnation par défaut sera comme non avenue si, dans les cinq jours de la signification qui en aura été faite au prévenu ou à son domicile, outre un jour par cinq myriamètres, celui-ci forme opposition à l'exécution de l'arrêt et notifie son opposition tant au ministère public qu'au plaignant. Toutefois, si la signification n'a pas été faite à personne ou s'il ne résulte pas de l'acte d'exécution de l'arrêt que le prévenu en a eu connaissance, l'opposition sera recevable jusqu'à l'expiration des délais de la prescription de la peine. L'opposition vaudra citation à la première audience utile. Les frais de l'expédition, de la signification de l'arrêt, de l'opposition et de la réassignation, pourront être laissés à la charge du prévenu.

Art. 57. — Faute par le prévenu de former son opposition dans le délai fixé en l'art. 56, et de la signifier aux personnes indiquées dans cet article, ou de comparaître par lui-même au jour fixé en l'article précédent, l'opposition sera réputée non avenue et l'arrêt par défaut sera définitif.

Art. 58. — En cas d'acquittement par le jury, s'il y a partie civile en cause, la Cour ne pourra statuer que sur les dommages-intérêts réclamés par le prévenu. Ce dernier devra être renvoyé de la plainte sans dépens ni dommages-intérêts au profit du plaignant.

Art. 59. — Si, au moment où le ministère public ou le plaignant exerce son action, la session de la Cour d'assises est terminée, et s'il ne doit pas s'en ouvrir d'autre à une époque rapprochée, il pourra être formé une Cour d'assises extraordinaire, par ordonnance motivée du premier président. Cette ordonnance prescrira le tirage au sort des jurés conformément à la loi.

L'art. 81 du décret du 6 juillet 1810 sera

applicable aux Cours d'assises extraordinaires formées en exécution du paragraphe précédent.

B. — POLICE CORRECTIONNELLE ET SIMPLE POLICE.

ART. 60. — La poursuite devant les tribunaux correctionnels et de simple police aura lieu conformément aux dispositions du chapitre 2 du titre Ier du livre II du Code d'instruction criminelle, sauf les modifications suivantes :

1° Dans le cas de diffamation envers les particuliers, prévu par l'art. 32, et dans le cas d'injure, prévu par l'art. 33, § 2, la poursuite n'aura lieu que sur la plainte de la personne diffamée ou injuriée.

2° En cas de diffamation ou d'injure pendant la période électorale contre un candidat à une fonction élective, le délai de la citation sera réduit à vingt-quatre heures, outre le délai de distance.

3° La citation précisera et qualifiera le fait incriminé ; elle indiquera le texte de la loi applicable à la poursuite, le tout à peine de nullité de ladite poursuite.

Sont applicables au cas de poursuite et de condamnation les dispositions de l'art. 48 de la présente loi.

Le désistement du plaignant arrêtera la poursuite commencée.

C. — POURVOIS EN CASSATION.

ART. 61. — Le droit de se pourvoir en cassation appartiendra au prévenu et à la partie civile, quant aux dispositions relatives à ses intérêts civils. L'un et l'autre seront dispensés de consigner l'amende, et le prévenu de se mettre en état.

ART. 62. — Le pourvoi devra être formé, dans les trois jours, au greffe de la Cour ou du tribunal qui aura rendu la décision. Dans les vingt-quatre heures qui suivront, les pièces seront envoyées à la Cour de cassation, qui jugera d'urgence dans les dix jours à partir de leur réception.

§ 3. — *Récidives, circonstances atténuantes, prescriptions.*

ART. 63. — L'aggravation des peines résultant de la récidive ne sera pas applicable aux infractions prévues par la présente loi.

En cas de conviction de plusieurs crimes ou délits prévus par la présente loi, les peines ne se cumuleront pas et la plus forte sera seule prononcée.

ART. 64. — L'art. 463 du Code pénal est applicable dans tous les cas prévus par la présente loi. Lorsqu'il y aura lieu de faire cette application, la peine prononcée ne pourra excéder la moitié de la peine édictée par la loi.

ART. 65. — L'action publique et l'action civile résultant des crimes, délits et contraventions prévus par la présente loi, se prescriront après trois mois révolus, à compter du jour où ils auront été commis, ou du jour du dernier acte de poursuite, s'il en a été fait.

Les prescriptions commencées à l'époque de la publication de la présente loi, et pour lesquelles il faudrait encore, suivant les lois existantes, plus de trois mois à compter de la même époque, seront, par ce laps de trois mois, définitivement accomplies.

DISPOSITIONS TRANSITOIRES.

ART. 66. — Les gérants et propriétaires de journaux existant au jour de la promulgation de la présente loi seront tenus de se conformer, dans un délai de quinzaine, aux prescriptions édictées par les art. 7 et 8, sous peine de tomber sous l'application de l'art. 9.

ART. 67. — Le montant des cautionnements versés par les journaux ou écrits périodiques actuellement soumis à cette obligation sera remboursé à chacun d'eux par le Trésor public dans un délai de trois mois à partir du jour de la promulgation de la présente loi, sans préjudice des retenues qui pourront être effectuées, au profit de l'État et des particuliers, pour les condamnations à l'amende et les réparations civiles auxquelles il n'aura pas été autrement satisfait à l'époque du remboursement.

ART. 68. — Sont abrogés les édits, lois, décrets, ordonnances, arrêtés, règlements, déclarations généralement quelconques, relatifs à l'imprimerie, à la librairie, à la presse périodique ou non périodique, au colportage, à l'affichage, à la vente sur la voie publique, et aux crimes et délits prévus par les lois sur la presse et les autres moyens de publication, sans que puissent revivre les dispositions abrogées par les lois antérieures.

Est également abrogé le second paragraphe de l'art. 31 de la loi du 10 août 1871 sur les conseils généraux, relatif à l'appréciation de leurs discussions par les journaux.

Art. 69. — La présente loi est applicable à l'Algérie et aux colonies.

Art. 70. — Amnistie est accordée pour tous les crimes et délits commis antérieurement au 16 février 1881, par la voie de la presse ou autres moyens de publication, sauf l'outrage aux bonnes mœurs puni par l'art. 28 de la présente loi, et sans préjudice du droit des tiers.

Les amendes non perçues ne seront pas exigées. Les amendes déjà perçues ne seront pas restituées, à l'exception de celles qui ont été payées depuis le 16 février 1881.

La présente loi, délibérée et adoptée par le Sénat et par la Chambre des députés, sera exécutée comme loi de l'État.

LOI DU 29 JUILLET 1881, RELATIVE A L'AMNISTIE DES CRIMES ET DÉLITS DE PRESSE.

Article unique. — L'amnistie prévue par la loi sur la liberté de la presse sera appliquée à tous les crimes et délits commis antérieurement au 21 juillet 1881.

LOI DU 2 AOUT 1882, AYANT POUR OBJET LA RÉPRESSION DES OUTRAGES AUX BONNES MŒURS.

Art. 1er. — Est puni d'un emprisonnement de un mois à deux ans et d'une amende de seize francs à trois mille francs, quiconque aura commis le délit d'outrage aux bonnes mœurs, par la vente, l'offre, l'exposition, l'affichage ou la distribution gratuite sur la voie publique ou dans les lieux publics, d'écrits, d'imprimés autres que le livre, d'affiches, dessins, gravures, peintures, emblèmes ou images obscènes.

Art. 2. — Les complices de ces délits, dans les conditions prévues et déterminées par l'art. 60 du Code pénal, seront punis de la même peine, et la poursuite aura lieu devant le tribunal correctionnel, conformément au droit commun et suivant les règles édictées par le Code d'instruction criminelle.

Art. 3. — L'art. 463 du Code pénal s'applique aux délits prévus par la présente loi.

Art. 4. — Sont abrogées toutes les dispositions contraires à la présente loi.

IV. — CODE PÉNAL.

TEXTES DES ARTICLES D'UNE APPLICATION USUELLE EN COUR D'ASSISES.

TENTATIVE.

Art. 2. — Toute tentative de *crime* qui aura été manifestée par un commencement d'exécution, si elle n'a été suspendue ou si elle n'a manqué son effet que par des circonstances indépendantes de la volonté de son auteur, est considérée comme le *crime* même.

PEINES.

Art. 7. — Les peines afflictives et infamantes sont :

1° La mort;

2° Les travaux forcés à perpétuité ;

3° La déportation;

4° Les travaux forcés à temps;

5° La détention ;

6° La réclusion.

Art. 8. — Les peines infamantes sont :

1° Le bannissement;

2° La dégradation civique.

Art. 9. — Les peines en matière correctionnelle sont :

1° L'emprisonnement à temps dans un lieu de correction;

2° L'interdiction à temps de certains droits civiques, civils ou de famille;

3° L'amende.

RESTITUTIONS ET DOMMAGES-INTÉRÊTS.

Art. 10. — La condamnation aux peines établies par la loi est toujours prononcée sans préjudice des restitutions et dommages-intérêts qui peuvent être dus aux parties.

PEINES ACCESSOIRES.

Art. 11. — Le renvoi sous la surveillance spéciale de la haute police, l'amende et la confiscation spéciale, soit du corps du délit, quand la propriété en appartient au condamné, soit des choses produites par le délit, soit de celles qui ont servi ou qui ont été destinées à le commettre, sont des peines communes aux matières criminelles et correctionnelles.

TRAVAUX FORCÉS.

Art. 15. — Les hommes condamnés aux travaux forcés seront employés aux travaux les plus pénibles; ils traîneront à leurs pieds un boulet, ou seront attachés deux à deux avec une chaîne, lorsque la nature du travail auquel ils seront employés le permettra. — *Mod. L.* 30 *mai* 1854 (1).

TRAVAUX FORCÉS (*femmes*).

Art. 16. — Les femmes et les filles condamnées aux travaux forcés n'y seront employées que dans l'intérieur d'une maison de force (2).

TRAVAUX FORCÉS.

Art. 19. — La condamnation à la peine des travaux forcés à temps sera prononcée pour cinq ans au moins et vingt ans au plus.

---

(1) *L.* 30 *mai* 1854. *Art.* 1er. — La peine des travaux forcés sera subie, à l'avenir, dans des établissements, créés par décrets, sur le territoire d'une ou plusieurs possessions françaises autres que l'Algérie.....

Art. 2. — Les condamnés seront employés aux travaux les plus pénibles de la colonisation et tous autres travaux d'utilité publique.

Art. 3. — Ils pourront être enchaînés deux à deux et assujettis à traîner le boulet, à titre de punition disciplinaire ou par mesure de sûreté.

(2) *Même loi. Art.* 4. — Les femmes condamnées aux travaux forcés pourront être conduites dans un des établissements créés aux colonies ; elles seront séparées des hommes et employées à des travaux en rapport avec leur âge et avec leur sexe.

RÉCLUSION.

Art. 21. —Tout individu de l'un ou l'autre sexe, condamné à la peine de la réclusion, sera renfermé dans une maison de force, et employé à des travaux dont le produit pourra être appliqué en partie à son profit, ainsi qu'il sera réglé par le Gouvernement.

La durée de cette peine sera au moins de cinq années et de dix ans au plus.

BANNISSEMENT.

Art. 32. — Quiconque aura été condamné au bannissement sera transporté, par ordre du Gouvernement, hors du territoire du royaume. — La durée du bannissement sera au moins de cinq années, et de dix ans au plus.

Art. 33.—Sil e banni, avant l'expiration de sa peine, rentre sur le territoire du royaume, il sera, sur la seule preuve de son identité, condamné à la détention pour un temps au moins égal à celui qui restait à courir jusqu'à l'expiration du bannissement, et qui ne pourra excéder le double de ce temps.

DÉGRADATION CIVIQUE.

Art. 34. — La dégradation civique consiste :

1° Dans la destitution et l'exclusion des condamnés de toutes fonctions, emplois ou offices publics;

2° Dans la privation du droit de vote, d'élection, d'éligibilité, et en général de tous les droits civiques et politiques, et du droit de porter aucune décoration ;

3° Dans l'incapacité d'être juré expert, d'être employé comme témoin dans des actes, et de déposer autrement que pour y donner de simples renseignements;

4° Dans l'incapacité de faire partie d'aucun conseil de famille, et d'être tuteur, curateur, subrogé tuteur ou conseil judiciaire, si ce n'est de ses propres enfants, et sur l'avis conforme de la famille ;

5° Dans la privation du droit de port d'armes, du droit de faire partie de la garde nationale, de servir dans les armées françaises de tenir école, ou d'enseigner et d'être employé dans aucun établissement d'instruction, à titre de professeur, maître ou surveillant.

Art. 35. — Toutes les fois que la dégradation civique sera prononcée comme peine principale, elle pourra être accompagnée d'un emprisonnement dont la durée, fixée par l'arrêt de condamnation, n'excédera pas cinq ans. — Si le coupable est un étranger ou un Français ayant perdu la qualité de citoyen, la peine de l'emprisonnement devra toujours être prononcée.

PUBLICATION DES ARRÊTS.

Art. 36. — Tous arrêts qui porteront la peine de mort, des travaux forcés à perpétuité et à temps, la déportation, la détention, la réclusion, la dégradation civique et le bannissement, seront imprimés par extrait. — Ils seront affichés dans la ville centrale du département, dans celle où l'arrêt aura été rendu, dans la commune du lieu où le délit aura été commis, dans celle où se fera l'exécution et dans celle du domicile du condamné.

INTERDICTION TEMPORAIRE.

Art. 42. — Les tribunaux jugeant correctionnellement pourront, dans certains cas, interdire, en tout ou en partie, l'exercice des droits civiques, civils et de famille suivants :

1° De vote et d'élection ;

2° D'éligibilité;

3° D'être appelé ou nommé aux fonctions de juré ou autres fonctions publiques, ou aux emplois de l'Administration, ou d'exercer ces fonctions ou emplois ;

4° Du port d'armes;

5° De vote et de suffrage dans les délibérations de famille;

6° D'être tuteur, curateur, si ce n'est de ses enfants et sur l'avis seulement de la famille;

7° D'être expert ou employé comme témoin dans les actes;

8° De témoignage en justice, autrement que pour y faire de simples déclarations.

Art. 43. — Les tribunaux ne prononceront l'interdiction mentionnée dans l'article précédent, que lorsqu'elle aura été autorisée ou ordonnée par une disposition particulière de la loi.

SURVEILLANCE DE LA HAUTE POLICE.

ART. 44. — L'effet du renvoi sous la haute police sera de donner au Gouvernement le droit de déterminer certains lieux dans lesquels il sera interdit au condamné de paraître après qu'il aura subi sa peine.

Le condamné devra déclarer, au moins quinze jours avant sa mise en liberté, le lieu où il veut fixer sa résidence; à défaut de cette déclaration, le Gouvernement la fixera lui-même.

Le condamné à la surveillance ne pourra quitter la résidence qu'il aura choisie ou qui lui aura été assignée, avant l'expiration d'un délai de six mois, sans l'autorisation du Ministre de l'intérieur.

Néanmoins les préfets pourront donner cette autorisation :

1° Dans les cas de simples déplacements dans les limites mêmes de leur département;

2° Dans les cas d'urgence, mais à titre provisoire seulement. Après l'expiration du délai de six mois, ou avant même l'expiration de ce délai, si l'autorisation nécessaire a été obtenue, le condamné pourra se transporter dans toute résidence non interdite, à la charge de prévenir le maire huit jours à l'avance.

Le séjour de six mois est obligatoire pour le condamné dans chacune des résidences qu'il choisira successivement pendant tout le temps qu'il sera soumis à la surveillance, à moins d'autorisation spéciale, donnée conformément aux dispositions précédentes, soit par le Ministre de l'intérieur, soit par les préfets.

Tout condamné qui se rendra à sa résidence recevra une feuille de route réglant l'itinéraire dont il ne pourra s'écarter et la durée de son séjour dans chaque lieu de passage. — Il sera tenu de se présenter, dans les vingt-quatre heures de son arrivée, devant le maire de la commune qu'il devra habiter.

ART. 45. — En cas de désobéissance aux dispositions prescrites par l'article précédent, l'individu mis sous la surveillance de la haute police, sera condamné, par les tribunaux correctionnels, à un emprisonnement qui ne pourra excéder cinq ans.

ART. 46. — V. p. 145, note 1.
ART. 47. — V. p. id. id.
ART. 48. — V. p. id. id.
ART. 49. — V. p. id. id.
ART. 50. — V. p. id. id.

RESTITUTIONS.

ART. 51. — V. p. 152, n. 1

CONTRAINTE PAR CORPS.

ART. 52. — L'exécution des condamnations à l'amende, aux restitutions, aux dommages-intérêts et aux frais, pourra être poursuivie par la voie de la contrainte par corps. — V. L. 22 juillet 1867, art. 2, 3, 9, et L. 11 décembre 1871 (1).

SOLIDARITÉ.

ART. 55. — V. p. 152, n. 3.

RÉCIDIVE.

ART. 56. — V. p. 135, n. 9.
ART. 57. — V. p. 136, n. 9 de la p. 135.
ART. 58. — V. *eodem loco*.

---

(1) *Loi du 22 juillet 1867.* — *Art.* 2. Elle (la contrainte par corps) est maintenue en matière criminelle, correctionnelle et de simple police.

Art. 9. La durée de la contrainte par corps est réglée ainsi qu'il suit : — de deux jours à vingt jours, lorsque l'amende et les autres condamnations n'excèdent pas 50 fr.; — de vingt jours à quarante jours, lorsqu'elles sont supérieures à 100 fr. et n'excèdent pas 200 fr.; — de deux mois à quatre mois, lorsqu'elles sont supérieures à 200 fr. et n'excèdent pas 500 fr.; — de quatre mois à huit mois, lorsqu'elles sont supérieures à 500 fr. et qu'elles n'excèdent pas 2,000 fr.; — d'un an à deux ans, lorsqu'elles s'élèvent à plus de 2,000 fr. — En matière de simple police, la durée de la contrainte par corps ne pourra excéder cinq jours.

Loi du 19 déc. 1871. — Art. 1er. Est abrogé l'art. 3, § 3, de la loi du 22 juillet 1867, qui a interdit l'exercice de la contrainte par corps pour le recouvrement des frais dus à l'État, en vertu des condamnations prévues dans l'art. 2 de la même loi.

Art. 2. Sont, en conséquence, remises en vigueur les dispositions légales abrogées par l'art. 18, § 1er, de la loi du 22 juillet 1867.

COMPLICITÉ.

ART. 59. — Les complices d'un crime ou d'un délit seront punis de la même peine que les auteurs mêmes de ce crime ou de ce délit, sauf les cas où la loi en aurait disposé autrement.

ART. 60. — Seront punis comme complices d'une action qualifiée crime ou délit, ceux qui, par dons, promesses, menaces, abus d'autorité ou de pouvoir, machinations ou artifices coupables, auront provoqué à cette action, ou donné des instructions pour la commettre ;

Ceux qui auront procuré des armes, des instruments, ou tout autre moyen qui aura servi à l'action, sachant qu'ils devaient y servir ;

Ceux qui auront, avec connaissance, aidé ou assisté l'auteur ou les auteurs de l'action, dans les faits qui l'auront préparée ou facilitée, ou dans ceux qui l'auront consommée ; sans préjudice des peines qui seront spécialement portées par le présent code contre les auteurs de complots ou de provocations attentatoires à la sûreté intérienre ou extérieure de l'État, même dans le cas où le crime qui était l'objet des conspirateurs ou des provocateurs n'aurait pas été commis.

REFUGE AUX MALFAITEURS.

ART. 61. — Ceux qui, connaissant la conduite criminelle des malfaiteurs exerçant des brigandages ou des violences contre la sûreté de l'État, la paix publique, les personnes ou les propriétés, leur fournissent habituellement logement, lieu de retraite ou de réunion, seront punis comme leurs complices.

RECEL.

ART. 62. — Ceux qui sciemment auront recélé, en tout ou en partie, des choses enlevées, détournées ou obtenues à l'aide d'un crime ou d'un délit, seront aussi punis comme complices de ce crime ou délit.

ART. 63. — Néanmoins la peine de mort, lorsqu'elle sera applicable aux auteurs des crimes, sera remplacée, à l'égard des recéleurs, par celle des travaux forcés à perpétuité. — Dans tous les cas, les peines des travaux forcés à perpétuité ou de la déportation, lorsqu'il y aura lieu, ne pourront être prononcées contre les recéleurs qu'autant qu'ils seront convaincus d'avoir eu, au temps du recélé, connaissance des circonstances auxquelles la loi attache les peines de mort, des travaux forcés à perpétuité et de la déportation ; sinon ils ne subiront que la peine des travaux forcés à temps.

DÉMENCE. — CONTRAINTE IRRÉSISTIBLE.

ART. 64. — Il n'y a ni crime ni délit, lorsque le prévenu était en état de démence au temps de l'action, ou lorsqu'il a été contraint par une force à laquelle il n'a pu résister.

EXCUSES.

ART. 65. — V. p. 94, note 2.

MINEUR DE SEIZE ANS.

ART. 66. — Lorsque l'accusé aura moins de seize ans, s'il est décidé qu'il a agi *sans discernement*, il sera acquitté ; mais il sera, selon les circonstances, remis à ses parents, ou conduit dans une maison de correction, pour y être élevé et détenu pendant tel nombre d'années que le jugement déterminera, et qui toutefois ne pourra excéder l'époque où il aura accompli sa vingtième année.

PEINES.

ART. 67. — V. p. 142, note 1.

ART. 68. — L'individu, âgé de moins de seize ans, qui n'aura pas de complices présents au-dessus de cet âge, et qui sera prévenu de crimes autres que ceux que la loi punit de la peine de mort, de celle des travaux forcés à perpétuité, de la peine de la déportation ou de celle de la détention, sera jugé par les tribunaux correctionnels, qui se conformeront aux deux articles ci-dessus.

PEINES.

ART. 69. — V. p. 142, note 1.

SEXAGÉNAIRES.

ART. 70. — (*Loi du 30 mai 1854*). V. p. 144, note 1.

DESTRUCTIONS PAR EXPLOSIONS.

Art. 95. — Tout individu qui aura incendié ou détruit, par l'explosion d'une mine, des édifices, magasins, arsenaux, vaisseaux ou autres propriétés appartenant à l'État, sera puni de mort.

ARMES.

Art. 101. — Sont compris dans le mot *armes*, toutes machines, tous instruments ou ustensiles tranchants, perçants ou contondants.

Les couteaux et ciseaux de poche, les cannes simples, ne seront réputés armes qu'autant qu'il en aura été fait usage pour tuer, blesser ou frapper.

ALTÉRATION DE SCRUTIN.

Art. 111. — Tout citoyen qui, étant chargé, dans un scrutin, du dépouillement des billets contenant les suffrages des citoyens, sera surpris falsifiant ces billets, ou en soustrayant de la masse, ou y en ajoutant, ou inscrivant sur les billets des votants non lettrés des noms autres que ceux qui lui auraient été déclarés, sera puni de la dégradation civique.

FAUSSE MONNAIE.

Art. 132. — Quiconque aura contrefait ou altéré les monnaies d'or et d'argent ayant cours en France, ou participé à l'émission ou exposition desdites monnaies contrefaites ou altérées, ou à leur introduction sur le territoire français, sera puni des travaux forcés à perpétuité.

Celui qui aura contrefait ou altéré des monnaies de billon ou de cuivre ayant cours légal en France, ou participé à l'émission ou exposition desdites monnaies contrefaites ou altérées, ou à leur introduction sur le territoire français, sera puni des travaux forcés à temps.

Art. 133. — Tout individu qui aura, en France, contrefait ou altéré des monnaies étrangères, ou participé à l'émission, exposition ou introduction en France de monnaies étrangères contrefaites ou altérées, sera puni des travaux forcés à temps.

Art. 134. — Sera puni d'un emprisonnement de six mois à trois ans quiconque aura coloré les monnaies ayant cours légal en France ou les monnaies étrangères dans le but de tromper sur la nature du métal, ou les aura émises ou introduites sur le territoire français.

Seront punis de la même peine ceux qui auront participé à l'émission ou à l'introduction des monnaies ainsi colorées.

Art. 135. — La participation énoncée aux précédents articles ne s'applique point à ceux qui, ayant reçu pour bonnes des pièces de monnaie contrefaites, altérées ou colorées, les ont remises en circulation.

Toutefois, celui qui aura fait usage desdites pièces, après en avoir vérifié ou fait vérifier les vices, sera puni d'une amende triple au moins et sextuple au plus de la somme représentée par les pièces qu'il aura rendues à la circulation, sans que cette amende puisse, en aucun cas, être inférieure à seize francs.

RÉVÉLATEURS.

Art. 138. — Les personnes coupables des crimes mentionnés en l'art. 133 seront exemptes de peine si, avant la consommation de ces crimes et avant toutes poursuites, elles en ont donné connaissance et révélé les auteurs aux autorités constituées, ou si, même après les poursuites commencées, elles ont procuré l'arrestation des autres coupables. — Elles pourront néanmoins être mises, pour la vie ou à temps, sous la surveillance spéciale de la haute police.

CONTREFAÇON DES SCEAUX DE L'ÉTAT, DES BILLETS DE BANQUE, ETC.

Art. 139. — Ceux qui auront contrefait le sceau de l'État ou fait usage du sceau contrefait;

Ceux qui auront contrefait ou falsifié, soit des effets émis par le Trésor public avec son timbre, soit des billets de banque autorisés par la loi, ou qui auront fait usage de ces effets ou billets contrefaits ou falsifiés, ou qui les auront introduits dans l'enceinte du territoire français,

Seront punis des travaux forcés à perpétuité.

ART. 140. — Ceux qui auront contrefait ou falsifié, soit un ou plusieurs timbres nationaux, soit les marteaux de l'État servant aux marques forestières, soit le poinçon ou les poinçons servant à marquer les matières d'or ou d'argent, ou qui auront fait usage des papiers, effets, timbres, marteaux ou poiçons falsifiés ou contrefaits, seront punis des travaux forcés à temps, dont le maximum sera soujours appliqué dans ce cas.

ART. 141. — Sera puni de la réclusion, quiconque, s'étant indûment procuré les vrais timbres, marteaux ou poinçons ayant l'une des destinations exprimées en l'art. 140, en aura fait une application ou usage préjudiciable aux droits ou intérêts de l'État.

RÉVÉLATEURS.

ART. 144. — Les dispositions de l'art. 138 sont applicables aux crimes mentionnés dans l'art. 139.

FAUX PAR FONCTIONNAIRE OU OFFICIER PUBLIC.

ART. 145. — Tout fonctionnaire ou officier public qui, dans l'exercice de ses fonctions, aura commis un faux,

Soit par signatures,

Soit par altération des actes, écritures ou signatures,

Soit par supposition de personnes,

Soit par des écritures faites ou intercalées sur des registres ou d'autres actes publics, depuis leur confection ou clôture,

Sera puni des travaux forcés à perpétuité.

ART. 146. — Sera aussi puni des travaux forcés à perpétuité, tout fonctionnaire ou officier public qui, en rédigeant des actes de son ministère, en aura frauduleusement dénaturé la substance ou les circonstances, soit en écrivant des conventions autres que celles qui auraient été tracées ou dictées par les parties, soit en constatant comme vrais des faits faux, ou comme avoués des laits qui ne l'étaient pas.

FAUX EN ÉCRITURES PUBLIQUES OU DE COMMERCE.

ART. 147. — Seront punies des travaux forcés à temps toutes autres personnes qui auront commis un faux en écriture authentique ou publique, ou en écriture de commerce ou de banque,

Soit par contrefaçon ou altération d'écritures ou de signatures;

Soit par fabrication de conventions, dispositions, obligations ou décharges, ou par leur insertion après coup dans ces actes;

Soit par addition ou altération de clauses, de déclarations ou de faits que ces actes avaient pour objet de recevoir ou de constater.

USAGE.

ART. 148. — Dans tous les cas exprimés au présent paragraphe, celui qui aura fait usage des actes faux sera puni des travaux forcés à temps.

FAUX EN ÉCRITURE PRIVÉE.

ART. 150. — Tout individu qui aura, de l'une des manières exprimées en l'art. 147, commis un faux en écriture privée, sera puni de la réclusion.

USAGE.

ART. 151. — Sera puni de la même peine celui qui aura fait usage de la pièce fausse.

FAUSSES FEUILLES DE ROUTE.

ART. 156. — Quiconque fabriquera une fausse feuille de route, ou falsifiera une feuille de route originairement véritable, ou fera usage d'une feuille de route fabriquée ou falsifiée, sera puni, savoir :

D'un emprisonnement de six mois au moins et de trois ans au plus, si la fausse feuille de route n'a eu pour objet que de tromper la surveillance de l'autorité publique;

D'un emprisonnement d'une année au moins et de quatre au plus, si le Trésor public a payé au porteur de la fausse feuille des frais de route qui ne lui étaient pas dus ou qui excédaient ceux auxquels il pouvait avoir droit, le tout néanmoins au-dessous de cent francs;

Et d'un emprisonnement de deux ans au moins et de cinq ans au plus, si les sommes indûment perçues par le porteur de la feuille s'élèvent à cent francs et au delà.

Dans ces deux derniers cas, les coupables pourront, en outre, être privés des droits mentionnés en l'art. 42 du présent code pendant cinq ans au moins et dix ans au plus, à compter du jour où ils auront subi leur peine.

Ils pourront aussi être mis, par l'arrêt ou le jugement, sous la surveillance de la haute police pendant le même nombre d'années.

Art. 157. — Les peines portées en l'article précédent seront appliquées, selon les distinctions qui y sont établies : à toute personne qui se sera fait délivrer par l'officier public une feuille de route sous un nom supposé, ou qui aura fait usage d'une feuille de route délivrée sous un autre nom que le sien.

Art. 158. — Si l'officier public était instruit de la supposition de nom lorsqu'il a délivré la feuille de route, il sera puni, savoir :

Dans le premier cas posé par l'art. 156, d'un emprisonnement d'une année au moins et de quatre au plus;

Dans le second cas du même article, d'un emprisonnement de deux ans au moins et de cinq ans au plus;

Dans le troisième cas, de la réclusion.

Dans les deux premiers cas, il pourra, en outre, être privé des droits mentionnés en l'art. 42 du présent code pendant cinq ans au moins et dix ans au plus, à compter du jour où il aura subi sa peine.

USAGE INCONSCIENT.

Art. 163. — L'application des peines portées contre ceux qui ont fait usage de monnaies, billets, sceaux, timbres, marteaux, poinçons, marques et écrits faux, contrefaits, fabriqués ou falsifiés, cessera toutes les fois que le faux n'aura pas été connu de la personne qui aura fait usage de la chose fausse.

AMENDE.

Art. 164. — Il sera prononcé contre les coupables une amende dont le minimum sera de cent francs et le maximum de trois mille francs; l'amende pourra cependant être portée jusqu'au quart du bénéfice illégitime que le faux aura procuré ou était destiné à procurer aux auteurs du crime ou du délit, à leurs complices ou à ceux qui ont fait usage de la pièce fausse.

SOUSTRACTIONS PAR DÉPOSITAIRES PUBLICS.

Art. 169. — Tout percepteur, tout commis à une perception, dépositaire ou comptable public, qui aura détourné ou soustrait des deniers publics ou privés, ou effets actifs en tenant lieu, ou des pièces, titres, actes, effets mobiliers qui étaient entre ses mains en vertu de ses fonctions, sera puni des travaux forcés à temps, si les choses détournées ou soustraites sont d'une valeur au-dessus de trois mille francs.

Art. 170. — La peine des travaux forcés à temps aura lieu également, quelle que soit la valeur des deniers ou des effets détournés ou soustraits, si cette valeur égale soit le tiers de la recette ou du dépôt, s'il s'agit de deniers ou effets une fois reçus ou déposés, soit le cautionnement, s'il s'agit d'une recette ou d'un dépôt attaché à une place sujette à cautionnement, soit enfin le tiers du produit commun de la recette pendant un mois, s'il s'agit d'une recette composée de rentrées successives et non sujette à cautionnement.

Art. 171. — Si les valeurs détournées ou soustraites sont au-dessous de trois mille francs, et en outre inférieures aux mesures exprimées en l'article précédent, la peine sera un emprisonnement de deux ans au moins et de cinq ans au plus, et le condamné sera de plus déclaré à jamais incapable d'exercer aucune fonction publique.

Art. 172. — Dans les cas exprimés aux trois articles précédents, il sera toujours prononcé contre le condamné une amende dont le *maximum* sera le quart des restitutions et indemnités, et le *minimum* le douzième.

Art. 173. — Tout juge, administrateur, fonctionnaire ou officier public qui aura détruit, supprimé, soustrait ou détourné les actes et titres dont il était dépositaire en cette qualité, ou qui lui auront été remis ou communiqués à raison de ses fonctions, sera puni des travaux forcés à temps. — Tous agents, préposés ou commis, soit du Gouvernement, soit des dépositaires publics, qui se seront rendus coupables des mêmes soustractions, seront soumis à la même peine.

CONCUSSION.

Art. 174. — Tous fonctionnaires, tous officiers publics, leurs commis ou préposés, tous percepteurs des droits, taxes, contributions, deniers, revenus publics ou communaux, et leurs commis ou préposés, qui se seront rendus coupables du crime de concussion, en ordonnant de percevoir ou en exigeant ou en recevant ce qu'ils savaient n'être pas dû ou excéder ce qui était dû pour droits, taxes, contributions, deniers ou revenus ou pour salaires ou traitements, seront punis, savoir : les fonctionnaires ou les officiers publics, de la peine de la réclusion, et leurs commis ou préposés, d'un emprisonnement de deux ans au moins et de cinq ans au plus, lorsque la totalité des sommes indûment exigées ou reçues, ou dont la perception a été ordonnée, a été supérieure à trois cents francs.

Toutes les fois que la totalité de ces sommes n'excédera pas trois cents francs, les fonctionnaires ou les officiers publics ci-dessus désignés seront punis d'un emprisonnement de deux à cinq ans, et leurs commis ou préposés d'un emprisonnement d'une année au moins et de quatre ans au plus.

La tentative de ce délit sera punie comme le délit lui-même.

Dans tous les cas où la peine d'emprisonnement sera prononcée, les coupables pourront en outre être privés des droits mentionnés en l'art. 42 du présent code pendant cinq ans au moins et dix au plus, à compter du jour où ils auront subi leur peine ; ils pourront aussi être mis, par l'arrêt ou le jugement, sous la surveillance de la haute police pendant le même nombre d'années.

Dans tous les cas prévus par le présent article, les coupables seront condamnés à une amende dont le maximum sera le quart des restitutions et des dommages-intérêts, et le minimum le douzième. — Les dispositions du présent article sont applicables aux greffiers et officiers ministériels, lorsque le fait a été commis à l'occasion des recettes dont ils sont chargés par la loi.

CORRUPTION.

Art. 177. — Tout fonctionnaire public de l'ordre administratif ou judiciaire, tout agent ou préposé d'une administration publique, qui aura agréé des offres ou promesses, ou reçu des dons ou présents, pour faire un acte de sa fonction ou de son emploi, même juste, mais non sujet à salaire, sera puni de la dégradation civique, et condamné à une amende double de la valeur des promesses agréées ou des choses reçues, sans que ladite amende puisse être inférieure à deux cents francs. — La présente disposition est applicable à tout fonctionnaire, agent ou préposé de la qualité ci-dessus exprimée, qui, par offres ou promesses agréées, dons ou présents reçus, se sera abstenu de faire un acte qui entrait dans l'ordre de ses devoirs. — Sera puni de la même peine tout arbitre ou expert nommé soit par le tribunal, soit par les parties, qui aura agréé des offres ou promesses, ou reçu des dons ou présents pour rendre une décision ou donner une opinion favorable à l'une des parties.

Art. 178. — Dans le cas où la corruption aurait pour objet un fait criminel emportant une peine plus forte que celle de la dégradation civique, cette peine plus forte sera appliquée aux coupables (*b*).

Art. 179. — Quiconque aura contraint ou tenté de contraindre par voies de fait ou menaces, corrompu ou tenté de corrompre par promesses, offres, dons ou présents, l'une des personnes de la qualité exprimée en l'art. 177, pour obtenir soit une opinion favorable, soit des procès-verbaux, états, certificats ou estimations contraires à la vérité, soit des places, emplois, adjudications, entreprises ou autres bénéfices quelconques, soit tout autre acte du ministère du fonctionnaire, agent ou préposé, soit enfin l'abstention d'un acte qui rentrait dans l'exercice de ses devoirs, sera puni des mêmes peines que la personne corrompue.

Toutefois, si les tentatives de contrainte ou corruption n'ont eu aucun effet, les auteurs de ces tentatives seront simplement punis d'un emprisonnement de trois mois au moins et de six mois au plus, et d'une amende de cent francs à trois cents francs.

ART. 180. — Il ne sera jamais fait au corrupteur restitution des choses par lui livrées, ni de leur valeur : elles seront confisquées au profit des hospices des lieux où la corruption aura été commise.

ART. 181. — Si c'est un juge prononçant en matière criminelle, ou un juré qui s'est laissé corrompre, soit en faveur, soit au préjudice de l'accusé, il sera puni de la réclusion, outre l'amende ordonnée par l'art. 177.

ART. 182. — Si, par l'effet de la corruption, il y a eu condamnation à une peine supérieure à celle de la réclusion, cette peine, quelle qu'elle soit, sera appliquée au juge ou juré coupable de corruption.

ART. 183. — Tout juge ou administrateur qui se sera décidé par faveur pour une partie ou par inimitié contre elle sera coupable de forfaiture et puni de la dégradation civique.

CRIMES ET DÉLITS COMMIS PAR DES FONCTIONNAIRES OU OFFICIERS PUBLICS.

ART. 198. — Hors les cas où la loi règle spécialement les peines encourues pour crimes ou délits commis par les fonctionnaires ou officiers publics, ceux d'entre eux qui auront participé à d'autres crimes ou délits qu'ils étaient chargés de surveiller ou de réprimer, seront punis comme il suit :

S'il s'agit d'un délit de police correctionnelle, ils subiront toujours le *maximum* de la peine attachée à cette espèce de délit ;

Et s'il s'agit de crime, ils seront condamnés, savoir : à la réclusion, si le crime emporte contre tout autre coupable la peine du bannissement ou de la dégradation civique ;

Aux travaux forcés à temps, si le crime emporte contre tout autre coupable la peine de la réclusion ou de la détention ;

Et aux travaux forcés à perpétuité, lorsque le crime emportera contre tout autre coupable la peine de la déportation ou celle des travaux forcés à temps.

Au delà des cas qui viennent d'être exprimés, la peine commune sera appliquée sans aggravation.

RÉBELLION.

ART. 209. — Toute attaque, toute résistance avec violence et voies de fait, envers les officiers ministériels, les gardes champêtres ou forestiers, la force publique, les préposés à la perception des taxes et des contributions, les porteurs de contraintes, les préposés des douanes, les séquestres, les officiers ou agents de la police administrative ou judiciaire, agissant pour l'exécution des lois, des ordres ou ordonnances de l'autorité publique, des mandats de justice ou jugements, est qualifiée, selon les circonstances, crime ou délit de rébellion.

RÉUNION DE REBELLES.

ART. 210. — Si elle a été commise par plus de vingt personnes armées, les coupables seront punis des travaux forcés à temps ; et s'il n'y a pas eu port d'armes, ils seront punis de la réclusion.

ARMES.

ART. 211. — Si la rébellion a été commise par une réunion armée de trois personnes ou plus jusqu'à vingt inclusivement, la peine sera la réclusion ; s'il n'y a pas eu port d'armes, la peine sera un emprisonnement de six mois au moins, et de deux ans au plus.

RÉUNION. — ARMES.

ART. 214. — Toute réunion d'individus pour un crime ou un délit est réputée réunion armée, lorsque plus de deux personnes portent des armes ostensibles.

ART. 215. — Les personnes qui se trouveraient munies d'armes cachées, et qui auraient fait partie d'une troupe ou réunion non réputée armée, seront individuellement punies comme si elles avaient fait partie d'une troupe ou réunion armée.

ART. 216. — Les auteurs des crimes et délits commis pendant le cours et à l'occasion d'une rébellion seront punis des peines prononcées contre chacun de ces crimes, si elles sont plus fortes que celles de la rébellion.

ART. 218. — Dans tous les cas où il sera prononcé, pour fait de rébellion, une simple peine d'emprisonnement, les coupables pourront être condamnés en outre à une amende de seize francs à deux cents francs.

OUVRIERS PRISONNIERS.

ART. 219. — Seront punies comme réunion de rebelles celles qui auront été formées avec ou sans armes, et accompagnées de violences ou de menaces contre l'autorité administrative, les officiers et les agents de police, ou contre la force publique :

1° Par les ouvriers ou journaliers dans les ateliers publics ou manufactures ;

2° Par les individus admis dans les hospices ;

3° Par les prisonniers prévenus, accusés ou condamnés.

PRISONNIERS. — NON-CONFUSION DES PEINES.

ART. 220. — La peine appliquée pour rébellion à des prisonniers prévenus, accusés ou condamnés relativement à d'autres crimes ou délits, sera par eux subie, savoir : — Par ceux qui, à raison des crimes ou délits qui ont causé leur détention, sont ou seraient condamnés à une peine non capitale ni perpétuelle, immédiatement après l'expiration de cette peine ; — Et par les autres, immédiatement après l'arrêt ou jugement en dernier ressort qui les aura acquittés ou renvoyés absous du fait pour lequel ils étaient détenus.

CHEFS.

ART. 221. — Les chefs d'une rébellion, et ceux qui l'auront provoquée, pourront être condamnés à rester, après l'expiration de leur peine, sous la surveillance spéciale de la haute police pendant cinq ans au moins et dix ans au plus.

OUTRAGES A L'AUDIENCE.

ART. 222. — Lorsqu'un ou plusieurs magistrats de l'ordre administratif ou judiciaire, lorsqu'un ou plusieurs jurés, auront reçu, dans l'exercice de leurs fonctions ou à l'occasion de cet exercice, quelque outrage par paroles, par écrit ou dessin non rendus publics, tendant, dans ces divers cas, à inculper leur honneur ou leur délicatesse, celui qui leur aura adressé cet outrage sera puni d'un emprisonnement de quinze jours à deux ans.

Si l'outrage par paroles a eu lieu à l'audience d'une Cour ou d'un tribunal, l'emprisonnement sera de deux à cinq ans.

ART. 223. — L'outrage fait par gestes ou menaces à un magistrat ou à un juré, dans l'exercice ou à l'occasion de l'exercice de ses fonctions, sera puni d'un mois à six mois d'emprisonnement ; et si l'outrage a eu lieu à l'audience d'une Cour ou d'un tribunal, il sera puni d'un emprisonnement d'un mois à deux ans.

VOIES DE FAIT SANS BLESSURES
ENVERS UN MAGISTRAT.

ART. 228. — Tout individu qui, même sans armes et sans qu'il en soit résulté de blessures, aura frappé un magistrat dans l'exercice de ses fonctions, ou à l'occasion de cet exercice, ou commis toute autre violence ou voie de fait envers lui dans les mêmes circonstances, sera puni d'un emprisonnement de deux à cinq ans.

Le maximum de cette peine sera toujours prononcé si la voie de fait a eu lieu à l'audience d'une Cour ou d'un tribunal.

Le coupable pourra, en outre, dans les deux cas, être privé des droits mentionnés en l'art. 42 du présent code pendant cinq ans au moins, et dix ans au plus, à compter du jour où il aura subi sa peine, et être placé sous la surveillance de la haute police pendant le même nombre d'années.

ART. 229. — Dans l'un et l'autre des cas exprimés en l'article précédent, le coupable pourra de plus être condamné à s'éloigner, pendant cinq à dix ans, du lieu où siège le magistrat, et d'un rayon de deux myriamètres.

Cette disposition aura son exécution à dater du jour où le condamné aura subi sa peine.

Si le condamné enfreint cet ordre avant l'expiration du temps fixé, il sera puni du bannissement.

VIOLENCES OU VOIES DE FAIT
ENVERS DES FONCTIONNAIRES.

ART. 230. — Les violences ou voies de

fait de l'espèce exprimée en l'art. 228, dirigées contre un officier ministériel, un agent de la force publique, ou un citoyen chargé d'un ministère du service public, si elles ont eu lieu pendant qu'ils exerçaient leur ministère ou à cette occasion, seront punies d'un emprisonnement d'un mois au moins, et de trois ans au plus, et d'une amende de seize francs à cinq cents francs.

Art. 231. — Si les violences exercées contre les fonctionnaires et agents désignés aux art. 228 et 230 ont été la cause d'effusion de sang, blessures ou maladie, la peine sera la réclusion ; si la mort s'en est suivie dans les quarante jours, le coupable sera puni des travaux forcés à perpétuité.

Art. 232. — Dans le cas même où ces violences n'auraient pas causé d'effusion de sang, blessures ou maladie, les coups seront punis de la réclusion, s'ils ont été portés avec préméditation ou de guet-apens.

Art. 233. — Si les coups ont été portés ou les blessures faites à un des fonctionnaires ou agents désignés aux art. 228 et 230, dans l'exercice ou à l'occasion de l'exercice de leurs fonctions, avec intention de donner la mort, le coupable sera puni de mort.

ÉVASION DE DÉTENUS.

Art. 239. — Si les détenus évadés, ou l'un d'eux, étaient prévenus ou accusés d'un crime de nature à entraîner une peine afflictive à temps, ou condamnés pour l'un de ces crimes, la peine sera, contre les préposés à la garde ou conduite, en cas de négligence, un emprisonnement de deux mois à six mois ; en cas de connivence, la réclusion. — Les individus non chargés de la garde des détenus, qui auront procuré ou facilité l'évasion, seront punis d'un emprisonnement de trois mois à deux ans.

Art. 240. — Si les évadés, ou si l'un d'eux, sont prévenus ou accusés de crimes de nature à entraîner la peine de mort ou des peines perpétuelles, ou s'ils sont condamnés à l'une de ces peines, leurs conducteurs ou gardiens seront punis d'un an à deux ans d'emprisonnement, en cas de négligence, et des travaux forcés à temps, en cas de connivence.

Les individus non chargés de la conduite ou de la garde, qui auront facilité ou procuré l'évasion, seront punis d'un emprisonnement d'un an au moins et de cinq ans au plus.

Art. 242. — Dans tous les cas ci-dessus, lorsque les tiers qui auront procuré ou facilité l'évasion y seront parvenus en corrompant les gardiens ou geôliers, ou de connivence avec eux, ils seront punis des mêmes peines que lesdits gardiens ou geôliers.

Art. 243. — Si l'évasion avec bris ou violence a été favorisée par transmission d'armes, les gardiens et conducteurs qui y auront participé seront punis des travaux forcés à perpétuité ; les autres personnes, des travaux forcés à temps.

VOL A L'AIDE DE BRIS DE SCELLÉS.

Art. 253. — Tout vol commis à l'aide d'un bris de scellés sera puni comme vol commis à l'aide d'effraction.

ASSOCIATION DE MALFAITEURS.

Art. 265. — Toute association de malfaiteurs envers les personnes ou les propriétés est un crime contre la paix publique.

Art. 266. — Ce crime existe par le seul fait d'organisation de bandes ou de correspondance entre elles et leurs chefs ou commandants, ou de conventions tendant à rendre compte ou à faire distribution ou partage du produit des méfaits.

Art. 267. — Quand ce crime n'aurait été accompagné ni suivi d'aucun autre, les auteurs, directeurs de l'association, et les commandants en chef ou en sous-ordre de ces bandes, seront punis des travaux forcés à temps.

Art. 268. — Seront punis de la réclusion tous autres individus chargés d'un service quelconque dans ces bandes, et ceux qui auront sciemment et volontairement fourni aux bandes ou à leurs divisions, des armes, munitions, instruments de crime, logement, retraite ou lieu de réunion.

VAGABONDS ET MENDIANTS.

Art. 277. — Tout mendiant ou vagabond qui aura été saisi travesti d'une manière quelconque, — ou porteur d'armes, bien qu'il n'en ait usé ni menacé, — ou muni de limes, crochets ou autres instruments propres soit à commettre des vols ou autres délits, soit à lui procurer les moyens de pénétrer dans les maisons, — sera puni de deux à cinq ans d'emprisonnement.

Art. 279. — Tout mendiant ou vagabond qui aura exercé ou tenté d'exercer quelque acte de violence que ce soit envers les personnes, sera puni d'un emprisonnement de deux à cinq ans, sans préjudice de peines plus fortes, s'il y a lieu, à raison du genre et des circonstances de la violence.

Si le mendiant ou le vagabond qui a exercé ou tenté d'exercer les violences se trouvait, en outre, dans l'une des circonstances exprimées par l'art. 277, il sera puni de la réclusion.

Art. 281. — Les peines établies par le présent code contre les individus porteurs de faux certificats, de faux passeports ou fausses feuilles de route, seront toujours, dans leur espèce, portées au *maximum*, quand elles seront appliquées à des vagabonds ou mendiants.

Art. 282. — Les mendiants qui auront été condamnés aux peines portées par les articles précédents seront renvoyés, après l'expiration de leur peine, sous la surveillance de la haute police pour cinq ans au moins et dix ans au plus.

MEURTRE.

Art. 295. — L'homicide commis volontairement est qualifié meurtre (*a*).

ASSASSINAT.

Art. 296. — Tout meurtre commis avec préméditation ou guet-apens est qualifié assassinat.

Art. 297. — La préméditation consiste dans le dessein formé, avant l'action, d'attenter à la personne d'un individu déterminé, ou même de celui qui sera trouvé ou rencontré, quand même ce dessein serait dépendant de quelque circonstance ou de quelque condition.

Art. 298. — Le guet-apens consiste à attendre plus ou moins de temps, dans un ou divers lieux, un individu, soit pour lui donner la mort, soit pour exercer sur lui des actes de violence.

PARRICIDE.

Art. 299. — Est qualifié parricide le meurtre des père ou mère légitimes, naturels ou adoptifs, ou de tout autre ascendant légitime.

INFANTICIDE.

Art. 300. — Est qualifié infanticide le meurtre d'un enfant nouveau-né.

EMPOISONNEMENT.

Art. 301. — Est qualifié empoisonnement tout attentat à la vie d'une personne, par l'effet de substances qui peuvent donner la mort plus ou moins promptement, de quelque manière que ces substances aient été employées ou administrées, et quelles qu'en aient été les suites.

PEINES.

Art. 302. — Tout coupable d'assassinat, de parricide, d'infanticide et d'empoisonnement, sera puni de mort, sans préjudice de la disposition particulière contenue en l'art. 13 relativement au parricide.

ACTES DE BARBARIE.

Art. 303. Seront punis comme coupables d'assassinat, tous malfaiteurs, quelle que soit leur dénomination, qui, pour l'exécution de leurs crimes, emploient des tortures ou commettent des actes de barbarie.

PEINES DU MEURTRE.

Art. 304. — Le meurtre emportera la peine de mort, lorsqu'il aura précédé, accompagné ou suivi un autre crime.

Le meurtre emportera également la peine de mort, lorsqu'il aura eu pour objet, soit de préparer, faciliter ou exécuter un délit, soit de favoriser la fuite ou d'assurer l'impunité des auteurs ou complices de ce délit.

En tout autre cas, le coupable de meurtre sera puni des travaux forcés à perpétuité.

COUPS ET BLESSURES.

Art. 309. — Tout individu qui, volontairement, aura fait des blessures ou porté des coups, ou commis toute autre violence ou voie de fait, s'il est résulté de ces sortes de violences une maladie ou une incapacité de travail personnel pendant plus de vingt jours, sera puni d'un emprisonnement de deux à cinq ans, et d'une amende de seize francs à deux mille francs.

Il pourra, en outre, être privé des droits mentionnés en l'art. 42 du présent code pendant cinq ans au moins et dix ans au plus, à compter du jour où il aura subi sa peine.

Quand les violences ci-dessus exprimées auront été suivies de mutilation, amputation ou privation de l'usage d'un membre, cécité, perte d'un œil, ou autres infirmités permanentes, le coupable sera puni de la réclusion.

Si les coups portés ou les blessures faites volontairement, mais sans intention de donner la mort, l'ont pourtant occasionnée, le coupable sera puni de la peine des travaux forcés à temps.

Art. 310. — Lorsqu'il y aura eu préméditation ou guet-apens, la peine sera, si la mort s'en est suivie, celle des travaux forcés à perpétuité ; si les violences ont été suivies de mutilation, amputation ou privation de l'usage d'un membre, cécité, perte d'un œil ou autres infirmités permanentes, la peine sera celle des travaux forcés à temps; dans le cas prévu par le premier paragraphe de l'art. 309, la peine sera celle de la réclusion.

Art. 311. — Lorsque les blessures ou les coups, ou autres violences ou voies de fait, n'auront occasionné aucune maladie ou incapacité de travail personnel de l'espèce mentionnée en l'art. 309, le coupable sera puni d'un emprisonnement de six jours à deux ans et d'une amende de seize francs à deux cents francs, ou de l'une de ces deux peines seulement.

S'il y a eu préméditation ou guet-apens, l'emprisonnement sera de deux ans à cinq ans, et l'amende de cinquante francs à cinq cents francs.

Art. 312. — L'individu qui aura volontairement fait des blessures ou porté des coups à ses père ou mère légitimes, naturels ou adoptifs, ou autres ascendants légitimes, sera puni ainsi qu'il suit :

De la réclusion, si les blessures ou les coups n'ont occasionné aucune maladie ou incapacité de travail personnel de l'espèce mentionnée en l'art. 309;

Du maximum de la réclusion, s'il y a eu incapacité de travail pendant plus de vingt jours, ou préméditation, ou guet-apens;

Des travaux forcés à temps, lorsque l'article auquel le cas se référera prononcera la peine de la réclusion;

Des travaux forcés à perpétuité, si l'article prononce la peine des travaux forcés à temps.

CASTRATION.

Art. 316. — Toute personne coupable du crime de castration subira la peine des travaux forcés à perpétuité.

Si la mort en est résultée avant l'expiration des quarante jours qui auront suivi le crime, le coupable subira la peine de mort.

AVORTEMENT. — SUBSTANCES NUISIBLES ADMINISTRÉES.

Art. 317. — Quiconque, par aliments, breuvages, médicaments, violences, ou par tout autre moyen, aura procuré l'avortement d'une femme enceinte, soit qu'elle y ait consenti ou non, sera puni de la réclusion.

La même peine sera prononcée contre la femme qui se sera procuré l'avortement à elle-même, ou qui aura consenti à faire usage des moyens à elle indiqués ou administrés à cet effet, si l'avortement s'en est suivi.

Les médecins, chirurgiens et autres officiers de santé, ainsi que les pharmaciens qui auront indiqué ou administré ces moyens, seront condamnés à la peine des travaux forcés à temps, dans le cas où l'avortement aurait eu lieu.

Celui qui aura occasionné à autrui une maladie ou incapacité de travail personnel, en lui administrant volontairement, de quelque manière que ce soit, des substances qui, sans être de nature à donner la mort, sont nuisibles à la santé, sera puni d'un emprisonnement d'un mois à cinq ans, et d'une amende de seize francs à cinq cents francs; il pourra de plus être renvoyé sous la surveillance de la haute police pendant deux ans au moins et dix ans au plus. — I. cr., 179.

Si la maladie ou incapacité de travail personnel a duré plus de vingt jours, la peine sera celle de la réclusion.

Si le coupable a commis, soit le délit, soit

le crime, spécifiés aux deux paragraphes ci-dessus, envers un de ses ascendants, tels qu'ils sont désignés en l'art. 312, il sera puni, au premier cas, de la réclusion, et, au second cas, des travaux forcés à temps.

EXCUSES.

ART. 321. — Le meurtre ainsi que les blessures et les coups sont excusables, s'ils ont été provoqués par des coups ou violences graves envers les personnes.

ART. 322. — Les crimes et délits mentionnés au précédent article sont également excusables, s'ils ont été commis en repoussant pendant le jour l'escalade ou l'effraction des clôtures, murs ou entrée d'une maison ou d'un appartement habité ou de leurs dépendances.

Si le fait est arrivé pendant la nuit, ce cas est réglé par l'art. 329.

ART. 323. — Le parricide n'est jamais excusable.

ART. 324. — Le meurtre commis par l'époux sur l'épouse, ou par celle-ci sur son époux, n'est pas excusable, si la vie de l'époux ou de l'épouse qui a commis le meurtre n'a pas été mise en péril dans le moment même où le meurtre a eu lieu. — Néanmoins, dans le cas d'adultère prévu par l'art. 336, le meurtre commis par l'époux sur son épouse, ainsi que sur le complice, à l'instant où il les surprend en flagrant délit dans la maison conjugale, est excusable.

ART. 325. — Le crime de castration, s'il a été immédiatement provoqué par un outrage violent à la pudeur, sera considéré comme meurtre ou blessures excusables.

PEINES.

ART. 326. — V. p. 141, note 4.

FAITS JUSTIFICATIFS.

ART. 327. — Il n'y a ni crime ni délit, lorsque l'homicide, les blessures et les coups étaient ordonnés par la loi et commandés par l'autorité légitime.

ART. 328. — Il n'y a ni crime ni délit, lorsque l'homicide, les blessures et les coups étaient commandés par la nécessité actuelle de la légitime défense de soi-même ou d'autrui.

ART. 329. — Sont compris dans les cas de nécessité actuelle de défense, les deux cas suivants :

1° Si l'homicide a été commis, si les blessures ont été faites, ou si les coups ont été portés en repoussant pendant la nuit l'escalade ou l'effraction des clôtures, murs ou entrée d'une maison ou d'un appartement habité ou de leurs dépendances ;

2° Si le fait a eu lieu en se défendant contre les auteurs de vols ou de pillages exécutés avec violence.

ATTENTAT A LA PUDEUR SANS VIOLENCE.

ART. 331. — Tout attentat à la pudeur consommé ou tenté sans violence sur la personne d'un enfant de l'un ou de l'autre sexe, âgé de moins de treize ans, sera puni de la réclusion.

Sera punie de la même peine l'attentat à la pudeur commis par tout ascendant sur la personne d'un mineur, même âgé de plus de treize ans, mais non émancipé par mariage.

VIOL. — ATTENTAT A LA PUDEUR AVEC VIOLENCE.

ART. 332. — Quiconque aura commis le crime de viol sera puni des travaux forcés à temps.

Si le crime a été commis sur la personne d'un enfant au-dessous de l'âge de quinze ans accomplis, le coupable subira le *maximum* de la peine des travaux forcés à temps.

Quiconque aura commis un attentat à la pudeur, consommé ou tenté avec violence contre des individus de l'un ou de l'autre sexe, sera puni de la réclusion.

Si le crime a été commis sur la personne d'un enfant au-dessous de l'âge de quinze ans accomplis, le coupable subira la peine des travaux forcés à temps.

ART. 333. — Si les coupables sont les ascendants de la personne sur laquelle a été commis l'attentat, s'ils sont de la classe de ceux qui ont autorité sur elle, s'ils sont ses instituteurs ou ses serviteurs à gages, ou serviteurs à gages des personnes ci-dessus désignées, s'ils sont fonctionnaires ou ministres d'un culte, ou si le coupable, quel qu'il soit, a été aidé dans son crime par une ou plusieurs personnes, la peine sera celle des travaux forcés à temps, dans le cas prévu par le paragraphe 1er de l'art. 331, et des travaux forcés à perpétuité, dans les cas prévus par l'article précédent.

BIGAMIE.

ART. 340. — Quiconque étant engagé dans les liens du mariage en aura contracté un autre avant la dissolution du précédent sera puni de la peine des travaux forcés à temps.

L'officier public qui aura prêté son ministère à ce mariage, connaissant l'existence du précédent, sera condamné à la même peine.

ARRESTATIONS ILLÉGALES ET SÉQUESTRATIONS.

ART. 341. — Seront punis de la peine des travaux forcés à temps ceux qui, sans ordre des autorités constituées et hors les cas où la loi ordonne de saisir des prévenus, auront arrêté, détenu ou séquestré des personnes quelconques.

Quiconque aura prêté un lieu pour exécuter la détention ou séquestration subira la même peine.

ART. 342. — Si la détention ou séquestration a duré plus d'un mois, la peine sera celle des travaux forcés à perpétuité.

ART. 343. — La peine sera réduite à l'emprisonnement de deux ans à cinq ans, si les coupables des délits mentionnés en l'art. 341, non encore poursuivis de fait, ont rendu la liberté à la personne arrêtée, séquestrée ou détenue, avant le dixième jour accompli depuis celui de l'arrestation, détention ou séquestration. Ils pourront néanmoins être renvoyés sous la surveillance de la haute police, depuis cinq ans jusqu'à dix ans.

ART. 344. — Dans chacun des deux cas suivants :

1° Si l'arrestation a été exécutée avec le faux costume, sous un faux nom, ou sur un faux ordre de l'autorité publique;

2° Si l'individu arrêté, détenu ou séquestré, a été menacé de la mort;

Les coupables seront punis des travaux forcés à perpétuité.

Mais la peine sera celle de la mort, si les personnes arrêtées, détenues ou séquestrées ont été soumises à des tortures corporelles.

SUPPRESSION D'ENFANT.

ART. 345. — Les coupables d'*enlèvement*, de *recélé* ou de *suppression* d'un enfant, de *substitution* d'un enfant à un autre, ou de *supposition* d'un enfant à une femme qui ne sera pas accouchée, seront punis de la réclusion.

S'il n'est pas établi que l'enfant ait vécu, la peine sera d'un mois à cinq ans d'emprisonnement.

S'il est établi que l'enfant n'a pas vécu, la peine sera de six jours à deux mois d'emprisonnement.

Seront punis de la réclusion ceux qui, étant chargés d'un enfant, ne le représenteront point aux personnes qui ont droit de le réclamer.

EXPOSITION ET DÉLAISSEMENT D'ENFANT.

ART. 349. — Ceux qui auront exposé et délaissé en un lieu solitaire un enfant au-dessous de l'âge de sept ans accomplis, ceux qui auront donné l'ordre de l'exposer ainsi, si cet ordre a été exécuté, seront, pour ce seul fait, condamnés à un emprisonnement de six mois à deux ans, et à une amende de seize francs à deux cents francs.

ART. 350. — La peine portée au précédent article sera de deux ans à cinq ans, et l'amende de cinquante francs à quatre cents francs, contre les tuteurs ou tutrices, instituteurs ou institutrices de l'enfant exposé et délaissé par eux ou par leur ordre.

ART. 351. — Si, par suite de l'exposition et du délaissement prévus par les art. 349 et 350, l'enfant est demeuré mutilé ou estropié, l'action sera considérée comme blessures volontaires à lui faites par la personne qui l'a exposé et délaissé; et, si la mort s'en est suivie, l'action sera considérée comme meurtre : au premier cas, les coupables subiront la peine applicable aux blessures volontaires; et, au second cas, celle du meurtre.

ENLÈVEMENT DE MINEURS.

ART. 354. — Quiconque aura, par fraude ou par violence, enlevé ou fait enlever des mineurs, ou les aura entraînés, détournés ou déplacés, ou les aura fait entraîner, détourner ou déplacer des lieux où ils étaient mis par ceux à l'autorité ou à la direction desquels ils étaient soumis ou confiés, subira la peine de la réclusion.

Art. 355. — Si la personne ainsi enlevée ou détournée est une fille au-dessous de seize ans accomplis, la peine sera celle des travaux forcés à temps.

Art. 356. — Quand la fille au-dessous de seize ans aurait consenti à son enlèvement ou suivi volontairement le ravisseur, si celui-ci était majeur de vingt et un ans ou au-dessus, il sera condamné aux travaux forcés à temps.

Si le ravisseur n'avait pas encore vingt et un ans, il sera puni d'un emprisonnement de deux à cinq ans.

Art. 357. — Dans le cas où le ravisseur aurait épousé la fille qu'il a enlevée, il ne pourra être poursuivi que sur la plainte des personnes qui, d'après le Code civil, ont le droit de demander la nullité du mariage, ni condamné qu'après que la nullité du mariage aura été prononcée.

FAUX TÉMOIGNAGE.

Art. 361. — Quiconque sera coupable de faux témoignage en matière criminelle, soit contre l'accusé, soit en sa faveur, sera puni de la peine de la réclusion.

Si néanmoins l'accusé a été condamné à une peine plus forte que celle de la réclusion, le faux témoin qui a déposé contre lui subira la même peine.

Art. 364. — Le faux témoin, en matière criminelle, qui aura reçu de l'argent, une récompense quelconque ou des promesses, sera puni des travaux forcés à temps, sans préjudice de l'application du deuxième paragraphe de l'art. 361.

Le faux témoin, en matière correctionnelle ou civile, qui aura reçu de l'argent, une récompense quelconque ou des promesses, sera puni de la réclusion.

Le faux témoin, en matière de police, qui aura reçu de l'argent, une récompense quelconque ou des promesses, sera puni d'un emprisonnement de deux à cinq ans, et d'une amende de cinquante francs à deux mille francs. Il pourra l'être aussi des peines accessoires mentionnées en l'art. 362.

Dans tous les cas, ce que le faux témoin aura reçu sera confisqué.

SUBORNATION DE TÉMOINS.

Art. 365. — Le coupable de subornation de témoins sera passible des mêmes peines que le faux témoin, selon les distinctions contenues dans les art. 361, 362, 363 et 364.

VOLS.

Art. 379. — Quiconque a soustrait frauduleusement une chose qui ne lui appartient pas est coupable de vol.

Art. 380. — Les soustractions commises par des maris au préjudice de leurs femmes, par des femmes au préjudice de leurs maris, par un veuf ou une veuve quant aux choses qui avaient appartenu à l'époux décédé, par des enfants ou autres descendants au préjudice de leurs pères ou mères ou autres ascendants, par des pères et mères ou autres ascendants au préjudice de leurs enfants ou autres descendants, ou par des alliés aux mêmes degrés, ne pourront donner lieu qu'à des réparations civiles.

A l'égard de tous autres individus qui auraient recélé ou appliqué à leur profit tout ou partie des objets volés, ils seront punis comme coupables de vol.

Art. 381. — Seront punis des travaux forcés à perpétuité les individus coupables de vols commis avec la réunion des cinq circonstances suivantes :

1° Si le vol a été commis la nuit;

2° S'il a été commis par deux ou plusieurs personnes;

3° Si les coupables ou l'un d'eux étaient porteurs d'armes apparentes ou cachées;

4° S'ils ont commis le crime, soit à l'aide d'effraction extérieure, ou d'escalade, ou de fausses clefs, dans une maison, appartement, chambre ou logement habités ou servant à l'habitation, ou leurs dépendances, soit en prenant le titre d'un fonctionnaire public ou d'un officier civil ou militaire, ou après s'être revêtus de l'uniforme ou du costume du fonctionnaire ou de l'officier, ou en alléguant un faux ordre de l'autorité civile ou militaire;

5° S'ils ont commis le crime avec violence ou menace de faire usage de leurs armes.

Art. 382. — Sera puni de la peine des travaux forcés à temps tout individu coupable de vol commis à l'aide de violence.

Si la violence à l'aide de laquelle le vol a été commis a laissé des traces de blessures ou de contusions, cette circonstance suffira pour que la peine des travaux forcés à perpétuité soit prononcée.

Art. 383. — Les vols commis sur les chemins publics emporteront la peine des travaux forcés à perpétuité, lorsqu'ils auront été commis avec deux des circonstances prévues dans l'art. 381.

Ils emporteront la peine des travaux forcés à temps, lorsqu'ils auront été commis avec une seule de ces circonstances.

Dans les autres cas, la peine sera celle de la réclusion.

Art. 384. — Sera puni de la peine des travaux forcés à temps tout individu coupable de vol commis à l'aide d'un des moyens énoncés dans le n. 4 de l'art. 381, même quoique l'effraction, l'escalade et l'usage des fausses clefs aient eu lieu dans des édifices, parcs ou enclos non servant à l'habitation et non dépendants des maisons habitées, et lors même que l'effraction n'aurait été qu'intérieure.

Art. 385. — Sera également puni de la peine des travaux forcés à temps tout individu coupable de vol commis avec deux des trois circonstances suivantes :

1° Si le vol a été commis la nuit ;

2° S'il a été commis dans une maison habitée, ou dans un des édifices consacrés aux cultes légalement établis en France ;

3° S'il a été commis par deux ou plusieurs personnes ;

Et si, en outre, le coupable, ou l'un des coupables, était porteur d'armes apparentes ou cachées.

Art. 386. — Sera puni de la peine de la réclusion tout individu coupable de vol commis dans l'un des cas ci-après :

1° Si le vol a été commis la nuit, et par deux ou plusieurs personnes, ou s'il a été commis avec une de ces deux circonstances seulement, mais en même temps dans un lieu habité ou servant à l'habitation, ou dans les édifices consacrés aux cultes légalement établis en France ;

2° Si le coupable ou l'un des coupables était porteur d'armes apparentes ou cachées, même quoique le lieu où le vol a été commis ne fût ni habité ni servant à l'habitation, et encore quoique le vol ait été commis le jour et par une seule personne ;

3° Si le voleur est un domestique ou un homme de service à gages, même lorsqu'il aura commis le vol envers des personnes qu'il ne servait pas, mais qui se trouvaient, soit dans la maison de son maître, soit dans celle où il l'accompagnait ; ou si c'est un ouvrier, compagnon ou apprenti dans la maison, l'atelier ou le magasin de son maître ; ou un individu travaillant habituellement dans l'habitation où il aura volé ;

4° Si le vol a été commis par un aubergiste, un hôtelier, un voiturier, un batelier, ou un de leurs préposés, lorsqu'ils auront volé tout ou partie des choses qui leur étaient confiées à ce titre.

Art. 395. — Les effractions extérieures sont celles à l'aide desquelles on peut s'introduire dans les maisons, cours, basses-cours, enclos ou dépendances, ou dans les appartements ou logements particuliers.

Art. 396. — Les effractions intérieures sont celles qui, après l'introduction dans les lieux mentionnés en l'article précédent, sont faites aux portes ou clôtures du dedans, ainsi qu'aux armoires ou autres meubles fermés.

Est compris dans la classe des effractions intérieures le simple enlèvement des caisses, boîtes, ballots sous toile et corde, et autres meubles fermés, qui contiennent des effets quelconques, bien que l'effraction n'ait pas été faite sur le lieu.

Art. 397. — Est qualifiée *escalade*, toute entrée dans les maisons, bâtiments, cours, basses-cours, édifices quelconques, jardins, parcs et enclos, exécutée par-dessus les murs, portes, toitures ou toute autre clôture.

L'entrée par une ouverture souterraine, autre que celle qui a été établie pour servir d'entrée, est une circonstance de même gravité que l'escalade.

EXTORSION.

Art. 400 § 1er. — Quiconque aura extorqué par force, violence ou contrainte, la signature ou la remise d'un écrit, d'un acte, d'un titre, d'une pièce quelconque contenant ou opérant obligation, disposition, ou décharge, sera puni de la peine des travaux forcés à temps.

Art. 401. — Les autres vols non spécifiés dans la présente section, les larcins et filouteries, ainsi que les tentatives de ces mêmes délits, seront punis d'un emprisonnement d'un an au moins et de cinq ans au plus, et pourront même l'être d'une amende qui sera de 16 fr. au moins et de 500 fr. au plus.

Les coupables pourront encore être interdits des droits mentionnés en l'art. 42 du présent code, pendant cinq ans au moins et dix ans au plus, à compter du jour où ils auront subi leur peine.

Ils pourront aussi être mis, par l'arrêt ou le jugement, sous la surveillance de la haute police pendant le même nombre d'années.

BANQUEROUTES.

Art. 402. — Ceux qui, dans les cas prévus par le Code de commerce, seront déclarés coupables de banqueroute, seront punis ainsi qu'il suit :

Les banqueroutiers frauduleux seront punis de la peine des travaux forcés à temps.

Les banqueroutiers simples seront punis d'un emprisonnement d'un mois au moins et de deux ans au plus (1).

Art. 403. — Ceux qui, conformément au Code de commerce, seront déclarés complices de banqueroute frauduleuse, seront punis de la même peine que les banqueroutiers frauduleux.

Art. 404. — Les agents de change et courtiers qui auront fait faillite seront punis de la peine des travaux forcés à temps ; s'ils sont convaincus de banqueroute frauduleuse, la peine sera celle des travaux forcés à perpétuité.

ABUS DE BLANC-SEING.

Art. 407. — Quiconque, abusant d'un blanc-seing qui lui aura été confié, aura frauduleusement écrit au-dessus une obligation ou décharge, ou tout autre acte pouvant compromettre la personne ou la fortune du signataire sera puni des peines portées en l'art. 405.

Dans le cas où le blanc-seing ne lui aurait

---

(1) *Code de commerce.* — *Art.* 591. — Sera déclaré banqueroutier frauduleux et puni des peines portées au code pénal, tout commerçant failli qui aura soustrait ses livres, détourné ou dissimulé une partie de son actif, ou qui, soit dans ses écritures, soit par des actes publics ou des engagements sous signatures privées, soit par son bilan, se sera frauduleusement reconnu débiteur de sommes qu'il ne devait pas.

Art. 585. — Sera déclaré banqueroutier simple tout commerçant failli qui se trouvera dans un des cas suivants :

1° Si ses dépenses personnelles ou les dépenses de sa maison sont jugées excessives ;

2° S'il a consommé de fortes sommes soit à des opérations de pur hasard, soit à des opérations fictives de bourse ou sur marchandises ;

3° Si, dans l'intention de retarder sa faillite, il a fait des achats pour revendre au-dessous du cours si, dans la même intention, il s'est livré à des emprunts, circulation d'effets ou autres moyens ruineux de se procurer des fonds ;

4° Si, après la cessation de ses payements, il a payé un créancier au préjudice de la masse.

Art. 586. — Pourra être déclaré banqueroutier simple tout commerçant failli qui se trouvera dans un des cas suivants :

1° S'il a contracté, pour le compte d'autrui, sans recevoir de valeurs en échange, des engagements jugés trop considérables eu égard à sa situation lorsqu'il les a contractés ;

2° S'il est de nouveau déclaré en faillite sans avoir satisfait aux obligations d'un précédent concordat ;

3° Si, étant marié sous le régime dotal, ou séparé de biens, il ne s'est pas conformé aux art. 69 et 70 ;

4° Si, dans les trois jours de la cessation de ses payements, il n'a pas fait au greffe la déclaration exigée par les art. 438 et 439, ou si cette déclaration ne contient pas les noms de tous les associés solidaires ;

5° Si, sans empêchement légitime, il ne s'est pas présenté en personne aux syndics dans les cas et les délais fixés, ou si, après avoir obtenu un sauf-conduit, il ne s'est pas représenté à justice ;

6° S'il n'a pas tenu de livres et fait exactement inventaire ; si ses livres ou inventaires sont incomplets ou irrégulièrement tenus, ou s'ils n'offrent pas sa véritable situation active ou passive, sans néanmoins qu'il y ait fraude.

pas été confié, il sera poursuivi comme faussaire et puni comme tel.

ABUS DE CONFIANCE. — DÉTOURNEMENTS.

ART. 408. — Quiconque aura détourné ou dissipé, au préjudice des propriétaires, possesseurs ou détenteurs, des effets, denrées, marchandises, billets, quittances ou tous autres écrits contenant ou opérant obligation ou décharge, qui ne lui auraient été remis qu'à titre de louage, de dépôt, de mandat, de nantissement, de prêt à usage, ou pour un travail salarié ou non salarié, à la charge de les rendre ou représenter, ou d'en faire un usage ou un emploi déterminé, sera puni des peines portées en l'art. 406 (1).

Si l'abus de confiance prévu et puni par le précédent paragraphe a été commis par un officier public ou ministériel, ou par un domestique, homme de service à gages, élève, clerc, commis, ouvrier, compagnon ou apprenti, au préjudice de son maître, la peine sera celle de la réclusion.

Le tout sans prejudice de ce qui est dit aux art. 254, 255 et 256, relativement aux soustractions et enlèvements de denrées, effets ou pièces, commis dans les dépôts publics.

INCENDIE.

ART. 434. — Quiconque aura volontairement mis le feu à des édifices, navires, bateaux, magasins, chantiers, quand ils sont habités ou servent à l'habitation, et généralement aux lieux habités ou servant à l'habitation, qu'ils appartiennent ou n'appartiennent pas à l'auteur du crime, sera puni de mort.

Sera puni de la même peine quiconque aura volontairement mis le feu, soit à des voitures ou wagons contenant des personnes, soit à des voitures ou wagons ne contenant pas des personnes, mais faisant partie d'un convoi qui en contient.

Quiconque aura volontairement mis le feu à des édifices, navires, bateaux, magasins, chantiers, lorsqu'ils ne sont ni habités ni servant à l'habitation, ou à des forêts, bois taillis ou récoltes sur pied, lorsque ces objets ne lui appartiennent pas, sera puni de la peine des travaux forcés à perpétuité.

Celui qui, en mettant ou en faisant mettre le feu à l'un des objets énumérés dans le paragraphe précédent et à lui-même appartenant, aura volontairement causé un préjudice quelconque à autrui, sera puni des travaux forcés à temps; sera puni de la même peine celui qui aura mis le feu sur l'ordre du propriétaire.

Quiconque aura volontairement mis le feu, soit à des pailles ou récoltes en tas ou en meules, soit à des bois disposés en tas ou en stères, soit à des voitures ou wagons chargés ou non chargés de marchandises, ou autres objets mobiliers et ne faisant point partie d'un convoi contenant des personnes, si ces objets ne lui appartiennent pas, sera puni des travaux forcés à temps.

Celui qui, en mettant ou en faisant mettre le feu à l'un des objets énumérés dans le paragraphe précédent et à lui-même appartenant, aura volontairement causé un préjudice quelconque à autrui, sera puni de la réclusion; sera puni de la même peine celui qui aura mis le feu sur l'ordre du propriétaire.

Celui qui aura communiqué l'incendie à l'un des objets énumérés dans les précédents paragraphes, en mettant volontairement le feu à des objets quelconques appartenant soit à lui, soit à autrui, et placés de manière à communiquer ledit incendie, sera puni de la même peine que s'il avait directement mis le feu à l'un desdits objets.

Dans tous les cas, si l'incendie a occasionné la mort d'une ou de plusieurs personnes se trouvant dans les lieux incendiés au moment où il a éclaté, la peine sera la mort.

DESTRUCTIONS.

ART. 435. — La peine sera la même, d'après les distinctions faites en l'article précé-

(1) *Art.* 406, *C. p.* — Sera puni d'un emprisonnement de deux mois au moins, de deux ans au plus, et d'une amende qui ne pourra excéder le quart des restitutions et des dommages-intérêts qui seront dus aux parties lésées, ni être moindre de 25 francs.

La disposition portée au 2e § du précédent article (interdiction pendant cinq ans au moins et dix ans au plus des droits mentionnés en l'art. 42) pourra de plus être appliquée.

dent, contre ceux qui auront détruit, par l'effet d'une mine, des édifices, navires, bateaux, magasins ou chantiers.

Art. 437. — Quiconque, volontairement, aura détruit ou renversé par quelque moyen que ce soit, en tout ou en partie, des édifices, des ponts, digues ou chaussées ou autres constructions qu'il savait appartenir à autrui, ou causé l'explosion d'une machine à vapeur, sera puni de la réclusion et d'une amende qui ne pourra excéder le quart des restitutions et indemnités ni être au-dessous de cent francs.

S'il y a eu homicide ou blessures, le coupable sera, dans le premier cas, puni de mort, et, dans le second, puni de la peine des travaux forcés à temps.

Art. 439. — Quiconque aura volontairement brûlé ou détruit, d'une manière quelconque, des registres, minutes ou actes originaires de l'autorité publique, des titres, billets, lettres de change, effets de commerce ou de banque, contenant ou opérant obligation, disposition ou décharge, sera puni ainsi qu'il suit :

Si les pièces détruites sont des actes de l'autorité publique, ou des effets de commerce ou de banque, la peine sera la réclusion. S'il s'agit de toute autre pièce, le coupable sera puni d'un emprisonnement de deux à cinq ans, et d'une amende de cent francs à trois cents francs.

PILLAGE.

Art. 440. — Tout pillage, tout dégât de denrées ou marchandises, effets, propriétés mobilières, commis en réunion ou bande et à force ouverte, sera puni des travaux forcés à temps ; chacun des coupables sera de plus condamné à une amende de deux cents francs à cinq mille francs.

Art. 441. — Néanmoins ceux qui prouveront avoir été entraînés par des provocations ou sollicitations à prendre part à ces violences pourront n'être punis que de la peine de la réclusion.

Art. 442. — Si les denrées pillées ou détruites sont des grains, grenailles ou farines, subsistances farineuses, pain, vin ou autre boisson, la peine que subiront les chefs, instigateurs ou provocateurs seulement, sera le *maximum* des travaux forcés à temps, et celui de l'amende prononcée par l'art. 440.

CIRCONSTANCES ATTÉNUANTES.

Art. 463. — V. p. 138, note 2.

TABLE ALPHABÉTIQUE

A

D

E

Q

R

S

T

U

V

TABLE

DES ARTICLES DE CODES ET DE LOIS

RAPPORTÉS EN NOTES ET DANS L'APPENDICE.

CODE D'INSTRUCTION CRIMINELLE.

Art.	Pages.	Notes.	Art.	Pages.	Notes.	Art.	Pages.	Notes.	Art.	Pages.	Notes.
44	64	1	296 § 1er	8	1	326	62	2	354	49	2
79	53	3	— § 2	10	7	327	58	1	355	49	3
181	77	1	297	10	3	328	67	7	356	49	3
227	19	2	299	10	5	329	68	1	357	126	1
232	16	2	301	15	1	330	66	5	358 § 1er	128	1
233	16	2	302	13	1	331	67	2	— § 2	152	2
241	88	2	303	15	2	332	42	1	359	152	2
242	16	4	305	13	3	333	42	1	360	129	2
251	1	1	306	18	1	334	58	1	361	93	7
252	2	1	307	18	3	335	82	1	362	132	3
253	2	1	308	18	4	336	87	1	363	132	3
257	20	4	309	41	2	337	88	1	364	130	1
259	1	1	310	42 (p. 41)	2	338	92	2	365	133	5
260 § 2	14	5	311	44	4	339	94	2	366	152	2
261	10	1	312	45	1	340	97	1	367	141	2
263	21	1	313	46	2	341	105	1	368	153	3
264	21	1	314	48	1	342	109	1	369	148	2
266	4	5	315	48	2	343	109	1	370	148	2
267	4	5	316	57	1	344	109	1	371	149	2
268	5 (p. 4)	5	317	59	3	345	109	1	372	153	4
269	5 (p. 4)	5	318	66	2	346	109	1	373 § 1er	10	4
270	5 (p. 4)	5	319	62	2	347	109	1	— § 2	150 (p. 149)	2
271	88	2	320	63	5	348	116	1	376	147	6
277	155	4	321	59	3	349	117	1	379	94 (p. 93)	7
293	6	5	322	54	2	350	117	3	392	28	2
294	7	5	324	48	3	352	74	5	393 § 4	27	1
295	8 (p. 7)	5	325	63	2	353	77	4	394	29	2

CODE PÉNAL.

TABLE DES MATIÈRES

ERRATA

Page 8, 19e ligne, au lieu de : (*p. 5, note 7*), LIRE : (*p. 7, note 5*).

— 19, 3e — 6e mot, au lieu de : *arrêts*, LIRE : *ordonnances*.

— 29, 5e — 1er mot, au lieu de : *vient*, LIRE : *venant*.

— 29, 9e — au lieu de : § *4*, LIRE : § *3*.

— 31, 6e — au lieu de : *V*, LIRE : VI.

— 36, 22e — *in fine*, LIRE : *le* (mot omis).

— 42, 15e — *in fine*, LIRE : *pas* (mot omis).

— 117, note 1, 1re ligne, 14e mot, au lieu de : *jury*, LIRE : *chef*.

— 126, après la 28e ligne (no 420), LIRE : *ou d'un arrêt d'absolution* (*art. 364 C. I. C., V. infrà*).

— 140, 26e ligne, après *l'art.*, au lieu de *86*, LIRE : *56*.

— 142, 23e — 8e mot, au lieu de : *encourue*, LIRE : *encourues*.

— 154, 7e — après *art.*, au lieu de : *418*, LIRE : *415*.

Paris. — Imprimerie L. Baudoin et Ce, rue Christine, 2.

www.ingramcontent.com/pod-product-compliance
Ingram Content Group UK Ltd.
Pitfield, Milton Keynes, MK11 3LW, UK
UKHW020320230726
13925UKWH00002B/518